新工科·智能电动车辆卓越工程师培养系列教材

新能源汽车制造技术

主　编　张卫国　张冠军
副主编　李建鲁　刘建国　刘可伟
参　编　张　屹　曾　平　邓朝阳　徐　鹏　刘志强　李庆喜
　　　　吴立浩　谭志斌　吴　飞　伍雪彪　黄雅婷
主　审　蒋　平

本书侧重于系统介绍新能源汽车制造技术及应用案例，内容涵盖了新能源汽车的冲压、焊装、涂装、总装4大工艺以及车身压铸技术，三电系统关键零件（电池、电驱）的制造技术等。为了丰富教材知识体系，同时增加了尺寸工程相关内容，并聚焦新能源汽车生产制造的原理和应用，尽量展示行业最新技术和发展趋势。本书每个章节都从技术概述、工艺流程、设备规划、新技术等方面展开说明，内容新颖、图文并茂。

本书可作为高等院校车辆工程智能电动车辆、新能源汽车工程等专业相关课程的教材，也可供从事新能源汽车技术研究、生产管理、技术服务等方面的工程技术人员参考。

图书在版编目（CIP）数据

新能源汽车制造技术 / 张卫国，张冠军主编.
北京：机械工业出版社，2024. 9. --（新工科·智能电动车辆卓越工程师培养系列教材）. -- ISBN 978-7-111-76552-3

I. U469.706

中国国家版本馆 CIP 数据核字第 2024UZ4420 号

机械工业出版社（北京市百万庄大街22号　邮政编码100037）
策划编辑：舒　恬　　　　　　责任编辑：舒　恬　丁　锋
责任校对：贾海霞　刘雅娜　　　封面设计：张　静
责任印制：郜　敏
中煤（北京）印务有限公司印刷
2025年2月第1版第1次印刷
184mm×260mm · 19.75印张 · 497千字
标准书号：ISBN 978-7-111-76552-3
定价：89.90元

电话服务　　　　　　　　　网络服务
客服电话：010-88361066　　机　工　官　网：www.cmpbook.com
　　　　　010-88379833　　机　工　官　博：weibo.com/cmp1952
　　　　　010-68326294　　金　书　网：www.golden-book.com
封底无防伪标均为盗版　　　机工教育服务网：www.cmpedu.com

指导委员会

主　任：丁荣军（中国工程院院士，湖南大学机械与运载工程
　　　　学院院长）

委　员：张进华（中国科协常委、中国汽车工程学会理事长）
　　　　华　林（教育部高等学校机械类专业教学指导委员会
　　　　　　　委员，武汉理工大学机电与车辆工程学部主任）
　　　　姜　潮（湖南大学党委常委，副校长）

新工科·智能电动车辆卓越工程师培养系列教材

编写委员会

主　任：蒋　平（广汽集团原副总经理）
副主任：张　屹（湖南大学教务处处长，机械与运载工程学院教授）
　　　　　赵海青（机械工业出版社汽车分社社长）
　　　　　刘嘉铭（广汽传祺汽车有限公司副总经理）
　　　　　张卫国（广汽传祺汽车有限公司技术总监）
　　　　　彭晓燕（湖南大学机械与运载工程学院教授）
　　　　　胡官锋（广汽传祺汽车有限公司综合管理部部长）
　　　　　李建鲁（广汽传祺汽车有限公司技术中心主任）
　　　　　刘建国（广汽传祺汽车有限公司混动与整车技术部部长）
　　　　　刘可伟（广汽传祺汽车有限公司工艺技术部部长）

委　员（按姓氏笔画排序）：

丁　飞	干年妃	王　平	王伏林	王国春	王猛超	邓朝阳
石洪武	卢振蔚	叶镇声	丘丽娟	代　琼	伍雪彪	刘　鹏
刘可伟	刘志强	刘志潜	刘迪辉	刘和军	刘桂峥	刘培楠
刘维民	刘智军	阮林栋	阮建中	杜君妍	李　凡	李　瑜
李　鑫	李庆喜	李志坚	李桂月	吴　飞	吴玉华	吴立浩
吴君伟	吴淑春	别大勇	邱　婷	邱捷行	何大江	何智成
汪怡平	宋　凯	张圣明	张冠军	陆浩升	陈　丽	陈　涛
陈文泽	陈迪铖	陈荣楠	陈梓莹	陈斯颖	范　叶	林志锋
罗　维	周　维	周子渊	庞高磊	钟雄虎	秦换娣	敖敬培
袁玉军	聂　昕	索志超	晏　晖	徐　鹏	高钦杰	郭丹荻
郭杰亮	唐钊荣	陶　静	黄　维	黄　智	黄义关	黄沛丰
黄岩军	黄俊文	黄梅珊	黄雅婷	曹启明	龚　政	梁　佳
童　伟	曾　平	蓝荣福	雷　茸	雷亚辉	谭志斌	颜泽炜
魏　超						

特聘顾问：龚孟贤

丛书序

党的二十大报告强调"教育、科技、人才是全面建设社会主义现代化国家的基础性、战略性支撑"。当前，新一轮科技革命和产业变革正在重构全球创新版图，重塑全球经济结构。

汽车产业是推动新一轮科技革命和产业变革的重要力量，新能源汽车、智能汽车等战略新兴领域，正成为各国汽车产业竞争的焦点。新一代信息技术、大数据、人工智能、云计算、物联网等先进技术加速在汽车上的应用，引发汽车产品技术、功能、形态等多方面的变化。汽车产品正在从交通工具转变为大型移动智能终端、储能单元和数字移动空间。学科交叉创新、系统集成创新、跨界融合创新对汽车人才培养提出了新挑战，也深刻地影响着车辆学科的教育变革。

教材是人才培养的重要支撑，汽车教材建设必须紧密对接国家发展重大战略需求，不断更新升级知识体系，更好地服务于高水平科技自立自强和创新人才培养。为此，教材建设应能适应科技飞速发展的形势，满足新兴产业的发展和创新的需要，尤其是专业课的教材知识体系更需要契合产业技术的发展，把制造一线应用的新技术、新工艺及时补充到高校的教材中。

在这样的时代背景下，在湖南大学和广汽传祺汽车有限公司诸位领导的大力支持下启动"新工科·智能电动车辆卓越工程师培养系列教材"的编写工作，是响应汽车产业发展的需要，是响应国家战略落地的需要，也是响应时代发展的需要，非常有意义。

本系列教材紧密围绕立德树人根本任务和当前智能新能源汽车行业前沿技术，面向企业对人才的实际需求，由高校教学一线的资深学者与头部汽车企业设计生产一线的资深工程师共同编写，确保了知识体系的系统性和生产实践的前沿性。本系列教材包括《智能车辆设计与控制基础》《电动汽车设计与制造》《新能源汽车制造技术》《汽车开发系统工程》四本书，内容涵盖了智能新能源汽车的设计、控制、制造与系统工程，注重多学科知识的深度融合与设计制造环节的相互约束，理论与实践紧密结合，旨在培养具有创新精神和实践能力的智能新能源领域专业人才。

衷心感谢参与本系列教材出版工作的编委、作者及审稿专家，他们以深厚的学术造诣和丰富的实践经验，为本系列教材提供了高质量的内容与严谨的把关。同时，感谢广汽传祺汽车有限公司及相关企业、机构，正是来自企业无私分享的实践案例和技术支持，使本系列教材更加贴近行业前沿。在此，我们向所有参与和支持本系列教材编写的人们表示最真挚的谢意。正是大家的共同努力，才成就了这套集理论与实践于一体的智能电动车辆卓越工程师培养系列教材。

新工科·智能电动车辆卓越工程师培养系列教材
丛书编委会
2024 年 11 月 15 日

前　言

汽车工业正在经历一场前所未有的变革，新能源汽车的崛起成为这次变革的一大亮点。我国已经成为全球最大的汽车市场之一，特别是在新能源汽车领域，我国已经走在了世界前列。我国的汽车制造技术也达到了世界先进水平，智能制造工艺技术已逐渐渗透到新能源汽车生产中，机器人和自动化系统的广泛应用提高了生产效率，减少了制造成本，同时确保产品质量和一致性。本书的编写旨在结合汽车工业发展，详细介绍新能源整车与三电系统的核心制造技术，力求兼顾系统性、先进性和完整性，让高等院校学生与新能源汽车制造相关从业者更好地理解新能源汽车制造的关键技术。

本书分为9章，第1章从宏观上介绍了汽车制造的发展历程、我国节能与新能源汽车技术路线以及新能源汽车基本结构和整车制造流程。接下来的章节分别详细介绍了整车制造技术、三电关键零件制造技术、尺寸工程相关内容。整车制造不仅包含传统4大工艺，更与时俱进地对车身压铸单独成章进行介绍。三电系统则包含了电池、电机、电控及其关键部件的内容。同时考虑到制造技术知识体系的全面性，加入了介绍尺寸工程的章节。

本书不仅从制造原理上展开说明，更注重与企业实际应用结合，并加入大量实际案例，深入浅出，力求呈现新能源汽车制造技术的最新应用和发展趋势。

本书由广汽乘用车有限公司和湖南大学共同编写。由张卫国、张冠军任主编，李建鲁、刘建国、刘可伟任副主编，参加编写的还有张屹、曾平、邓朝阳、徐鹏、刘志强、李庆喜、吴立浩、谭志斌、吴飞、伍雪彪和黄雅婷。广汽集团原副总经理蒋平同志对本书进行了认真、仔细的审阅，提出了许多宝贵意见，谨此致谢。

本书在编写过程中还得到了本系列教材指导委员会中多位专家的帮助和指导，在此，对他们表示诚挚的谢意。

最后，殷切期望使用本教材的高校师生与广大读者提出宝贵意见。

编　者

二维码清单

视频名称	二维码	页码	视频名称	二维码	页码
视频 1-1 传统四大工艺简介		10	视频 3-4 门盖制造（滚边）		57
视频 2-1 冲压生产线介绍		24	视频 3-5 弧焊工艺（CMT+集中排烟）		62
视频 2-2 冲压工艺工序介绍		29	视频 3-6 更多的先进技术		83
视频 2-3 冲压模具结构介绍		32	视频 3-7 离线+仿真技术		87
视频 2-4 冲压 CAE 分析		38	视频 3-8 仿真视频		88
视频 3-1 车身的焊装制造流程		48	视频 3-9 生产视频		88
视频 3-2 地板总成制造+上车体制造		53	视频 4-1 一体化压铸生产过程介绍		92
视频 3-3 上车体制造		53	视频 5-1 前处理电泳		112

新能源汽车制造技术

（续）

视频名称	二维码	页码	视频名称	二维码	页码
视频 5-2　UBC		121	视频 7-1　电芯制造过程		197
视频 5-3　UBS		121	视频 7-2　动力电池模组		212
视频 5-4　外喷		124	视频 7-3　动力电池包组成		216
视频 5-5　内喷		124	视频 7-4　电池生产设备		217
视频 6-1　内饰线		148	视频 8-1　电驱总成生产线		237
视频 6-2　底盘线		150	视频 8-2　电机产线		242
视频 6-3　终装线		152	视频 8-3　电控产线		247
视频 6-4　检线		182	视频 9-1　DTS		262

VIII

（续）

视频名称	二维码	页码	视频名称	二维码	页码
视频 9-2　GD&T		267	视频 9-4　测量方法		280
视频 9-3　三维公差仿真分析		273			

目　录

丛书序
前言
二维码清单

第1章　概述 ········ 1

1.1　汽车制造的发展简史及趋势 ········ 2
1.1.1　世界汽车制造发展的重要阶段 ········ 2
1.1.2　中国汽车制造发展的重要阶段 ········ 2
1.1.3　汽车制造的特点 ········ 3
1.2　传统汽车与新能源汽车的基本构造 ········ 4
1.2.1　车身 ········ 5
1.2.2　底盘系统 ········ 7
1.2.3　动力系统 ········ 7
1.2.4　电气设备 ········ 9
1.3　整车制造工艺流程 ········ 9
1.4　三电系统的典型制造工艺 ········ 13
1.5　节能与新能源汽车技术路线图 ········ 14
1.5.1　路线图的编制背景及过程 ········ 14
1.5.2　我国汽车技术的发展目标 ········ 14
1.5.3　节能与新能源汽车技术路线图2.0 ········ 14
1.6　汽车制造发展趋势 ········ 16
本章小结 ········ 18
练习题 ········ 19

第2章　冲压制造技术 ········ 22

2.1　冲压制造概述 ········ 22
2.1.1　汽车冷冲压生产的特点 ········ 24
2.1.2　冲压件在汽车上的应用 ········ 25
2.1.3　汽车冲压生产流程 ········ 25
2.2　冲压生产核心要素 ········ 26

		2.2.1 冲压材料	26
		2.2.2 冲压设备	29
		2.2.3 冲压模具	31
	2.3	汽车零件冲压工艺设计	34
		2.3.1 冲压工序的分类	34
		2.3.2 冲压工艺的设计要点	35
		2.3.3 冲压工艺同步工程	38
		2.3.4 车门外板冲压工艺方案	39
	2.4	冲压质量管理	41
		2.4.1 冲压件的质量管理	41
		2.4.2 在线质量检测技术	43
	本章小结		44
	练习题		44

第3章 焊装制造技术 …… 47

3.1	焊装制造技术概述	47
	3.1.1 汽车焊装简介	47
	3.1.2 车身主要连接方式	48
3.2	车身的焊装制造流程	48
	3.2.1 地板总成制造流程	49
	3.2.2 上车体制造流程	53
	3.2.3 门盖制造流程	56
	3.2.4 车身装配流程	56
3.3	车身主要连接工艺及工装设备	59
	3.3.1 电阻点焊工艺	59
	3.3.2 弧焊工艺	61
	3.3.3 激光焊工艺	62
	3.3.4 门盖包边工艺	64
	3.3.5 车身焊装工装	65
	3.3.6 焊装制造装备	68
3.4	焊装制造工艺流程的实现	74
	3.4.1 产品设计	74
	3.4.2 产线规划要素	74
	3.4.3 工艺设计	76
	3.4.4 工艺约束	79
	3.4.5 同步工程	81
3.5	焊装制造先进技术	83
	3.5.1 焊装制造先进技术概述	83

3.5.2　自穿铆接工艺（SPR） 84
　　3.5.3　流钻自攻螺接（FDS） 85
　　3.5.4　柔性伺服定位技术 85
　　3.5.5　离线/仿真技术 87
本章小结 88
练习题 89

第4章　车身压铸技术 92

4.1　车身压铸技术概述 92
　　4.1.1　压铸技术简介 93
　　4.1.2　热室压铸的基本原理 93
　　4.1.3　冷室压铸的基本原理 94
　　4.1.4　压铸工艺的应用 94

4.2　压铸生产的基本要素 95
　　4.2.1　压铸岛 95
　　4.2.2　压铸模 96
　　4.2.3　压铸合金 98

4.3　车身一体化压铸技术 99
　　4.3.1　一体化压铸生产的特点 100
　　4.3.2　一体化压铸在汽车上的应用 100
　　4.3.3　一体化压铸生产流程 100

本章小结 101
练习题 101

第5章　涂装制造技术 104

5.1　汽车涂装工艺简介 105
　　5.1.1　汽车涂装简介 105
　　5.1.2　汽车涂料和涂层 106
　　5.1.3　汽车涂装工艺流程 107

5.2　前处理工艺 107
　　5.2.1　前处理工艺概述 107
　　5.2.2　脱脂工艺 108
　　5.2.3　表调工艺 109
　　5.2.4　磷化工艺 110
　　5.2.5　前处理各工序管理参数 111
　　5.2.6　无磷前处理工艺 111

5.3　电泳涂装工艺 112

目 录

  5.3.1 电泳工艺概述 ·········· 112
  5.3.2 电泳原理及作用 ·········· 113
  5.3.3 电泳槽系统 ·········· 113
  5.3.4 电泳整流器系统 ·········· 116
  5.3.5 电泳工艺参数的管理 ·········· 116
  5.3.6 电泳漆膜的评价指标 ·········· 117
 5.4 涂胶工艺及设备 ·········· 118
  5.4.1 涂胶工艺 ·········· 118
  5.4.2 自动涂胶系统 ·········· 120
 5.5 喷涂工艺及设备 ·········· 122
  5.5.1 汽车车身喷涂工艺 ·········· 122
  5.5.2 自动喷涂系统 ·········· 123
  5.5.3 喷漆室 ·········· 128
  5.5.4 烘干工艺和设备 ·········· 130
  5.5.5 漆面质量标准及检测方法 ·········· 133
 5.6 涂装车间"三废"处理 ·········· 137
  5.6.1 涂装废水处理 ·········· 138
  5.6.2 涂装废气处理 ·········· 139
  5.6.3 涂装废弃物处理 ·········· 141
本章小结 ·········· 142
练习题 ·········· 142

第6章 总装制造技术 ·········· 145

 6.1 总装制造技术概述 ·········· 146
  6.1.1 汽车总装简介 ·········· 146
  6.1.2 汽车总装制造的特点 ·········· 146
 6.2 汽车总装工艺流程 ·········· 147
  6.2.1 总装工艺流程及设定原则 ·········· 147
  6.2.2 内饰线工艺流程 ·········· 148
  6.2.3 底盘线工艺流程 ·········· 149
  6.2.4 终装线工艺流程 ·········· 149
  6.2.5 分装线工艺流程 ·········· 154
 6.3 汽车总装的工艺规划 ·········· 157
  6.3.1 总装工艺布局规划 ·········· 158
  6.3.2 总装物流规划 ·········· 161
  6.3.3 工艺规划对产品设计需求 ·········· 162
 6.4 总装常见设备 ·········· 165
  6.4.1 输送设备 ·········· 165

6.4.2 单机设备 …… 168
6.5 总装通用工艺要素 …… 171
  6.5.1 工时 …… 171
  6.5.2 人机工程 …… 174
  6.5.3 连接 …… 176
6.6 整车质量检测 …… 180
  6.6.1 整车质量指标 …… 180
  6.6.2 整车终检流程及内容 …… 182
6.7 总装新技术及发展趋势 …… 184
  6.7.1 总装技术发展趋势 …… 184
  6.7.2 总装新技术介绍 …… 184
本章小结 …… 189
练习题 …… 190

第7章 动力电池制造技术 …… 193

7.1 动力电池概述 …… 194
  7.1.1 动力电池的定义及发展历程 …… 194
  7.1.2 动力电池与分类 …… 195
7.2 电芯的原理及制备技术 …… 197
  7.2.1 电芯的构造与基本原理 …… 197
  7.2.2 制造工艺流程 …… 200
  7.2.3 关键工序与主要设备 …… 205
7.3 模组构成及装配 …… 210
  7.3.1 模组的构造 …… 210
  7.3.2 装配工艺流程 …… 211
7.4 电池包关键组件特点 …… 212
  7.4.1 BMS技术特征 …… 212
  7.4.2 箱体技术及设计特点 …… 214
  7.4.3 水冷板设计选型 …… 215
7.5 电池包构成及装配技术 …… 216
  7.5.1 PACK构造及组成 …… 216
  7.5.2 制造工艺流程 …… 217
  7.5.3 关键工序说明 …… 219
7.6 动力电池新技术路线 …… 221
  7.6.1 电芯新技术 …… 221
  7.6.2 电池集成新技术 …… 224
7.7 氢燃料电池及组件技术 …… 228
  7.7.1 概述 …… 228

7.7.2 氢燃料电池原理 229

7.7.3 氢燃料电池的主要组件 230

本章小结 232

练习题 233

第 8 章 汽车电驱制造技术 236

8.1 汽车电驱总成制造概述 236

8.1.1 新能源电驱总成简介 236

8.1.2 电驱总成生产工艺流程 237

8.1.3 电驱总成关键工序工艺 238

8.2 汽车电机制造技术 238

8.2.1 汽车电机的原理及构成 238

8.2.2 永磁同步电机铁心工艺流程 239

8.2.3 永磁同步电机绕组工艺流程 240

8.2.4 永磁同步电机转子工艺流程 244

8.3 汽车电机控制器制造技术 246

8.3.1 汽车电机控制器构成 246

8.3.2 汽车电机控制器总成工艺流程 246

8.3.3 汽车电机控制器关键工序工艺 247

8.4 电驱前沿技术 249

8.4.1 电驱集成化 249

8.4.2 高速电机 250

8.4.3 X-Pin 绕组 250

8.4.4 汽车用异步电机 251

8.4.5 升压电机控制器 252

8.4.6 SiC 功率半导体应用 252

本章小结 253

练习题 253

第 9 章 尺寸工程 257

9.1 尺寸工程概述 258

9.1.1 尺寸工程定义及作用 259

9.1.2 尺寸工程内容及应用范围 259

9.1.3 尺寸工程的工作流程 260

9.2 尺寸技术规范 261

9.2.1 DTS 概述 261

9.2.2 DTS 基础知识 262

9.2.3　DTS 设计校核及公差分配 263
9.2.4　整车尺寸感知质量及评价方法 264

9.3　尺寸定位策略 265
9.3.1　尺寸定位系统 265
9.3.2　RPS 介绍 266
9.3.3　几何公差应用——GD&T 图样 267

9.4　汽车装配尺寸链 269
9.4.1　尺寸链基础 269
9.4.2　尺寸链在汽车领域的应用 270
9.4.3　三维公差仿真分析技术 273

9.5　尺寸制造过程控制 274
9.5.1　尺寸制造偏差来源 274
9.5.2　尺寸精度管理 275
9.5.3　尺寸测量文件 277
9.5.4　尺寸测量方法 280
9.5.5　尺寸数据管理 282

9.6　尺寸同步工程 283
9.6.1　尺寸同步工程内容 283
9.6.2　同步工程实施 283

9.7　尺寸工程未来发展趋势 286
9.7.1　尺寸工程的发展趋势 286
9.7.2　尺寸领域新技术应用 286

本章小结 288

练习题 288

附录　缩略语 293

参考文献 297

第1章 概述

本章导学

本章作为开篇，介绍了世界汽车和我国汽车的发展历程，简要讲述汽车制造的特点和汽车的基本构造，并介绍汽车制造的流程。同时，关注汽车制造领域的先进技术及其发展趋势，帮助读者对汽车的历史和制造建立一个大致的知识框架。这一章为后续章节的学习提供明确的方向和指引，使读者能够更好地掌握汽车制造相关的知识。

学习目标

序号	学习目标	知识点	学习要求
1	认识汽车制造的发展简史及特点	世界汽车制造发展的重要阶段 我国汽车制造发展的重要阶段 汽车制造的特点	了解
2	通过与传统燃油汽车对比，掌握新能源汽车的基本构造	新能源汽车车身，底盘和动力系统，电气设备的基本结构	掌握
3	掌握整车制造工艺流程	整车制造工艺流程	掌握
4	掌握三电系统制造工艺流程	电池、电驱系统制造工艺流程	掌握
5	了解新能源汽车未来技术路线	路线图的背景、目标、技术路线	了解
6	了解汽车制造发展趋势	从国家规划层面和产品层面，认识汽车制造发展趋势	了解

课前小讨论

随着科技的不断进步，汽车制造技术也在经历着翻天覆地的变化。从传统的机械制造到现代的智能化、电气化制造，汽车制造业正经历着前所未有的变革。

2023年我国汽车工业交出了一份亮眼答卷：产销量连续15年位居全球第一，新能源汽车产销量连续9年位居全球第一，出口量创新高。一组组鲜活的数字背后，是中国汽车工业的活力和韧劲，是中国制造的底气和信心。

汽车制造技术是有效打造汽车产品的前提。汽车产销量不断创新高，离不开汽车制造技术的发展，特别是新能源汽车迅速发展带来的技术创新和应用。那么，你对我国汽车制造了解多少？我国主要整车厂（主机厂）的制造技术水平如何？

新能源汽车制造技术

1.1 汽车制造的发展简史及趋势

1.1.1 世界汽车制造发展的重要阶段

在一百多年的发展历程中,汽车主要经历了5个重要的发展阶段,见表1-1。

表1-1 世界汽车制造发展的重要阶段

阶段	时间范围	重要事件与特点
第一阶段： 初创期	18世纪末—19世纪中	1766年,瓦特改进蒸汽机;1769年,古诺制造出第一辆蒸汽机驱动的汽车;1838年,亨纳特发明世界第一台内燃机点火装置,这一发明被视为"世界汽车发展史上的一场革命"。1834年,美国科学家托马斯·达文波特制造出了第一辆直流电机驱动的三轮汽车,它采用铅酸蓄电池供电,但不可以充电,是世界上第一台电动汽车,比内燃机汽车早半个世纪出现
第二阶段： 内燃机时代	19世纪末	1883年,德国人戴姆勒成功研制出第一台汽油机,这为后来的汽车内燃机提供了重要的技术基础。1886年,卡尔·本茨的三轮汽车专利申请获批,被广泛认为是汽车发明史上的里程碑
第三阶段：汽车大量生产时代	20世纪初	1913年,福特汽车公司发明流水线装配技术,大规模生产T型汽车,使得汽车成为大众能够负担的商品,带来了汽车工业史上的第一次重大变革。随着内燃机汽车技术的不断成熟和普及,电动汽车逐渐退出了市场
第四阶段：汽车工业化时代	20世纪中—20世纪末	丰田汽车开始系统践行精益生产,研发出丰田生产方式,它以减少浪费、提高效率和质量为核心目标,通过持续改善的方式,实现生产过程中的优化,实现准时化、柔性化生产,被认为是全球制造业的标杆。其理念和方法已被广泛应用于各行各业,对提高生产效率和降低成本产生了显著影响
第五阶段：新能源汽车时代	21世纪初至今	随着环保意识的不断提高和技术的不断进步,新能源汽车的发展逐渐加速。同时,政府也加大了对新能源汽车的扶持力度,推动新能源汽车产业的发展。我国更是大力推进新能源汽车的技术发展和产品落地

1.1.2 中国汽车制造发展的重要阶段

我国汽车工业起步较晚,但在短短的几十年里,取得了巨大的发展成就。从最初的仿制和改进国外车型,到自主创新、研发,再到拥有自己的品牌和生产线,我国汽车工业逐步走向成熟和强大,期间经历了5个重要的阶段,见表1-2。

表1-2 我国汽车制造发展的重要阶段

阶段	时间范围	重要事件与特点
初创阶段	1950—1978年	我国汽车工业开始创立,建立起现代化汽车企业（如一汽）,实现汽车生产的零突破。1956年,研制出了第一款国产汽车——解放牌CA10型载货汽车;1958年,红旗牌高级轿车诞生。至1978年,国内汽车产量突破10万辆
发展壮大阶段	1978—1991年	乘着改革开放的春风,我国汽车工业迅速发展壮大。各类汽车企业纷纷引入国外先进技术,与国际汽车巨头开展合资经营。上海汽车工业总公司与德国大众汽车公司共同创建了上海大众,成为我国第一家中外合资生产轿车的企业

(续)

阶段	时间范围	重要事件与特点
转型升级阶段	1992—2000 年	1992 年,我国汽车产量突破 100 万辆,跻身世界汽车产量前十名。政府施行"放开生产、调整结构、提高质量、发展配套"的政策,推动汽车产业的转型升级。国内汽车品牌如吉利、比亚迪等逐渐崛起,国产汽车在国内市场占据越来越大的份额
高速发展阶段	2000—2010 年	随着我国加入世贸组织,汽车产业逐步迈入高速发展阶段。2009 年,我国超过美国,成为全球最大的汽车市场。2010 年,我国汽车产量更是突破了 1800 万辆
新能源汽车发展阶段	2011 年至今	面临能源和环境压力,政府大力推广新能源汽车,实施"节能与新能源汽车产业发展规划"。新能源汽车产业得到快速发展,产销量连续多年位居世界首位

我国新能源汽车市场在过去几年中快速增长,已经成为全球最大的新能源汽车市场。2023 年,我国汽车产销量分别完成 3016.1 万辆和 3009.4 万辆,同比分别增长 11.6% 和 12%,产销量均首次超过 3000 万辆,连续 15 年保持全球第一,如图 1-1 所示。其中汽车出口 491 万辆,同比增长 57.9%,成为全球汽车出口第一大国。新能源汽车产销保持高速增长。2023 年我国新能源汽车产销量分别为 958.7 万辆和 949.5 万辆,同比分别增长 35.8% 和 37.9%,产销量连续 9 年位居全球第一。新能源汽车出口 120.3 万辆,同比增长 77.6%,同样位居世界第一,成为我国出口产品"新三样"中的一张名片。

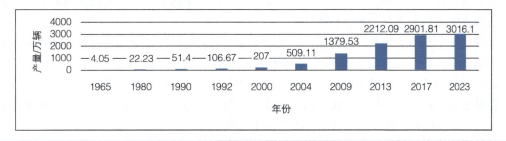

图 1-1　我国汽车关键年份及产量数据

注:数据来源中经数据和国家统计局。

现今,我国正稳步迈入汽车强国之列,拥有众多自主品牌和国际知名品牌。我国的汽车制造技术也达到了世界先进水平,特别是在新能源汽车领域,我国已经走在了世界前列。未来,随着科技的进步和环保要求的提高,我国汽车工业将继续向着更加智能化、绿色化的方向发展,为全球汽车工业的发展做出更大的贡献。

1.1.3　汽车制造的特点

汽车制造的主要特点是技术密集、投资大、生产规模大。这些特点使得汽车制造具有较高的技术含量和复杂的生产管理要求。

1)高度自动化和智能化:现代汽车制造广泛应用自动化和智能化的设备和工艺,以提升生产效率和产品质量,减少人力需求,降低人工成本,并降低误差率。其中冲压、焊装、涂装已经可实现全自动化生产。

2)技术密集和技术创新:汽车工业需要不断进行技术创新,包括车辆设计、动力系统、智能驾驶技术等。技术创新是保持竞争力的关键。

3）供应链长涵盖领域广：汽车制造的供应商少则百多家，多则几百家，为按时完成生产相互间密切配合，涉及的领域从原材料到电子元器件、芯片和分总成。

4）高度资本密集：汽车制造需要大量资金投入，包括生产设备、研发投入和市场推广。资本对汽车工业的发展至关重要，需要稳定的资金来源和良好的资金运作。

5）大批量生产：主机厂通常采用大批量生产方式，以实现规模经济和成本效益。通过标准化的流程和生产线，主机厂能够生产出大量统一规格的产品，满足广泛的市场需求。这种生产方式有助于降低单位产品的成本，提高生产效率，同时也便于管理和控制产品质量。

6）全球化程度高：汽车工业全球化趋势明显，企业需具备全球视野和跨文化交流能力，以应对不同市场需求和竞争环境。跨国合作与竞争推动了汽车工业的发展。

1.2 传统汽车与新能源汽车的基本构造

汽车是由成千上万个零部件组成的，这些零部件经过复杂的组装和配置，最终形成了完整的汽车。汽车制造涉及乘用车和商用车两类，本书主要介绍乘用车制造。

传统汽车的基本构造包括发动机、底盘、车身和电气设备等部分。其中，发动机是汽车的动力源，底盘负责传递和承受车辆的重量和行驶时的各种力，车身则是汽车的外部结构，而电气设备包括电控系统、照明、信号、仪表等部分。传统汽车通常采用内燃机作为动力源，通过燃烧汽油或柴油产生动力，驱动车辆前进。

新能源汽车是指采用新型动力系统，完全或主要依靠新型能源驱动的汽车。新能源汽车主要包括纯电动汽车、插电式混合动力（含增程式）汽车及燃料电池汽车。

新能源汽车的基本构造主要包括动力系统、底盘、车身、电气设备等部分。其中动力系统主要包括驱动电机、电机控制系统、动力电池等，混合动力汽车还包括发动机。新能源汽车采用非传统燃料或能源，通过电机或混合动力系统等来提供动力。

传统燃油汽车与新能源汽车系统原理如图1-2所示。

在构造上，新能源汽车与传统汽车的主要差异在于动力产生和能源供给方式。具体来说，纯电动汽车采用驱动电机代替内燃机，通过动力电池存储能量，并使用电力驱动车辆前进。混合动力汽车则同时采用驱动电机和内燃机作为动力源，通过混合使用这两种动力来提高燃油效率和减少排放。燃料电池汽车采用氢气作为能量源，利用氢燃料电池使氢气与氧气发生化学反应，产生出电能来驱动驱动电机工作。新能源汽车整车系统构造如图1-3所示。

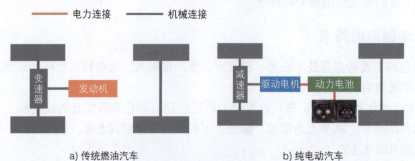

图1-2 传统燃油汽车与新能源汽车系统原理

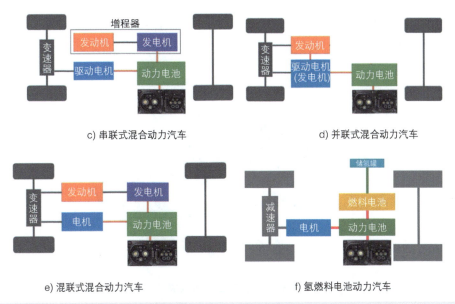

c) 串联式混合动力汽车

d) 并联式混合动力汽车

e) 混联式混合动力汽车

f) 氢燃料电池动力汽车

图 1-2 传统燃油汽车与新能源汽车系统原理（续）

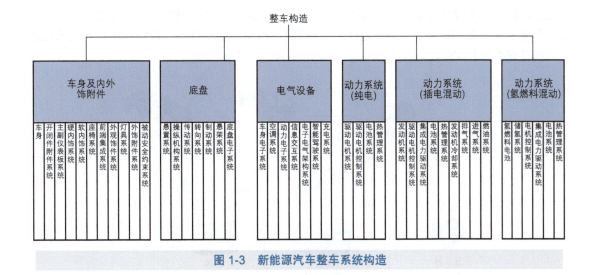

图 1-3 新能源汽车整车系统构造

1.2.1 车身

车身指的是车辆用来载人装货的部分，且有保护乘员的作用。车身包括白车身和车身附件。

白车身是指还没有喷漆的车壳，也即结构件和覆盖件采用某种工艺连接起来的总成，如图 1-4 所示。经过喷漆的白车身是涂装车身。传统汽车与新能源汽车的车身结构本质上没有区别，只是由于动力系统和电池布置的差异，存在不同的适配调整。随着节能减排和能源消耗要求的提高，白车身更多使用铝合金或复合材料，新能源汽车通过电池车身一体化技术可使车身原有的前地板同时具备动力电池上壳体的作用，以减少整车总质量。

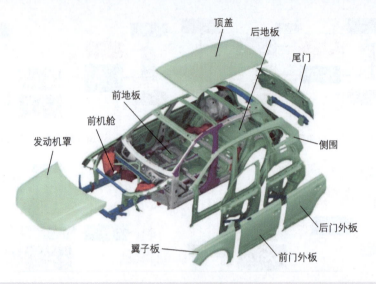

图 1-4　汽车白车身组成

车身附件包括内饰件、外饰件和电气附件 3 大类。内饰件是指安装在车内的一系列配件，它们为驾驶人和乘客提供舒适的驾驶环境。外饰件是指安装在汽车外部的配件，它们主要起到美观、保护车身和提高行驶安全性的作用。电气附件是指汽车内部的各种电气设备，它们为驾驶人和乘客提供便利和安全。车身附件组成如图 1-5 所示。除空调外，传统汽车与新能源在这三方面没有本质上区别。

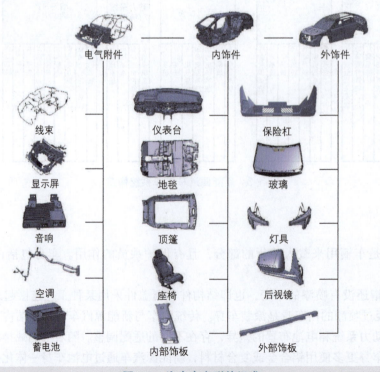

图 1-5　汽车车身附件组成

1.2.2 底盘系统

汽车底盘是支承、安装汽车发动机及各部件、总成的部件。底盘一般是汽车动力交互的场所，接受来自发动机的动力，通过底盘的构件传输到车轮，保证汽车正常行驶。传统汽车底盘主要由传动系统、行驶系统、转向系统和制动系统组成，如图1-6所示。传动系统的主要部件包括变速器、差速器、驱动轴等。行驶系统由车架、车桥、悬架和车轮等部分组成。转向系统主要由转向盘、转向轴、转向柱、转向机、转向节等组成。制动系统主要包括制动器和制动操纵机构。

新能源汽车的行驶逻辑不变，底盘系统与传统汽车变化不大，仍然由以上系统组成，仅在制动、传动等系统上有所改动。比如新能源汽车传动系统取消了离合器，一般由变速器、万向传动装置、主减速器、差速器和半轴等组成，制动系统则增加了动能回收相关系统。

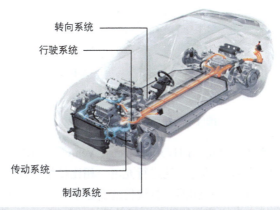

图1-6 新能源汽车底盘系统

1.2.3 动力系统

根据动力系统不同，新能源汽车分为纯电动汽车、插电式混合动力（含增程式）汽车及燃料电池汽车3大类型。

传统燃油汽车动力系统主要由发动机、变速器、排放系统等组成，如图1-7、图1-2a所示。

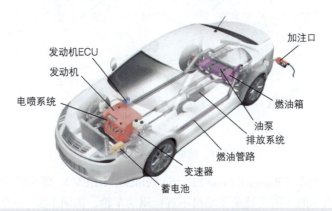

图1-7 传统燃油汽车动力系统

（1）纯电动汽车（Battery Electric Vehicle，BEV） 纯电动汽车是指由电机驱动，且驱动电能来源于车载可充电能量储存系统（REESS）的汽车，动力系统用驱动电机取代了发动机，用动力电池取代了燃油箱，配备了电机控制器、热管理系统等新能源汽车相关系统，如图1-8、图1-2b所示。

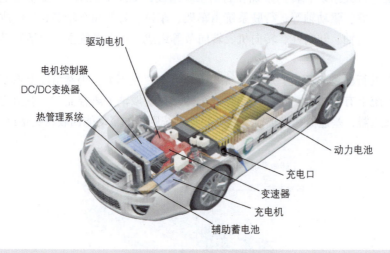

图1-8 纯电动汽车动力系统

（2）插电式混合动力汽车（Plug-in Hybrid Electric Vehicle，PHEV） PHEV由发动机和驱动电机混合驱动提供动力，并可对动力电池进行充电。相比传统燃油汽车，它用机电耦合变速器（集成发电机、驱动电机和电机控制器）替代传统变速器，同时增加了动力电池系统、充电系统、热管理系统、高压线束系统等新能源汽车相关系统，如图1-9和图1-2d、e所示。

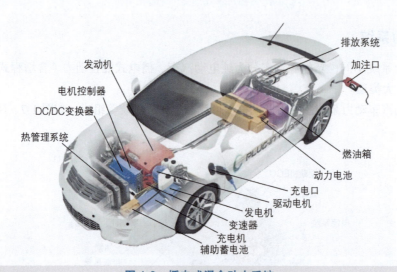

图1-9 插电式混合动力系统

（3）增程式电动汽车（Range Extend Electric Vehicle，REEV） 即串联式混合动力汽车。它与插电式混合动力汽车的不同之处是发动机不直接驱动车轮，如图1-2c、e所示。

（4）燃料电池汽车（Fuel Cell Electric Vehicle，FCEV） FCEV是指以燃料电池系统作为单

一动力源或者以燃料电池与可充电储能系统作为混合动力源的电动汽车。以氢气燃料电池电动汽车为例，在整体构造上，相比传统燃油汽车，氢燃料电池系统代替了传统燃油发动机系统，储氢系统代替了燃油系统，增加了集成驱动电机、动力电池及车载电源系统（混合动力源）等，如图 1-10、图 1-2f 所示。

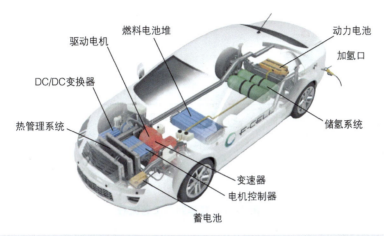

图 1-10　燃料电池汽车动力系统

1.2.4　电气设备

汽车的电气设备包括电源系统、用电设备及配电装置。

1）传统燃油汽车的电源系统主要由蓄电池和发电机组成，由发动机驱动发电机对蓄电池进行充电，而新能源汽车的电源系统主要由动力电池DC/DC变换器和辅助蓄电池等部件组成，由动力电池的高压电通过DC/DC变换器转换为低压电对辅蓄电池进行充电。

2）传统燃油汽车的用电设备主要包括车灯、音响、电动车窗等，而新能源汽车的用电设备除了以上传统汽车的用电设备以外，还包括电动汽车充电系统和电动辅助设备（如加热器等），这些设备需要额外的高压电供应，通常由动力电池提供。

3）传统燃油汽车的配电装置主要由发动机驱动的发电机产生的电力通过蓄电池进行储存和分配。蓄电池通过电气系统中的熔丝和继电器将电力传送给各个用电设备，而新能源汽车的配电装置主要由动力电池通过电池管理系统（BMS）进行监控和管理，将电力分配给驱动电机、充电系统和其他用电设备。为了确保安全，新能源汽车还配备了各种保护装置和安全开关，以防止电池过载、过热或其他故障。

1.3　整车制造工艺流程

汽车整车制造中的传统四大工艺包括冲压、焊装、涂装和总装，其中总装包括总装装配和整车检测，近年来各车企逐步引入车身压铸工艺，大大减少了车身零部件数量，缩短了制造时间，生产所需的零部件则通过物流系统配送到各生产现场。图 1-11 所示为整车制造工艺流程。

视频1-1
传统四大
工艺简介

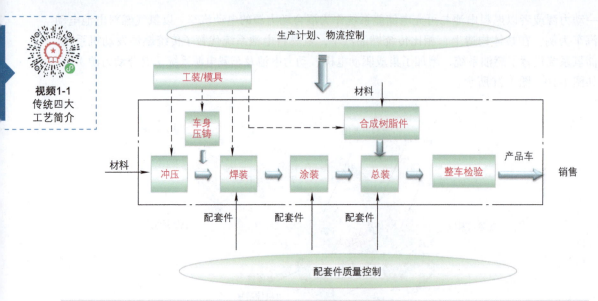

图 1-11 整车制造工艺流程

1. 冲压

冲压是指将金属材料坯料通过压力机（图 1-12）施加压力，利用冲模对材料进行加工和形成各种形状的零部件或整车车身面板的过程。冲压是汽车生产的一个工艺环节，它决定了车身的强度、刚度和平整度等重要性能。冲压制造的流程一般包括卷材的供应、模具准备、冲压生产、冲压件质量检测和装箱入库。

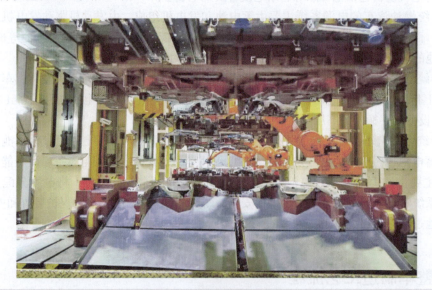

图 1-12 冲压生产线压力机

在冲压制造技术方面，新能源汽车与传统汽车没有本质差异，只是新能源汽车车身会使用更多的轻质材料，如铝合金、碳纤维复合材料等。这些材料比传统钢材更轻，能够显著降低车身重量，从而提高新能源汽车的能效和续驶里程。

2. 焊装

汽车车身是由众多薄板金属冲压件组成的,这些部件通过焊接、铆接或机械连接等多种方式组装成一个坚固的车身结构,其中焊装在此过程中起到至关重要的作用。汽车焊装生产线的主要目标是生产出符合质量标准的车身,而提升车身的质量和装配的精确度则是车身制造工作的关键任务。目前,车身的焊装工艺应用了大量焊接机器人,焊装生产线焊接机器人如图 1-13 所示。

图 1-13 焊装生产线焊接机器人

在焊装制造技术方面,新能源汽车与传统汽车之间并无本质区别。然而,由于轻质材料的广泛应用,连接工艺也必须适应这一变化。传统上,点焊和弧焊是主要的连接方法,而胶接则作为辅助手段。现在,随着新材料的使用,车身连接工艺正逐步转向包括熔化焊接、机械连接和胶接在内的多种新型连接技术。特别是适用于新材料的连接方法,如激光焊接、铆接和复合连接等,正在不断发展和完善。另外新能源汽车的动力系统和能量存储系统与传统燃油汽车不同,这影响了车辆的结构布局。例如,动力电池与车身地板集成,减少了焊接零件数量。

3. 车身压铸

传统的车身制造工艺中,冲压和焊接流程是分开的。车身压铸则将冲压和焊接流程合并,使用大吨位压铸机,将多个铝合金零部件高度集成,向模具中倒入液态金属,一次成形压铸为单个或少数几个大型铝铸件。大型压铸机进行一体化压铸一次成形,省略由多个部件焊接的过程从而直接得到一个完整的车身部件,同时减少了涂胶环节,极大简化了车身整体生产流程,如图 1-14 所示。通过集成化制造的方式可实现多个零部件的一次性成形,实现轻量化、生产工序、精度等的革新。

4. 涂装

涂装是指将已经组装好的车身进行表面处理和涂漆的过程。涂装的目的是保护车身表面免受各种腐蚀,同时也能提高车身的美观度和耐久性。车身涂装主要包含以下工序:漆前预处理和底漆、喷漆、烘干等。涂装过程对涂料性能、涂装技术和设备以及涂装管理有着严格的要求。与焊装工艺一样,涂装工艺也应用了大量喷涂机器人,如图 1-15 所示。

新能源汽车制造技术

图1-14　一体化压铸下车体

图1-15　涂装生产线喷涂机器人

在涂装制造技术方面，新能源汽车与传统汽车也没有本质差异，同样由于车身轻量化材料的应用，轻质材料的物理性质和热稳定性与钢材不同，因此需要采用不同的涂装工艺和涂料配方。

5. 总装

总装是指将车身和各种零部件装配成整车并进行调试的过程。总装的质量直接影响整车的性能和可靠性。由于总装所装配零部件多、形状各异、工艺复杂，目前多数工位实现自动化的难度大、经济性较差，因此总装是四大工艺车间员工最多、工位最多的车间。总装生产线如图1-16所示。

图 1-16 总装生产线

新能源汽车与传统汽车在动力系统上存在差异,比如纯电动汽车无需安装发动机和变速器,但需要安装驱动电机、电控总成和动力电池,但在总装制造技术上并没有本质差异,有的主机厂会同时生产新能源汽车和传统汽车。由于零件数量差异,同时为了提升生产效率,新能源汽车与传统汽车的总装车间可能设计不同的工位数,而且需要设计车型专用工位,虽然可以共线混流生产,但混线生产有时会降低生产效率,比如装配储氢瓶的工位及设备,在装配纯电和混动车型时是用不上的;装配混动车型的燃油系统、排气管系统的工位及设备在装配纯电车型也是派不上用场的。因此在工艺规划时需要结合公司的产品发展规划进行合理的设计,避免浪费。

1.4 三电系统的典型制造工艺

纯电动汽车最重要的三大件是电池、电机和电控,它们是纯电动汽车的核心部件。由于电机和电控大多已实现集成化,因此本文将其合并成电驱系统。

1. 电池

电池包括动力电池和辅助蓄电池。动力电池是一个电能存储装置,通过电能和化学能的相互转换,来实现电能存储和释放。以磷酸铁锂电池为例,典型制造工艺分为三大工段,一是极片制作,二是电芯制作,三是电池组装。在锂电池生产工艺中,极片制作是基础,电芯制作是核心,电池组装关系到锂电池成品质量。

2. 电驱系统

电驱系统是纯电动汽车的核心动力来源,包括驱动电机和电控系统。驱动电机负责将电能转换为机械能,驱动汽车行驶;而电控系统则负责控制驱动电机的运行,确保其高效、稳定工作。电机典型制造工艺主要有铁心制作、线圈绕制、定子总成制造、转子总成制造、总成组装、测试和涂装等环节。电机控制器典型制造工艺主要有 PCB 制造、表面贴装技术(SMT)、软件烧录、组装与测试等环节。

1.5 节能与新能源汽车技术路线图

1.5.1 路线图的编制背景及过程

为了推动我国汽车产业的低碳化、信息化和智能化发展，受国家战略咨询委员和工信部的委托，中国汽车工程学会组织行业专家历时一年编制《节能与新能源汽车技术路线图 1.0》并于 2016 年发布。该路线图旨在识别未来 15 年汽车技术的重点发展方向、关键技术及其优先程度，研究并提出各方力量协同推进汽车技术创新的行动指南。为了保证技术路线图的科学性、实效性和引领性，同时为支撑我国面向 2035 新能源汽车规划研究及汽车相关"十四五"科技规划工作，在工信部的指导下，中国汽车工程学会在 2020 年发布了《节能与新能源汽车技术路线图 2.0》。当前，《节能与新能源汽车技术路线图 3.0》也正在编制中。

1.5.2 我国汽车技术的发展目标

《节能与新能源汽车技术路线图 2.0》立足于汽车技术进步所引领的社会愿景与产业愿景，坚定纯电驱动发展战略，明确了面向 2035 年的 6 大总体目标。首先，汽车产业碳排放总量将在 2028 年左右提前达到峰值，并于 2035 年较峰值降低 20%。其次，新能源汽车将逐步成为主流产品，汽车产业实现电动化转型。第三，中国方案智能网联汽车技术体系基本成熟，产品大规模应用。第四，关键核心技术自主化水平显著提升，形成协同高效、安全可控的汽车产业链。第五，构建汽车智慧出行体系，实现汽车交通、能源、城市深度融合生态。智能网联汽车致力于智慧城市、智慧交通、智慧能源、智能汽车的深度融合，而非单独强调单车智能。第六，技术创新体系优化完善，原始创新水平具备全球引领能力。

1.5.3 节能与新能源汽车技术路线图 2.0

《节能与新能源汽车技术路线图 2.0》延续了总体技术路线图 + 重点领域技术路线图的研究模式和研究框架，并将原来 1.0 的 1+7 布局深化拓展到 2.0 的 1+9，形成了总体技术路线图 + 节能汽车 + 纯电动与插电式混合动力汽车 + 燃料电池汽车 + 智能网联汽车 + 动力电池 + 电驱动总成 + 充电基础设施 + 轻量化 + 智能制造与关键装备的总体布局，如图 1-17 所示。

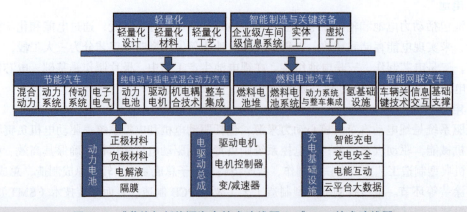

图 1-17 《节能与新能源汽车技术路线图 2.0》1+9 技术路线图

1. 节能汽车领域

综合考虑了节能汽车进步和测试工况切换带来的影响，路线图2.0提出了2025年、2030年、2035年共3个阶段，乘用车含新能源汽车的新车平均油耗分别要达到4.6L/100km、3.2L/100km和2.0L/100km。传统能源乘用车不含新能源汽车的新车平均油耗分别达到5.6L/100km、4.8L/100km和4.0L/100km。

2. 纯电动与插电式混合动力汽车领域

预计到2035年新能源汽车年销售量将占汽车总销量的50%以上，其中纯电动汽车将占新能源汽车的95%以上。未来将实现纯电驱动技术在家庭用车、公共用车、出租车、租赁服务用车以及短途商用车等领域的全面推广。

3. 燃料电池汽车领域

将燃料电池商用车作为氢能燃料电池行业的突破口，并把客车和城市物流车作为切入领域，重点在可再生能源制氢、工业副产氢丰富的地区推广大中型客车、物流车并逐步推广至载重量更大、长途运行的中、重型货车、牵引车、港口物流车以及部分乘用车领域。预计2030年到2035年实现氢能及燃料电池汽车的大规模应用，燃料电池汽车保有量达到100万辆左右，同时从电堆基础材料、控制技术、储氢技术等方面实现根本的技术突破。

4. 智能网联汽车领域

深化完善了"三横两纵"的技术架构，涵盖了车辆关键技术、信息交互关键技术和基础支撑关键技术的"三横"，以及车载平台和基础设施的"两纵"。预计到2025年高度自动驾驶的汽车将切入市场，到2030年实现高度自动驾驶汽车在高速公路上的广泛应用，以及在部分城市道路情况下特别是智慧城市场景下的规模化应用，到2035年高度自动驾驶和完全自动驾驶的智能网联汽车将实现与其他交通参与者和其他车辆的混合运行，两者之间的网联协同决策和控制能力得到较大规模的提升，各类网联式高度自动驾驶车辆能够在我国广泛应用。

5. 动力电池领域

我国节能与新能源汽车产品应用领域和细分市场逐步清晰，对应的车型产品特征比较显著，涵盖了纯电动、插电式和混合动力3大车型。基于以上这些考虑，《节能与新能源汽车技术路线图2.0》动力电池领域涵盖了能量型、能量功率兼顾型和功率型3大技术方向，以乘用车和商用车为两大应用领域，抓住普及型、商用型、高端型3类应用场景。按照应用场景细分，在架构设计和研究方面实现单体、系统集成、新体系动力电池、关键材料、制造技术及关键装备测试评价、梯次利用以及回收利用等产业链全链条覆盖。预计到2035年，我国新能源汽车动力电池技术总体达到国际领先水平，并形成完整、自主、可控的动力电池产业链。

6. 电驱动总成领域

电驱动总成领域未来将以纯电驱动总成、插电式机电耦合总成、商用车动力总成、轮毂轮边电机总成为重点，以基础核心零部件元器件国产化为支撑，重点提升我国电驱动总成集成度与性能水平，预计到2035年，我国新能源汽车电驱动系统产品总体达到国际先进水平。其中乘用车电机比功率达到7.0kW/kg，乘用车电机控制器功率达到70kW/L，纯电驱动系统比功率达到3.0kW/kg。

7. 充电基础设施领域

以构建慢充普遍覆盖，快充换电网络化部署来满足不同充电需求的立体充电体系为目标，预计到2035年将建成慢充桩端口1.5亿端以上（含自有桩及公用桩），公共快充端口（含专用车领域）达到146万端，支撑1.5亿辆以上的车辆充电运行，同时实现高速公路网及城区分布换电站，实现纯电车辆包括出租车、网约车、私家车共享快速换电模式大规模应用。

8. 轻量化领域

轻量化领域近期以完善高强度钢应用为体系重点，中期以形成轻质合金应用体系为方向，远期形成多材料混合应用体系为目标。不同于传统技术路线把整车整备质量和轻质材料应用作为衡量标准，《节能与新能源汽车技术路线图2.0》引入了新概念，即整车轻量化系数、载质量利用系数、挂牵比等作为衡量整车轻量化水平的依据。到2035年，预计燃油乘用车整车轻量化系数降低25%，纯电动乘用车整车轻量化系数降低35%。

9. 智能制造与关键装备领域

面向汽车制造通用化、自适应化、透明化和智能化的发展方向，到2035年，预计关键工序智能化率达到90%以上，设备接口综合效率（OEE）比2020年提高10%，劳动生产率比2020年提高50%以上，在更高维度上实现不同领域及企业之间数据流通与业务集，人工智能应用产品开发工艺设计和质量管理等。

1.6 汽车制造发展趋势

在汽车制造业，传统的整车制造工厂以冲压、焊装、涂装、总装工艺（简称四大工艺）等为主，动力总成制造工厂以关键零部件加工和装配为重点，随着节能与新能源汽车产品创新和新材料、新工艺、新技术、新装备的不断应用，整车及动力总成制造内涵也在不断变化。对于整车制造，在传统四大工艺基础上有所变化，例如，应用了纤维增强复合材料覆盖件成形、多种类材料车身焊装、铆接、粘接及多种材料车身涂装等新材料和新工艺，增加压铸工艺，有的甚至已经完全颠覆四大工艺，取消了冲压和车身涂装。以下分别从国家、产品需求方面，分析汽车制造几个主要发展趋势。

1. 国家规划层面

以《节能与新能源汽车技术路线图2.0》展望的2035年新能源汽车规划为代表，国家对电动化转型、轻量化材料应用、关键核心技术自主化、智能制造、环保和可持续发展已指明了发展趋势。对整车制造来说，要特别关注智能制造和绿色制造两个技术路线。

1）智能制造。在新一轮科技革命的推动下，制造技术逐步向智能制造模式转变。智能制造技术主要分为3个层面：一是数字化集成，实现实体工厂的数字化以及与虚拟工厂的数字化集成；二是信息物理集成，实现企业内部信息系统以及信息系统与物理系统的集成；三是工业大数据集成，以工业互联网为支撑，在更高维度上实现不同企业之间的数据流通与业务集成。在数字化集成方面，未来技术发展趋势是进一步提高工厂数据采集的深度与广度，发展虚拟工厂、数字孪生等技术。在信息物理集成方面，当前的攻关重点是提升企业的信息利用率和流通便捷性，优化流程与业务，如物理资产的建模和数字化、信息物理系统的构建以及相关支撑软硬件工具和方法。在工业大数据集成方面，未来方向是逐步发展构建工业互联网平台，利用其连通、计算能力、存储优势，实现各种离散工业资源的有效集成与优化应用，进而真正实现大规模定制化生产的智能制造。

2）绿色制造。主机厂将越来越注重使用可再生和环保材料，以及减少生产过程中的环境污染。例如，使用生物基塑料和可回收金属等材料，以及采用低排放的生产工艺。通过采用先进的节能技术和使用可再生能源，主机厂可以降低生产过程中的能源消耗和碳排放。此外，对生产设备进行能效优化也是绿色制造的重要方向。另外，主机厂将更加注重产品的可回收性和再利用性，推动循环经济的发展。这包括设计易于拆解和回收的产品，以及建立完善的回收和处理体系，比如动力电池回收。

3）生产装备自动化、柔性化。在科技进步的推动下，未来的汽车制造装备将更加强调高精度和高效率。例如，高精度机器人和自动化设备将确保零部件的精确加工与装配，从而提升产品品质和生产效益，从技术上来说，冲压、焊装、涂装车间自动化率已能达到100%。此外，生产线的设计和优化将致力于减少生产过程中的浪费和停机时间，进一步提高生产效率。

为适应市场需求，未来的汽车制造装备将更加注重柔性生产。柔性制造装备能够满足不同车型、多样化批次的生产需求，实现快速切换和调整，有助于提高制造商对市场变化的响应速度，降低库存成本，如多种动力形式车型、多种尺寸车型共线生产，以及各种个性化定制生产。

2. 产品层面

未来的汽车产品将更注重客户需求，尽可能提供符合市场需求、有成本优势的产品。

1）电动化。新能源汽车的快速发展要求整车制造工厂适应新的生产需求。新能源汽车的动力系统与传统燃油汽车有很大不同，因此，各大主机厂需要引入新的生产线或者改造原有生产线，以适应新能源汽车的生产。

2）车身轻量化。汽车轻量化是节能减排的重要有效途径之一，可有效提高续驶里程，降低油耗和能耗。车身的轻量化，大体上有3个方向：一是钢车身的轻量化，主要采用高强度钢、热成形钢等，通过提高钢的强度来实现减重；二是钢铝混合车身（图1-18）；三是纤维复合材料车身。为了平衡车身的轻量化和安全性，未来这3个方向的发展将殊途同归，走向多材料的复合车身，以实现最优的性能和成本效益。多材料混合车身需要制造商具备先进的连接技术和制造工艺，以确保不同材料之间的可靠连接和协同工作。而车身压铸技术则是当前轻量化车身制造的关键技术和研究热点之一。

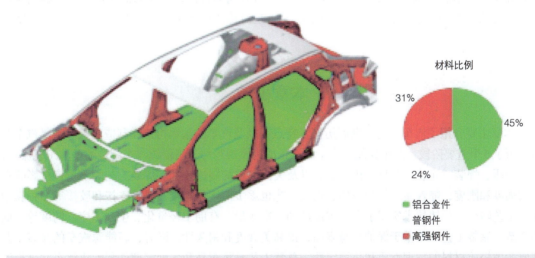

图1-18 钢铝混合车身

3）定制化与个性化生产。消费者对汽车的需求越来越倾向于个性化和定制化。主机厂将利用数字化工具和柔性生产系统来满足这一趋势，如图1-19所示。通过在线配置器、3D打印和模块化设计，消费者可以根据自己的喜好定制汽车的外观、内饰和功能。这种生产方式要求制造商具备快速响应市场变化的能力，并能够灵活调整生产线以适应小批量、多样化的生产需求。

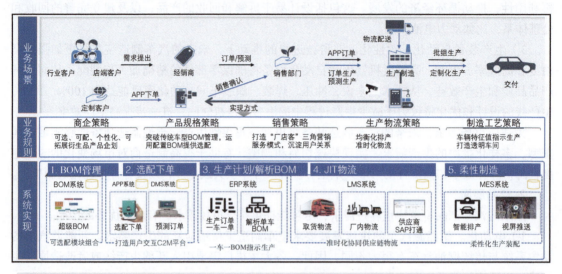

图 1-19　主机厂基于定制化生产模式的业务流程示意图

4）生产效率提升。产品力的体现不仅在于产品的性能和质量，还包括成本效益。通过生产效率提升，可大大降低制造成本，如福特汽车公司在 20 世纪初发明了流水线生产方式，丰田汽车公司在 20 世纪 50 年代发展了精益生产系统，包括及时生产（Just-In-Time，JIT）和全面质量管理（TQM）。模块化生产即将某些特定的组件或模块在主流水线之外进行预组装，然后这些预组装的部件或模块再被运送到主流水线上进行最终的总装。特斯拉汽车公司于 2020 年提出通过一体化压铸优化冲压和焊装环节，2023 年又提出采用"开箱工艺"实现并行涂装，改进涂装和总装环节，大幅提升了生产流程中创造价值时间的占比，从而降低制造成本，提高生产效率。开箱工艺一旦成功服务于大规模生产，将是对传统四大工艺的颠覆，单车成本也会随之降低。

本章小结

本章主要介绍了汽车制造的发展历程、特点，以及汽车的基本构造和制造流程。世界汽车制造经历了 5 个重要阶段，其中新能源汽车制造正成为发展趋势。新能源汽车制造的基本工艺流程，包括冲压、焊装、涂装、车身压铸、总装以及关键部件的制造技术。焊装工艺的质量直接影响车身的强度和刚度，随着新材料的应用，连接工艺也逐步向熔化焊接、机械连接和胶接等多种新型连接工艺转变。压铸技术实现了多个零部件的一次成形，有助于轻量化、生产工序、精度等方面的革新。涂装工艺则着重于保护车身表面，提高美观度和耐久性，同时，新能源汽车的涂装工艺需要考虑轻质材料的物理性质和热稳定性。总装工艺是将车身和各种零部件装配成整车并进行调试的过程，新能源汽车与传统汽车在总装制造技术上并无本质差异，但在零部件装配和工位数设计上需要考虑不同车型的需求。此外，还对新能源汽车的关键部件电池、电机和电控的制造技术进行了详细介绍，包括极片制作、电芯制作、电机制造和电控系统制造等环节。

在新能源汽车制造过程中,各工艺环节都需要不断优化和创新,以满足新能源汽车对性能、安全、环保等方面的要求。同时,随着技术的进步和市场需求的变化,新能源汽车制造工艺将继续发展,为实现新能源汽车产业的可持续发展奠定基础。

练习题

一、选择题

1. 汽车制造的特点有哪些?(　　)
   A. 高度自动化和智能化　　　　　　B. 资本高度密集
   C. 全球化依赖低　　　　　　　　　D. 技术密集和技术创新
2. 新能源汽车与传统燃油汽车最大区别是?(　　)
   A. 动力系统　　　B. 底盘　　　C. 车身　　　D. 电气设备
3. 哪个汽车公司引入流水线装配技术,大规模生产T型汽车?(　　)
   A. 丰田　　　B. 福特　　　C. 奔驰　　　D. 大众
4. 纯电动汽车动力系统包含哪些部分?(　　)
   A. 驱动电机　　　B. 动力电池　　　C. 电机控制器　　　D. 热管理系统
5. 下列哪项是未来汽车制造的主要发展趋势?(　　)
   A. 智能制造在汽车主机厂应用不广泛　　B. 多材料混合车身将被广泛采用
   C. 自动化和柔性化的生产装备将不被重视　D. 视觉技术将不再用于汽车制造
6. 下面对绿色制造表述正确的是?(　　)
   A. 注重使用可再生和环保材料,可减少生产过程中的环境污染
   B. 对生产设备进行能效优化也是绿色制造的重要方向
   C. 更加注重产品的可回收性和再利用性
   D. 通过采用先进的节能技术和使用可再生能源,可以降低生产过程中的能源消耗和碳排放
7. 下列哪个不是传统四大工艺?(　　)
   A. 冲压　　　B. 车身压铸　　　C. 焊装　　　D. 涂装
8. 关于车身的表述正确的是?(　　)
   A. 车身附件包括内饰件、外饰件和电气附件3大类
   B. 白车身是指还没有喷漆的车壳,也即结构件和覆盖件采用某种工艺连接起来的总成
   C. 通过电池车身一体技术可使车身原有的前地板同时具备动力电池上壳体的作用,以减少整车重量
   D. 传统汽车与新能源汽车的车身结构有本质上的区别
9. 在汽车车身制造过程中,下列哪个工艺是将冲压成形的汽车车身结构件和覆盖件组合成结构件或汽车白车身?(　　)
   A. 冲压　　　B. 焊装　　　C. 涂装　　　D. 总装
10. 关于三电系统典型制造工艺表述正确的是?(　　)
    A. 磷酸铁锂电池典型制造工艺分为三大工段,一是极片制作,二是电芯制作,三是电池组装

B. 电机典型制造工艺主要有铁心制作、线圈绕制、定子总成制造、转子总成制造、总成组装、测试和涂装等环节

C. 电机控制器典型制造工艺主要有PCB制造、SMT、软件烧录、组装与测试等环节

D. 目前纯电动汽车的电机和电控大多实现集成化

二、填空题

1. _____ 是指将金属材料坯料通过压力机或冲床进行剪裁、冲裁、折弯等操作，形成各种形状的零部件或整车车身面板的过程。

2. _____ 是指将已经组装好的车身进行涂漆和表面处理的过程，其目的是保护车身表面免受腐蚀和紫外线辐射，同时提高车身的美观度和耐久性。

3. 新能源汽车是指采用非传统燃料作为动力源的汽车，主要包括纯电动汽车、插电式混合动力（含增程式）汽车和 _____ 汽车等。

4. 2023年我国汽车产销量连续15年位居全球第一，并首次超过 _____ 万辆。

5. 目前新能源汽车制造中的多材料混合车身主要采用 _____ 和 _____ 的组合，以实现最优的性能和成本效益。

6. 汽车整车制造中的传统四大工艺，包括冲压、焊装、涂装和总装，近年来各车企逐步引入 _____ 工艺。

7. _____ 的引入极大地提高了汽车的生产效率。

8. 传统四大工艺中，目前无法实现100%自动生产的是 _____ 。

9. 在锂电池生产工艺中，极片制作是基础、_____ 制作是核心，电池组装关系到锂电池成品质量。

10. 汽车焊装生产线的主要目标是生产出符合质量标准的 _____ 。

三、简答题

1. 简述不同类型新能源汽车动力系统的差异。
2. 简述整车制造工艺流程。
3. 简述我国汽车制造发展的重要阶段和里程碑事件。
4. 关于绿色制造有哪些典型的案例？
5. 车身轻量化有哪些手段？

拓展阅读

主题：全球仅此一座的新能源汽车"灯塔工厂"

2023年12月14日，广汽埃安智能生态工厂，入选达沃斯世界经济论坛（WEF）"全球灯塔网络"，成为全球仅此一座的新能源汽车灯塔工厂，代表着新能源汽车制造的全球趋势和未来方向。

"灯塔工厂"由麦肯锡和世界经济论坛提出，特指在第四次工业革命背景下，将数字化生产技术由小范围试点推向大规模应用并获得巨大财务收益的成功企业，代表了当今全球制造业智能制造和数字化的最高水平，经由学术界、业界等专家组成的专家评审团进行严格评估。获

得"灯塔工厂"的都是医疗、半导体、工业自动化、生物技术等领域的尖端制造企业。麦肯锡认为:"这是当前全球最先进的生产场所,是引领全球制造企业发展趋势的'灯塔'"。

广汽埃安在 2018 年建成了国内首家新能源纯电专属工厂,代表了智造新高度、品质新高度、定制新高度和环保新高度,拥有钢铝车身柔性生产、数字化自主决策、互动式定制、能源综合利用等四大全球领先优势。凭借领先的智能制造水平,广汽埃安在 2021 年荣获"2020 中国标杆智能工厂",2022 年荣登国家四部委联合发布的 2021 年度智能制造示范工厂榜单。为了满足客户不断增长的个性化需求,广汽埃安部署 40+ 项工业 4.0 范例,为客户提供 10 万多种个性化选装方案,25 种车色定制化混线生产,并确保整车能按时按量交付;全自动化生产线支持定制化产品与现货产品混合生产,每 53s 便能下线一辆定制化新车。在可靠性方面,埃安工厂实现研 - 产 - 供 - 销全生命周期质量管理,逼近 0 缺陷,助力广汽埃安实现质量 + 保值率双第一,引领高端新能源汽车智造。

不止是"灯塔工厂",广汽埃安智能生态工厂还是一座"零碳工厂"。2022 年广汽埃安全年零碳排放,正式获得广州碳排放权交易中心出具的碳中和认证证书。

从"碳中和"到智能化生产,广汽埃安智能生态工厂始终走在高质量生产制造的前沿。未来,广汽埃安还将继续导入更多更先进的生产技术,优化生产管理,为行业的高质量发展发挥更大的示范作用,加速全球能源转变和引领行业发展。

综上,广汽埃安智能生态工厂的成就不仅是企业自身的荣耀,更是中国新能源汽车产业乃至整个制造业的骄傲。它代表了中国在全球新能源汽车制造领域的领先地位,展现了中国制造业的创新能力和高质量发展的决心,同时也为全球能源转型和可持续发展做出了积极贡献。

想一想 1:我国汽车产销量和出口量在全球排名多少,如何进一步提升优势?
想一想 2:新能源汽车与传统汽车能否共线生产?有哪些好处与坏处?
想一想 3:你对哪一项新技术感兴趣,对其未来发展有何认识?

综合实践实验项目

通过文献研究,总结汽车整车制造工艺流程,并分析各工艺的特点,以 PPT 形式提交。

第 2 章
冲压制造技术

👉 本章导学

  冲压工艺是一种金属加工方法，它将板料放置在冲压模具中，通过压力机对模具施加压力，使板料产生塑性变形或分离，从而获得具有一定形状、尺寸和性能的零件。冲压工艺在汽车车身制造工艺中占有重要地位，特别是汽车车身的大型覆盖件，因形状复杂、结构尺寸大、表面质量要求高，目前采用冲压来制作这些零件仍是主要的加工方式。

👉 学习目标

序号	学习目标	知识点	学习要求
1	掌握冲压生产的特点和生产流程	1.冲压生产的特点 2.冲压生产的流程	掌握
2	掌握冲压生产核心要素：材料、设备、模具	1.冲压材料的牌号与关键性能指标 2.冲压模具的分类和结构 3.压力机的分类与主要参数	掌握
3	掌握冲压工序的分类和冲压工艺设计要点，了解冲压工艺方案	1.冲压工序的分类 2.冲压工艺设计要点 3.冲压工艺方案	掌握
4	掌握冲压件质量管理的内容	冲压件的质量管理内容	掌握
5	了解在线质量检测技术	冲压在线质量检测技术	了解

👉 课前小讨论

  汽车上的各种零部件，形状千差万别，每一个零件形状都是独特的，几乎没有完全一样的。在材质上也有很多种，有铁的、铜的、铝的，还有各种非金属材料的。常用的汽车零件毛坯种类有铸件、锻压件、冲压件、焊接件及粉末冶金件等，所以汽车零部件的加工工艺就有铸造、锻压、冲压、焊接、粉末冶金、注塑成形等。比如汽车的前机舱盖是通过金属材料冲压而来的，汽车前保险杠是注塑件，变速器的壳体则是压铸件。

  本章主要学习冲压制造技术，那么零件冲压跟我们生活中哪些场景类似呢？冲压生产有哪些特点呢？

2.1 冲压制造概述

  在汽车车身零件制造中，冷冲压成形技术、热冲压成形技术和液压成形技术是3种重要的金属成形技术，它们在原理、特点以及应用上存在明显的差异。

  冷冲压成形技术利用压力机在常温下对金属板材进行冲压加工，以获得所需形状和尺寸的零件。其基本原理是利用压力机的压力作用，使金属板材在模具的形状和尺寸下发生塑性变形，从而得到所需的零件形状，如汽车侧围、左/右前翼子板、四门、顶盖、行李舱板、地板、前围板等。

热冲压成形技术是一种将金属板材加热至一定温度后进行冲压加工的方法。其基本原理是将高强度钢板（如硼合金钢板）加热到再结晶温度（约900℃）以上，利用金属板料在高温状态下塑性和延展性显著升高、屈服强度迅速下降的特性，在模具内快速冷却进行冲压成形，将钢由奥氏体向马氏体转变的工艺。

液压成形技术是一种利用液体介质传递压力，使材料在模具中发生变形，从而获得所需形状和尺寸的成形技术。其基本原理是将液体介质作为凸模或凹模，省去一半模具费用和加工时间，而且液体作为凸模可以成形很多刚性凸模无法成形的复杂零件。液压成形可以加工各种复杂形状的零件，可以整体成形轴线为二维或三维曲线的异型截面空心零件，如扭力梁等。三种成形技术生产的零件如图2-1和表2-1所示。

a) 汽车前机舱盖内板冷冲压成形　　b) 汽车B柱加强板热冲压成形　　c) 汽车车身结构件液压成形

图 2-1　三种成形技术代表零件简图

冷冲压成形技术、热冲压成形技术和液压成形技术在汽车车身零件制造中都有各自的应用领域和优势。冷冲压成形技术以其高效率、高精度和高成本效益的特点成为汽车制造中的主流成形技术；热冲压成形技术在汽车质量减轻、防撞和抗冲击性能的提升方面具有显著作用，应用范围基本为高强度钢板成形；液压成形技术则在一些特殊应用场景中表现出色。这些技术在汽车制造领域将继续发挥重要作用，推动汽车制造技术的不断进步。本书主要介绍冷冲压成形技术。

表 2-1　三种成形技术生产的汽车零件

成形类型	汽车车身应用零件举例	图示
冷冲压成形	汽车外覆盖件如侧围、顶盖、门板等	（前机舱盖外板、左/右前门内板、左/右后门内板、顶盖、前机舱盖内板、行李舱盖外板、行李舱盖内板、左/右前翼子板、左/右前门外板、左/右后门外板、左/右侧围）

(续)

成形类型	汽车车身应用零件举例	图示
热冲压成形	汽车A柱加强板、前横梁、门槛加强板等	
液压成形	汽车排气管、副车架零件等	

2.1.1 汽车冷冲压生产的特点

冷冲压是汽车制造中的重要工艺，以其高效、低耗、高度自动化的特点，在汽车行业中被广泛应用。以下是汽车冷冲压工艺的主要特点。

1）冲压零件通常不需要进一步机械加工，材料利用率高。

2）冲压件精度通过模具保证，通常具有较高的尺寸精度。

3）冲压操作简单，可以实现自动化批量生产，从而实现高效率、低成本。

视频2-1 冲压生产线介绍

4）冲压能够制造出其他金属加工方法难以加工的形状复杂的零件。车身零件通常具有3D曲面和复杂的形状（图2-2），冲压后的零件尺寸和形状保持度较好。

5）冲压件使用钢/铝板材作为材料，其表面质量较好，为后续的表面处理工序（如喷漆）提供了便利。

正因为冷冲压具有上述优点，且其材料利用率高，不需要其他加热设备，耗能少，因此目前仍是车身零件的主要生产方式。

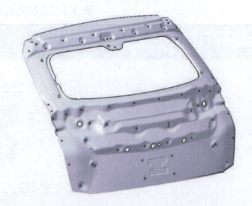

图2-2 形状复杂的冲压零件

2.1.2 冲压件在汽车上的应用

汽车上比较典型的冲压件有车身的覆盖件和结构件,图 2-3 所示是某轿车车身零件示意图。目前车身零件材质主要以钢板或铝板为主,但随着一体化压铸技术的发展,越来越多的车辆用上了一体化压铸的后地板、前机舱,使原本需要组装的多个零件,一次性压铸成形,大大减少了车身零件的数量。后续章节中将详细介绍车身压铸技术。

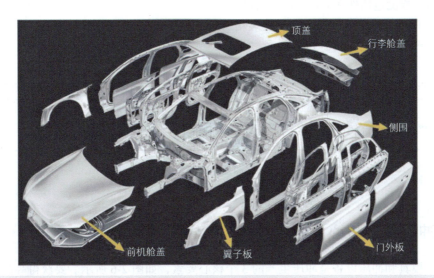

图 2-3 汽车车身零件

2.1.3 汽车冲压生产流程

冲压生产是指将材料通过压力机对模具施加压力,在一定的生产参数下,生产出所需的冲压零件,其输入是材料,输出是零件。冲压材料、压力机、冲压模具和相应的生产参数是其生产必备的要素和条件,其基本原理如图 2-4 所示。

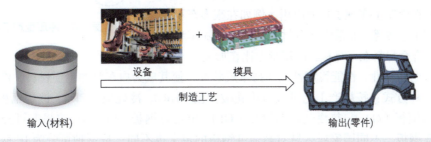

图 2-4 冲压生产关系图

汽车冲压主要流程如下:

1)材料的供应:将从上游供应商采购的卷料,通过开卷落料将金属板材切割成适当大小和形状的料片,以满足冲压生产的尺寸要求。用以生产的材料可由材料供应商配送,也可由主机厂自己开卷生产。

2）模具生产准备：将调试和保养好的模具从模具存放区通过起重机吊入冲压生产线，并安装在冲压床台上。

3）冲压生产：将准备好的金属板材放入模具中，然后通过压力机施加压力，使金属板材在模具的作用下发生塑性变形，从而得到所需形状的零部件。

4）冲压件质量检测：在冲压生产完成后，需要对冲压件进行质量检测，以确保其符合设计要求。质量检测包括外观检查、尺寸测量等。

5）装箱入库：检测合格的冲压件会装箱入库，等待送入焊装进行下一工序。

冲压生产流程简图如图 2-5 所示。

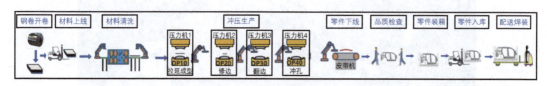

图 2-5　冲压生产流程简图

2.2　冲压生产核心要素

材料、模具和冲压设备是冲压生产的 3 个核心要素，如图 2-6 所示。要获得高品质的冲压零件，离不开成形性能优良的冲压材料、高质量的冲压模具以及先进的冲压设备。

2.2.1　冲压材料

在绿色发展和碳达峰、碳中和的大背景下，汽车轻量化是新能源汽车发展的重要技术路线之一。由于汽车具有"质量越大，功率消耗越高，能量消耗也就越大"的特性，因此轻量化对车身减重有积极贡献。目前已有铝合金、镁合金、碳纤维材料在汽车上实现了量的应用，例如在很多车型的覆盖件上都用上了 5 系、6 系铝合金材料。同时伴随车型档次的提升，铝合金材料在车身材料的用量占比在加大。

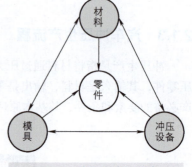

图 2-6　冲压生产三要素

由于钢的经济性、性能稳定性以及技术成熟性，使其成为白车身的主要材料。汽车用钢板的分类有多种方式：按生产工艺可分为热轧酸洗板（HR）、冷轧板（CR）、镀层钢板 [热浸镀合金化镀锌钢板（GA）、热浸镀纯锌钢板（GI）、电镀锌钢板（EG）]；按强度可分为普通钢板和高强度钢板，不同国家或区域对高强度钢板的定义也不同；按钢种可分为 IF 钢、BH 钢、HSLA 钢等，具体如图 2-7 所示。

汽车钢板需要进行冲压成形才能把钢板冲压成所需要的形状和尺寸零件。冲压成形是一个非常复杂的过程，它和钢板的力学性能有直接的关系。冲压成形类型与材料性能指标关系见表 2-2。

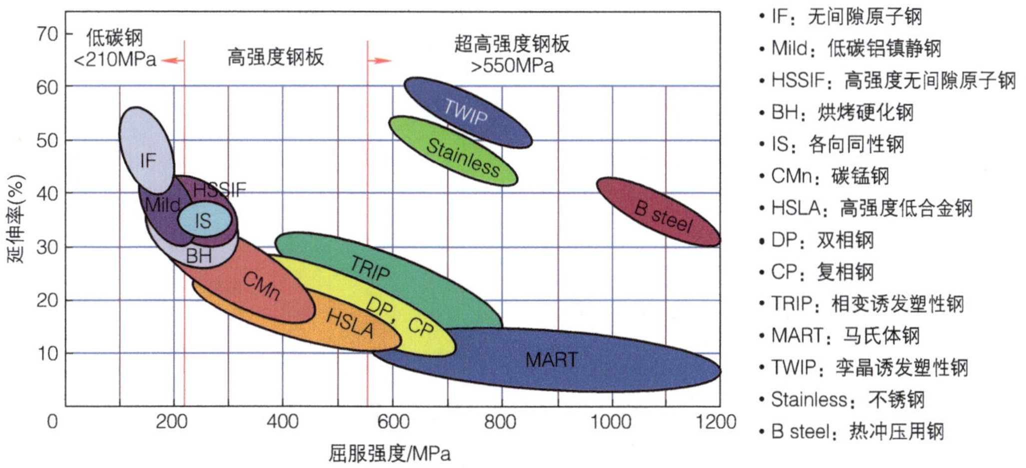

图 2-7　汽车用钢板产品分类

表 2-2　冲压成形类型与材料性能指标关系

序号	成形类型	关键性能指标
1	深拉深成形类	r 值
2	胀型 - 深拉成形类	n 值、r 值
3	浅拉深成形类	延伸率
4	弯曲成形类	屈服强度（YP）
5	翻边成形类	延伸率（EL）

1）r 值是指材料的塑性应变比，即试样宽度方向应变与厚度方向应变的比值。r 值反映了板料在厚度方向的变形能力，r 值越大，表示板料越不容易在厚度方向产生变形，即不容易变薄也不容易增厚。

2）n 值是指拉伸应变硬化指数，即在拉伸变形任一瞬时变形应力对应变的敏感性，n 值的几何含义是在应力 - 应变对数坐标平面上拉伸曲线的斜率。

3）延伸率是指材料的断后伸长率，即断后并在力卸除后长度方向的变形量与标距的比值。一般断后伸长率越大，材料的成形性能越好。

4）屈服强度是指材料发生塑性变形而拉力不增加的应力点。无明显屈服现象的材料，可以采用 $R_{p0.2}$ 作为屈服强度。屈服强度小的材料，塑性变形后的形状冻结性能都比较好，有利于提高零件精度。

一般来说，低的屈服强度、高的断后伸长率、高的 r 值和高的 n 值有利于冲压成形。汽车用薄板拉伸试验的材料特性图解如图 2-8 所示。

冲压件材料的选用应遵循以下原则：
1）所选材料首先满足零件的使用工况性能要求。
2）所选材料要有较好的工艺性能。
3）所选材料要有较好的经济性。

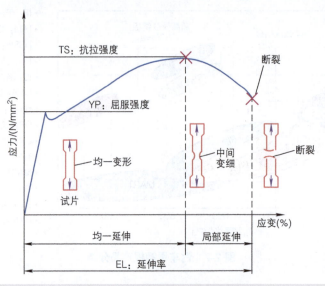

图 2-8 汽车用薄板材料特性图解

以汽车侧围外板为例,由于其成形深度深,冲压成形过程中开裂风险高,因此需要选用适应深拉延成形材料,以确保冲压生产的稳定性。某主流主机厂车身零件对应的材料见表 2-3。

表 2-3 汽车车身零件用材料

分类 1	分类 2	材料牌号	厚度范围 /mm	应用典型部件	实现工艺
普通钢板	冷轧冲压钢	DC03/DC04	0.7~2.0	顶盖前横梁加强板、翼子板安装支架、后窗台加强板等	冷冲压成形
	连续热镀锌铁合金镀层冲压用钢	DC52D+ZF/DC53D+ZF			
	冷轧冲压钢	DC05/DC06	0.7~1.5	侧围、门内板、尾门内外板、发前机舱盖内板、顶盖等	冷冲压成形
	连续热镀锌铁合金镀层冲压用钢	DC54D+ZF/DC56D+ZF			
普通高强度钢	冷轧无间隙原子钢	H180Y/H220Y/H260	0.8~1.5	中通道前加强支架、前壁板上部等	冷冲压成形
	连续热镀锌铁合金镀层无间隙原子高强度钢	H180YD+ZF/H220YD+ZF/H260YD+ZF			
	冷轧烘烤硬化钢	180B/220B	0.65、0.7	发前机舱盖外板、前后门外板、翼子板	冷冲压成形
	连续热镀锌铁合金镀层烘烤硬化钢	220BD+ZF			
	低合金高强度冷轧钢	340LA/420LA	0.8~2.0	前后纵梁、吸能盒、座椅横梁、顶盖横梁等	冷冲压成形
	连续热镀锌铁合金镀层低合金高强度钢	340LAD+ZF/420LAD+ZF			冷冲压成形
	汽车结构用热连轧钢	GAFH590	2.5	前纵梁加强板等	冷冲压成形
	汽车结构用高屈服强度热轧钢	340MC/420MC	2.5、3、5	防撞梁安装板、门锁环固定板等	冷冲压成形
先进高强度钢	双相高强度冷轧钢	550/980DP	1.0~2.0	A柱内板、前后防撞梁、B柱内板、门槛内板及加强板等	热冲压成形
	热成形钢	GHF1500AS	1.4	B柱加强板、A柱上边梁	热冲压成形

2.2.2 冲压设备

1. 冲压车间主要设备介绍

目前国内主流的汽车覆盖件冲压线主要包含以下设备：材料清洗涂油机、压力机以及自动化输送装置。图 2-9 所示是某冲压生产线的主要设备。

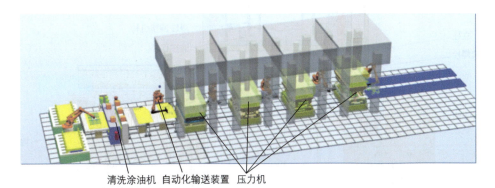

清洗涂油机　自动化输送装置　压力机

图 2-9　某汽车冲压生产线

同时为辅助冲压主线的生产，冲压车间还会配备桥式起重机、叉车、平板运输车等设备。

视频2-2
冲压工艺
工序介绍

2. 压力机

压力机是完成冲压零件的必要设备，主要分为两种：机械压力机和液压机，如图 2-10 所示。

a) 液压机

b) 机械压力机

图 2-10　压力机分类

液压机是通过液体传递力和能量的一种设备。它主要由主机、动力系统、液压控制系统 3 部分组成。液压机按传递压强的液体种类分为油压机和水压机两大类，用于冲压生产的通常为油压机。

机械压力机是一种用机械传动方式驱动滑块做上下直线运动的锻压机械。其传动原理是将电动机的运动和能量传递给工作机构，包括飞轮、离合器、齿轮或带传动等部分。机械压力机一般有曲柄连杆式（四连杆机构）和多连杆式两种。图 2-11 所示是一种机械压力机的示意图。

新能源汽车制造技术

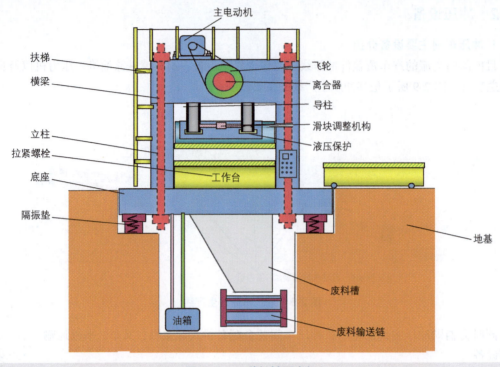

图 2-11 一种机械压力机

伺服压力机是机械压力机中的一种类型，它与传统机械压力机的区别主要在于驱动装置，如图 2-12 所示。伺服压力机驱动装置主要由伺服电动机与减速箱组成，而传统机械压力机的驱动装置主要由异步电动机与飞轮、离合制动器组成。由于伺服压力机具有运动曲线可调、可适应多种工艺与材料、节能、运动冲击小、可降低磨损与噪声等优点，目前已广泛应用于冲压领域，是一种先进的压力机设备。图 2-13 对伺服压力机与多连杆机械压力机运动曲线进行了对比。

3. 压力机的参数

压力机的参数主要包括额定压力、滑块行程、冲压速度和压机精度等，这些参数在冲压过程中对冲压零件的品质质量产生影响。

1）额定压力：额定压力是指滑块在下止点前某一特定距离或角度时，滑块上所容许承受的最大作用力，它决定了零件成形的最大吨位。

2）滑块行程：滑块行程主要决定了自动化装置能够在压力机中的活动空间，影响整线生产节拍。

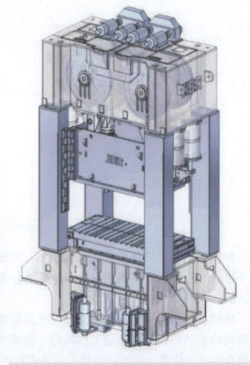

图 2-12 伺服压力机

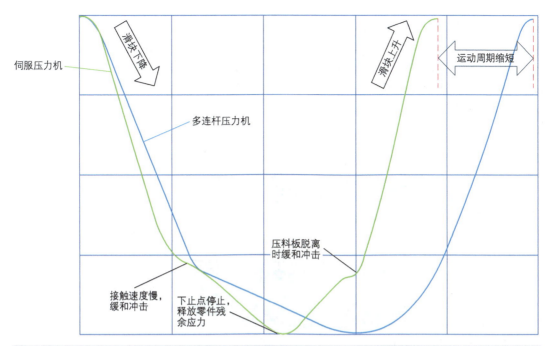

图 2-13　伺服压力机与多连杆机械压力机运动曲线对比

3）冲压速度（压力机行程次数）：冲压速度是指滑块每分钟从上止点到下止点，然后再回到上止点，如此往复的次数。压力机行程次数越多，压力机的生产率越高。

4）压机精度：压机精度主要有压机的平行度、垂直度等，压机精度直接关系到冲压零件的品质。

总之，在实际生产中，为了获得高品质的冲压件，需要选择合适的压力机参数，并进行精确控制和调整。

2.2.3　冲压模具

冲压模具是生产冲压零件的必备要素之一。由于汽车冲压件的尺寸大、形状复杂、精度要求高、生产批量大，因此汽车冲压模具也具有尺寸大、结构复杂的特点。冲压模具取决于冲压工艺，同一个零件采用不同的冲压工艺，对应的冲压模具种类、结构和数量也不相同，常规的汽车覆盖件一般经过3~6个工序完成。

根据工艺内容的不同，汽车冲压模具大致可分为拉延模、冲裁模和翻边整形模。以汽车覆盖件前门内板模具为例，其由4个工序完成，见表2-4。

表 2-4　前门内板模具工序内容

工序	模具	工序内容
OP10	拉延模	拉伸
OP20	冲裁模	修边 + 冲孔
OP30	翻边整形模	整形 + 翻边
OP40	冲裁模	修边 + 冲孔

视频2-3 冲压模具结构介绍

1. OP10 拉延模

拉延的主要作用是通过施加力使材料产生变形，从而实现一定形状和尺寸的拉延件。在拉延过程中，上模随压力机滑块向下驱动与压边圈闭合，进行压料，压边圈在机床顶杆压力作用下，控制材料的流动，然后上模与压边圈同时向下继续运动与下模闭合，从而完成拉延成形过程。图 2-14 所示是汽车前门内板拉延模。

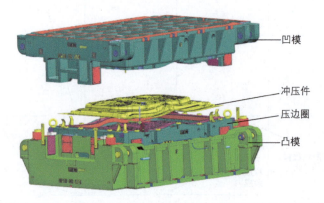

图 2-14　拉延模

（1）凸模　凸模及其相关部件如图 2-15 所示。

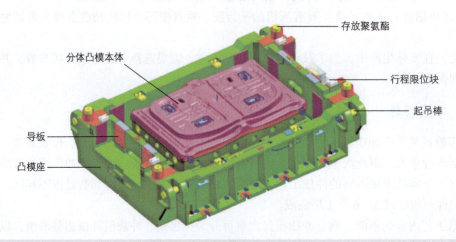

图 2-15　拉延凸模及其相关部件

1）导板：主要起运动导向的作用，通常为自润滑石墨导板。

2）起吊棒：用于模具调运，通常为 45 号钢。

3）行程限位块：用于凸凹模合模到底限位，通常为 45 号钢。

4）存放聚氨酯：用于凸凹模合模状态下对上模的支撑。

5）分体凸模本体：凸模是零件成形的主要部件，其形状造型与产品零件关联。凸模材质一般为球墨合金铸铁 QT600/QT700。

6）凸模座：凸模座是整个下模部分的本体，相关的部件都安装在模座上。模座材质一般为灰铸铁 HT300。

（2）压边圈　压边圈及其相关部件如图 2-16 所示。

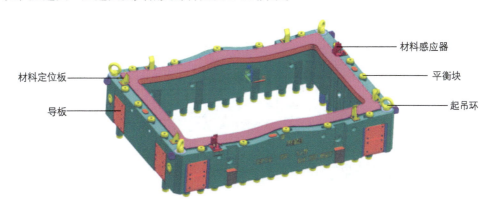

图 2-16　拉延模压边圈及其相关部件

1）材料定位板：用于拉延用材料定位。
2）材料感应器：用于感应模具内部是否有冲压材料，通常为标准件。
3）平衡块：用于调整凹模与压边圈之间的间隙，通常为标准件，材质为 45 号钢。
4）起吊环：用于模具拆解时，压边圈的起吊。
5）导板：用于和凸模的运动导向。

（3）凹模　凹模及其相关部件如图 2-17 所示。

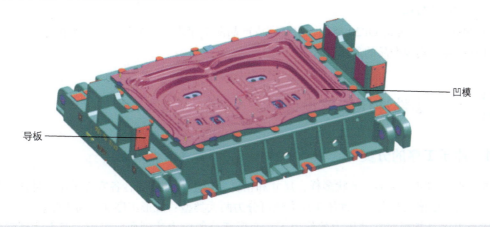

图 2-17　拉延模凹模及其相关部件

凹模具有初步的产品型面，它与凸模配合完成拉延工序，材质一般为球墨合金铸铁 QT600/QT700。

2. OP20 冲裁模

冲裁模主要工作过程是上模随压力机上滑块往下运动，压料板在氮气弹簧或其他压力源作用下先压紧板件，然后上模修边刀与下模刃口配合进行剪切，去除多余废料部分，其通常包含产品外部的修边和产品中间的孔洞，如图 2-18 所示。

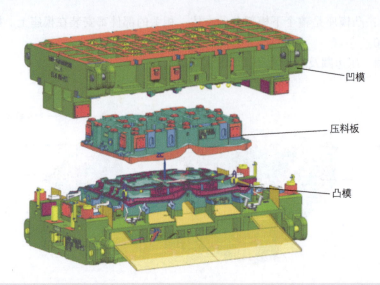

图 2-18 冲裁模

3. OP30 翻边整形模

翻边整形模主要工作过程是上模随压力机滑块往下运动，压料板在氮气弹簧或其他压力源作用下先压紧板件，然后上模整形刀和翻边刀与下模刃配合直到模具闭合冲压完成。其主要作用是对拉延未成形到位的形状以及产品的精度尺寸偏差进行矫正，以达到产品的形状尺寸精度要求。

4. OP40 冲裁模

OP40 的工作原理与 OP20 类似，主要完成产品前工序未完全去除的多余废料部分，包含修边和冲孔内容，实现产品的最终形状。

2.3 汽车零件冲压工艺设计

2.3.1 冲压工序的分类

冲压零件的种类繁多、形状多样，尺寸和精度要求也各不相同，各零件采用的冲压工艺方法不尽相同。根据工艺类型，冲压工序大致可分为两大类型：成形工序和分离工序。

成形工序是指板料在冲压力的作用下，变形部分的应力达到屈服极限，但未达到强度极限，从而使材料产生塑性变形，成为具有一定形状、尺寸和精度的冲压件。成形工序主要包括拉延、翻边、整形、翻孔等。其作用是使材料在不被破坏的情况下，产生塑性变形，从而获得所需要的冲压件的形状。

分离工序是指板料在冲压力的作用下，变形部分的应力达到强度极限以后，使板料发生断裂从而产生分离。分离工序又可分为落料、冲孔、切断和修边等。其作用是在冲压过程中，使所需零件和多余板料相互分离。

冲压基础工序内容见表 2-5。

表 2-5 冲压基础工序内容

工序分类	工序	英文简写	图示	特点
成形工序	拉延	DR		把板料毛坯制成各种开口空心零件
	翻边（侧翻边）	FL（CFL）		将板料的边缘沿一定的曲线/一定的曲率成形成竖立的边缘
	整形（侧整形）	RST（CRST）		为提高已成形零件的精度或者获得小的圆角半径而采用的成形方法
	翻孔	BUR		将零件的孔制成竖立的边缘
分离工序	落料	BL		用冲压模具沿既定的曲线冲切，冲下的部分为零件
	冲孔（侧冲孔）	PI（CPI）		用冲压模具沿既定的曲线冲切，冲下的部分为废料
	切断	SEP		用冲压模具沿既定的曲线分切产生分离
	修边（侧修边）	TR（CTR）		将成形后的零件，用冲压模具沿既定的曲线将废料切除

2.3.2 冲压工艺的设计要点

1. 拉延设计要点

拉延是冲压的关键工序，零件的主要形状通过拉延工序形成。因此在拉延工序设计时，一方面要保证零件主要形状的成形能力，另一方面要考虑降低零件成本和生产的实现。其设计要点如下：

（1）冲压方向定义的要点（图 2-19）

1）无负角。

2）拉延深度均匀，尽量减小制品前后凸面高度之差，否则影响成形的稳定性。

3）尽量避免侧向力。

4）保证凸模与坯料良好的接触状态。

5）尽量通过调整后序冲压方向简化工序内容及降低模具成本。

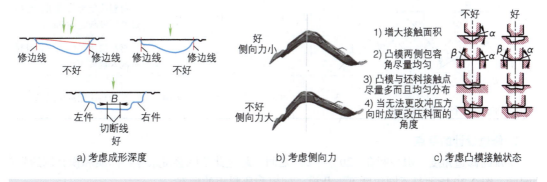

图 2-19 冲压方向定义的要点

（2）压料面定义的要点

1）保证拉延深度尽量均匀，触料状态无起皱缺陷。

2）在能够保证制件充分变形的情况下拉延深度越浅越好。

3）拉延面应该是可展的，形状尽可能简单，尽量避免双曲形状。

4）压料面应保证制件有一定程度的拉延效应，拉延过程中坯料一直处于张力状态是最理想的。

5）压料面形状复杂，模拟计算时要关注压边圈合拢状态，尤其是外板零件。

（3）工艺补充定义的要点 由于零件本身形状起伏，并且多数零件为敞开形状，因此需要制作工艺补充平衡制件自身的起伏及形成闭合形状使板料可以充分成形。

1）使凸模均匀触料，当零件本身形状复杂时，可以适当抬高工艺补充，让工艺补充均匀触料，防止起皱。

2）使制件变形均匀，弥补了制件轮廓和高度上的不平衡，保证拉延分模线光顺和拉延高度均匀。

3）简化压料面形状。

4）在保证成形的前提下，尽量减小工艺补充尺寸，提高材料利用率。

5）需要考虑补充型面对于后序修边及翻整的影响。

6）当制件中间材料成形时超过成形极限，应增加预冲孔或工艺切口，即破裂刀。

7）左右件合模成形时中间距离一般留 8~10mm，大零件可以适当增加到 15~20mm。

（4）拉延筋定义的要点 拉延筋作用力在压料面作用力中占有较大的比例，且可以通过改变拉延筋参数改变这种作用力的大小，以满足不同零件形状的变形要求。拉延筋主要起以下几种作用：

1）增大进料阻力。

2）调节进料阻力的分布，调整流入量。

3）降低对压料面的要求及对设备吨位的要求。

4）增大径向拉应力，降低切向压应力，防止坯料流入引起的起皱。

表 2-6 提供了一种拉延筋的设计参数。

表 2-6 拉延筋设计参数

示例	类型	B	H	L	L_1	L_2（管理面）	备注
图示表示为各 R 角的最小值	1	12	≤6	14	18	≥6	材料决定部位选用，包括过渡区域限定 600mm
	2	12	≤6	18	22	≥8	材料决定部位选用，且材料流入量 ≤30mm
	3	12	≤6	22	28	≥10	非材料决定部位选用

2. 修边设计的要点

常规的修边角度一般控制在 -20°~+20° 之间，超过此范围会带来零件品质和模具制造生产的问题。图 2-20 所示是不同角度下，凸模、凹模和压料板的形态。

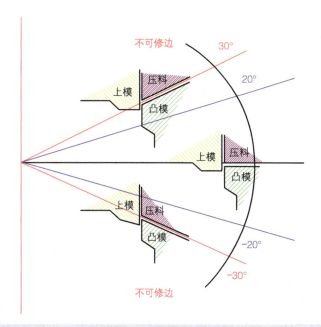

图 2-20 冲压修边角度范围

同时，在修边中有一种特殊的修边状态——立切。立切会导致生产的零件毛刺大，同时导致模具的工作行程长，立切时 θ 角的选取可参照表 2-7，超出标准时要预先考虑对策，应尽量避免此类情况产生。

表 2-7 立切角度参考

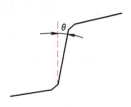

板厚 t/mm	0.6	0.7	0.8	0.9	1.0	1.2	1.4	1.6	1.8	2.0
立切角 θ/(°) 大于	5.7	8.0	9.2	10.3	11.5	13.9	16.2	18.6	21.1	23.5

修边力 $P = \delta t L$，其中 P 为切边力（kg），δ 为材料抗剪强度（抗剪强度一般为抗拉强度的 80%）（kg/mm²），t 为钣料厚度（mm），L 为切边线长度或冲孔周长（mm）。

例：材料厚度 $t = 1.5$mm，材料抗拉强度 $\delta = 45$kg/mm²，切边线长度 $L = 1256$mm，则切边力 $P = 45 \times 0.8 \times 1.5 \times 1256 = 67824$kg $= 67.824$t。

3. 翻边整形的要点

翻边整形主要是将平板材料通过模具产生一定的形状。翻边分为直翻边、伸长翻边和收缩翻边，如图 2-21 所示。

图 2-21 冲压翻边类型

在翻边整形过程中,会导致产品线长的变化,伸长翻边和收缩翻边对于翻边的长度有一定的要求,对于伸长翻边,翻边过长会导致材料开裂,对于收缩翻边,翻边过长会导致材料聚料起皱。

2.3.3 冲压工艺同步工程

冲压工艺同步工程是一种利用计算机辅助工程(CAE)对冲压零件进行仿真和优化的技术。通过使用 CAE 分析软件(Autoform/Dynaform 软件等),对产品数据从生产的可行性、成本、周期等各方面进行分析,并反馈至设计端进行产品的优化,以确保各冲压零件的工艺性、制造性、成本等目标的达成。

图 2-22 展示了侧围零件在同步工程阶段进行产品优化的流程。

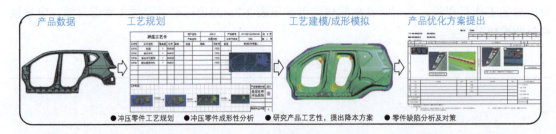

图 2-22 冲压工艺同步工程流程

1. 成形性 CAE 仿真分析

借助于 CAE 仿真分析软件,可以快速地对冲压零件进行模拟分析,辅助判断冲压零件的成形过程、成形质量以及材料利用率,分析结果有助于技术人员进行快速判断和方案优化。

2. 零件减薄率分析

视频2-4 冲压CAE分析

在同步工程 CAE 分析时,零件的减薄率是最重要的控制指标之一。减薄率通常用以下公式表示:减薄率 =(原始厚度 − 冲压后的厚度)/ 原始厚度 × 100%。当零件减薄超出一定范围时,就容易产生缩颈或者开裂,直接导致零件的强度变低达不到质量要求,如果这类不合格的零件装到整车上,会导致严重的质量不良,如局部强度不足、开裂导致漏水等质量问题。

由于不同冲压材料的减薄率许可范围不同,可以利用 CAE 分析手段,在工程前期进行仿真模拟判断,提前识别减薄率风险较高的区域,提前进行产品改善和工艺方案的优化。图 2-23 所示是通过 CAE 分析辅助判断减薄率大的位置。

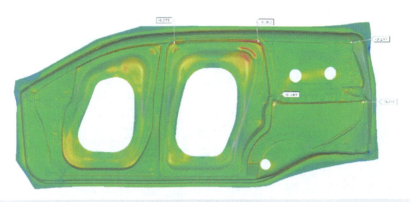

图 2-23 零件减薄率

2.3.4 车门外板冲压工艺方案

某汽车门外板冲压工艺方案各工序的主要内容如图 2-24 所示，其由落料工序和后 4 个工序方案实现。

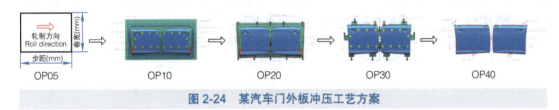

图 2-24 某汽车门外板冲压工艺方案

1）落料（图 2-25）：板料通常由开卷落料线提前生产好以备零件生产。落料一般有开卷落料和模具落料两种方式，车门外板通常为方形料或者梯形料，可通过开卷落料实现。

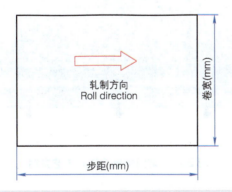

图 2-25 冲压板料

2）OP10 工序：OP10 工序的主要工作是拉延，通过施加力使加工材料产生延伸变形，从而实现工件形状和尺寸的加工。在拉延过程中，上模随压力机滑块向下驱动与压边圈闭合，进行压料，然后上模与压边圈一起向下驱动，与下模闭合，完成拉延成形过程。在整个成形过程中，气顶杆保持对压边圈向上的作用力。前门外板详细拉延冲压工艺方案如图 2-26 所示。

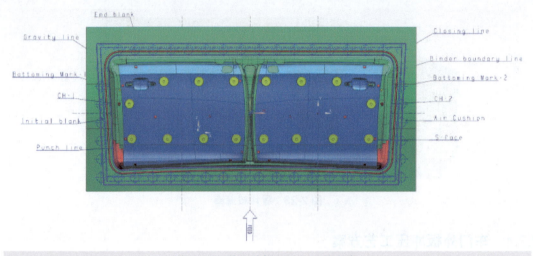

图 2-26　前门外板 OP10 工艺方案

3）OP20 工序：OP20 工序的主要工作内容是修边冲孔，通过修边刀将工件边缘的多余部分切除，以达到所需的形状和尺寸。其工作过程是上模随压力机上滑块往下运动，压料板在氮气弹簧或其他压力源作用下先压紧板件，然后上模修边刀与下模刃口配合进行剪切，去除多余废料部分。前门外板详细修边冲孔冲压工艺方案如图 2-27 所示。

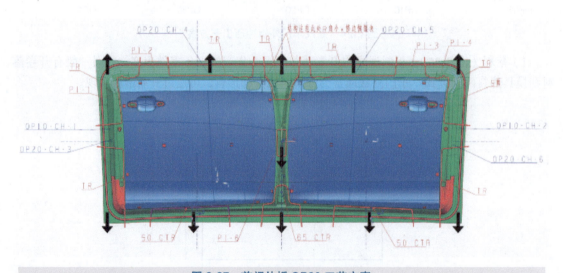

图 2-27　前门外板 OP20 工艺方案

4）OP30 工序：前门外板 OP30 工序复合了修边和整形的工作内容，整形的基本原理是依靠材料的流动，上模往下运动，压料板在氮气弹簧或其他压力源作用下先压紧板件，然后上模整形刀与下模刃配合直到模具闭合冲压完成。其主要作用是将拉延未成形到位的形状以及产品的精度尺寸偏差，通过整形模具进行矫正，以达到产品的形状尺寸精度要求。前门外板 OP30 冲压工艺方案如图 2-28 所示。

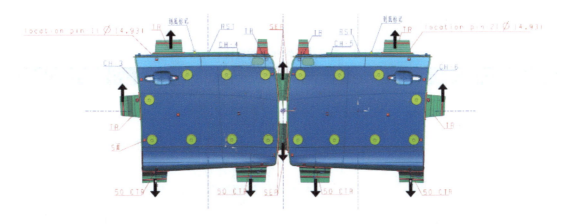

图 2-28 前门外板 OP30 工艺方案

5）OP40 工序：前门外板 OP40 工序复合了翻边和冲孔的工作内容，翻边的基本工作原理与整形类似，属于成形类工艺。前门外板 OP40 冲压工艺方案如图 2-29 所示。

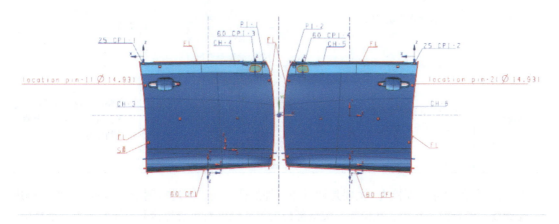

图 2-29 前门外板 OP40 工艺方案

2.4 冲压质量管理

2.4.1 冲压件的质量管理

冲压零件的质量需要从原材料、模具、生产过程到质量检验等多个环节进行全面控制和管理，以确保产品的质量和稳定性。冲压件的质量检查包括外观质量的检查、尺寸精度的检查和零件减薄率的检查。

1）冲压件常见的外观质量检查内容见表 2-8。

表 2-8 冲压件外观质量检查内容

序号	1	2	3	4	5	6	7	8	9	10
内容	开裂	暗裂	滑移线	凹陷	凸包	波浪	叠料	拉伤	麻点	毛刺

表2-9列举了几类冲压件外观质量检查方法。

表2-9 常见冲压件外观质量检查方法

不良类型	不良现象	不良图示	检查方法
开裂	零件局部位置裂开		主要以目视、电筒、板厚测量仪进行检查
凹陷	零件表面出现凹陷		主要以目视、油石、触感进行检查
拉伤	零件表面出现损伤		主要以目视、触感进行检查
毛刺	切边及冲孔时产生的断面不平整的缺陷		主要以目视、触感进行检查，可通过游标卡尺测量毛刺高度

2）冲压件的尺寸精度检查 主要是针对冲压件的孔、线、面进行测量，如冲压零件的修边线、轮廓线、配合面、孔径、孔位等。关键部位的尺寸精度对车身焊接和整车装配有重要影响，因此需要将冲压件的图样尺寸与实际产品进行比较，以确认是否存在尺寸偏差，如果存在偏差，应记录并分析原因和整改。

尺寸精度检查通常需要检具工装或者测量支架，可通过千分尺或游标卡尺或进行手工测量，也可通过三坐标进行打点测量，或者通过激光进行三维扫描对比测量，如图2-30所示。随着科技的进步，工业制造水平也不断提高，在线检测技术应运而生，极大地提高了检测效率和检测精度。

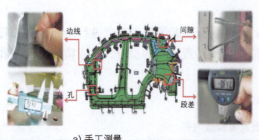
a) 手工测量

b) 三坐标测量

c) 激光测量

图2-30 尺寸精度测量方法

2.4.2 在线质量检测技术

汽车产业是国民经济的支柱产业之一,代表了一个国家的工业水平;在技术不断突破的同时,人工势必会被自动化、智能化生产替代,越来越多的黑灯工厂、无人车间等将应运而生。

冲压零件质量管控是汽车质量管控的关键环节,目前汽车主机厂冲压线尾质量检测仍以人工进行检测,难免存在质量不稳定等问题,因此机器取代人工进行部分工作是保证品质一致性的重要解决方案,也有效地释放了劳动力。

1. 在线质量检测技术基本工艺流程

在线质量检测技术基本工艺流程是零件信息识别—零件打磨—拍照识别—算法分析—缺陷识别预警,它为缺陷处理提供依据并记录缺陷储存在零件大数据中,为后期分析及趋势化管理做储备,如图 2-31 所示。

图 2-31 在线质量检测方案

2. 在线质量检测方式

目前检测方式主要有大视野检测、平面高精度检测、复眼检测、3D 检测等。其中国外主要采用 3D 检测方式,通过采集散斑图案获取点云及相位条纹,根据突变识别缺陷。该方案由于检测效率低,无法满足线上全零件检测的节拍需求,通常用于抽检或线上局部检测。国内主要采用大视野检测方式,通过对图像进行预处理,进行图像分割,提取特征,建立算法模型进行识别分析,但该方案需要布局相机多,且需经过深度学习训练。当前技术水平下,要较好地完成自动质检,保证质检质量,需要组合多种检测方式。

3. 在线质量检测技术优势

1)替代人工实现冲压多缺陷零件在线检测,进行有效预警。
2)缺陷识别一致性及精度高,避免人工误差。
3)能够长时间存储数据,可追溯性高。
4)提升冲压线的自动化与智能化率。

4. 在线质量检测技术发展难点

1)冲压零件部分缺陷无法直接可见(如暗裂、凹陷、麻点),当前行业内暂无方案完全实现检测。
2)冲压零件检测面造型复杂,缺陷细微,对光源及相机角度要求较高。
3)针对无法直接可见缺陷的可视化,需对部件进行打磨,冲压零件型面曲面复杂,难于完全做到仿形打磨。
4)冲压零件缺陷样本无法人工制作,样本量较少,深度学习模式训练周期长。
5)冲压线生产节拍高,在兼顾效率与成本的前提下,难以同时满足节拍及柔性要求。

新能源汽车制造技术

本章小结

冲压工艺广泛应用于各制造业领域，在汽车制造中，冲压是车身制造的第一道工序。冲压是生产汽车覆盖件、结构件等关键零件的主要工艺方法之一。

冲压能够实现快速连续的生产，适合于大批量、标准化、多样化的零件生产。与其他加工方法相比，冲压具有高效率、高精度、低成本等优势。冲压材料、冲压设备和冲压模具是冲压生产的3大核心要素，要获得高品质的冲压零件，离不开成形性能优良的冲压材料、高质量的冲压模具以及先进的冲压设备。

冲压工艺主要分为成形工序和分离工序，为实现不同形状和尺寸精度的冲压零件，需要采用不同的冲压工艺。在冲压工艺设计时，一方面要保证零件的成形能力，另一方面要考虑降低零件的制造成本并考虑生产的实现。目前，在冲压工艺设计前期一般利用CAE分析软件对冲压零件进行仿真和优化，充分识别冲压过程中的问题并提前应对。

冲压零件的质量需要从原材料、模具、生产过程到质量检验等多个环节进行全面控制和管理，以确保产品的质量和稳定性。

本章探讨了冲压生产的特点、冲压生产的核心要素以及冲压的生产和质量管理，并介绍了冲压工艺的设计要点。本章对于理解冲压在汽车制造中的地位和作用具有重要意义。随着工业自动化和人工智能技术的快速发展，冲压工艺的自动化和智能化水平也将得到大幅提升，实现从传统制造向智能制造的转型升级。

练习题

一、选择题

1.汽车冷冲压生产的特点有（　　）。
A.材料利用率高　　B.生产效率高　　C.尺寸精度高　　D.可实现复杂形状

2.汽车冲压拉延模具主要包含（　　）部分。
A.凸模　　B.凹模　　C.压边圈

3.汽车冲压拉延模具的作用是（　　）。
A.实现工件的形状和尺寸　　　　B.落料
C.切边　　　　　　　　　　　　D.翻边

4.与冲压成形性能密切相关的材料性能参数主要包括（　　）。
A.r值　　B.n值　　C.屈服强度　　D.延伸率

5.冲压生产的三大核心要素是（　　）。
A.金属材料　　B.模具　　C.压力机　　D.工艺参数

6.在冲压成形过程中，（　　）保持对压边圈向上的作用力。
A.压机台面　　B.下模　　C.顶杆　　D.上模

7.拉延筋主要起（　　）作用。
A.增大进料阻力
B.调节进料阻力的分布，调整流入量

C. 降低对压料面的要求及对设备吨位的要求
D. 增大径向拉应力，降低切向压应力，防止坯料流入引起的起皱

8. 冲压方向定义的要点有（   ）。
A. 无负角，拉延深度均匀，尽量减小制品前后凸面高度之差，否则影响成形的稳定性
B. 尽量避免侧向力
C. 保证凸模与坯料良好的接触状态
D. 尽量通过调整后序冲压方向简化工序内容及降低模具成本

9. 主机厂冲压生产组织通常包括（   ）方面。
A. 生产管理　　　　　B. 模具管理　　　　　C. 设备管理　　　　　D. 生产执行

10. 冲压件的质量主要包括（   ）。
A. 外观质量的检查　　B. 尺寸精度的检查　　C. 零件减薄率的检查

二、填空题

1. 在汽车车身零件制造中，（   ）、（   ）和（   ）是3种重要的金属成形技术。
2. 压力机主要分为两种：（   ）和（   ）。
3. 冲压过程中对零件精度有重要影响的压力机参数主要包括（   ）、（   ）、（   ）和（   ）等，这些参数在冲压过程中对零件的精度产生影响。
4. 汽车覆盖件冲压线主要包含（   ）、（   ）、（   ）等设备。
5. 根据工艺内容的不同，汽车冲压模具主要分为（   ）、（   ）和（   ）。
6. 减薄率的计算公式：（   ）。
7. 冲压成形中，翻边通常分为（   ）、（   ）和（   ）。
8. 冲压工序按照工艺类型可分为（   ）和（   ）两类。
9. 冲压件的尺寸精度检测主要包括冲压件的（   ）、（   ）和（   ）。
10. 冲压零件的主要外观品质缺陷有（   ）、（   ）、（   ）、（   ）等。

三、简答题

1. 请简述冲压工艺的概念。
2. 请简述汽车冷冲压生产的特点。
3. 请简述汽车零部件冲压的生产流程。
4. 请简述冲压成形工序和分离工序内容。
5. 请简述冲压质量检查的内容，以及常见的质量缺陷。

拓展阅读

冲压制造工艺未来的发展趋势

在新型工业化及《"十四五"智能制造发展规划》的战略背景下，随着科技的进步，工业制造水平也在不断提高。作为21世纪最重要的产业、国民经济的支柱产业之一，汽车行业代表了一个国家的工业水平，越来越多的黑灯工厂、无人车间等应运而生。技术不断突破的同时，人工势必会被自动化、智能化生产替代。随着自动化、智能化、数字化等技术在制造业中的广

新能源汽车制造技术

泛应用，冲压制造工艺的智能化水平也将得到大幅提升。未来的冲压制造工艺将实现自动化生产线，通过机器人和自动化设备完成生产的上下料和装箱入库、模具的在线监测、零件在线检测等，进一步提高生产效率和产品质量。同时，利用人工智能技术对生产数据进行实时采集、处理和分析，实现对生产过程的智能监控和优化管理。

你预测这些先进技术将如何影响汽车冲压工艺的未来发展？它们能否解决当前冲压过程中的一些瓶颈问题？为什么？

想一想 1：汽车冲压零件的实现与日常生活的哪些事项类似？

想一想 2：未来汽车覆盖件的实现方式是什么？

想一想 3：汽车冲压生产智能化发展的方向是什么？

第 3 章
焊装制造技术

☞ 本章导学

焊接作为现代制造业中不可或缺的技术之一，在汽车、航空航天、桥梁建筑等领域具有广泛应用。焊装工艺，特指在汽车制造行业中，将数百、数千个零部件通过焊接技术高精度、高效率地组合成完整车身的过程。本章将带领读者走进焊装工艺的世界，深入了解焊装车身的详细制造流程，探讨车身焊装工艺及其相关工装设备。此外，还将学习如何实现高效的焊装制造流程。

☞ 学习目标

序号	学习目标	知识点	学习要求
1	掌握焊装制造技术的基本概念	掌握焊装的定义与主要的连接方式	掌握
2	掌握焊装车身的制造流程	掌握地板总成、上车体、门盖的制造流程及车身装配流程	掌握
3	掌握车身主要连接工艺及工装设备	掌握电阻点焊、电弧焊、激光焊等焊接工艺，掌握门盖包边技术，并熟悉车身制造的工装与设备	掌握
4	掌握焊装制造流程的实现与优化	掌握制造流程实现的过程，理解产线规划要素，能够设计合理的工艺方案，并考虑工艺约束	掌握
5	了解焊装先进制造技术	了解焊装领域的自穿铆接、流钻自攻螺栓等先进制造技术，并了解多车型柔性制造及离线/仿真技术的应用	了解

☞ 课前小讨论

大家玩过乐高积木吗？不同积木间通过精准拼插，构成稳固造型。汽车车身的制造也有异曲同工之妙：各个金属部件需通过焊装技术，像乐高积木一样精确、牢固地连接在一起。那么，车身都采用了哪些连接方式？这些连接背后又涉及哪些工艺和设备呢？接下来，我们将一起探讨这些"金属乐高"的奥秘。期待大家能从中找到乐趣，并深入理解焊装技术的精髓。

3.1 焊装制造技术概述

3.1.1 汽车焊装简介

汽车焊装是车身制造最重要的环节之一，它直接影响车身质量、生产效率和经济性。汽车车身是由数百件薄板冲压件通过焊装、铆接或机械连接等方法构成的完整车体，其中焊接是主要的连接方法。汽车焊装的生产任务是制造出合格的汽车车身，而车身制造的核心工作是提高车身质量和装配精度。

3.1.2 车身主要连接方式

焊装车间主要负责将车身零部件进行连接和组装，形成完整的汽车车身。焊装车间的首要任务是进行车身焊接，使车身零部件通过焊接牢固连接，形成稳定和坚固的车身结构。如图3-1所示，焊装并不是传统意义上的焊接，还包含使零部件连接的螺接工艺、铆接工艺、胶接工艺和包边工艺等。

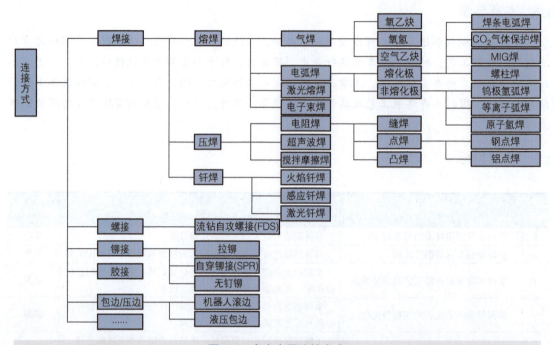

图 3-1 车身主要连接方式

由于电阻焊具有快速、高效、变形小、无需或少需辅助材料、易于掌握、易于实现机械化和自动化的优点，而且对于低碳钢薄壳结构的零件特别适用，所以在车身焊装中应用最多，其次是电弧焊和气焊。

随着汽车工业的发展，以及新工艺、新技术的应用，出现了很多新型的连接形式，如激光钎焊、流钻自攻螺接（Flow Drill Screw，FDS）、自穿铆接（Self Piercing Riveting，SPR）等。

3.2 车身的焊装制造流程

车身总成一般是地板总成与左右侧围总成、顶盖等通过点焊、激光焊、胶接等工艺连接后，并将左右前门、左右后门、前机舱盖、行李舱盖，以及左右前翼子板总成通过螺栓紧固连接安装完成之后的产品，如图3-2所示。

车身的制造工艺主要由点焊、弧焊、胶接组成，其中点焊工序分为点定和增打工序。点定工序是指将两个零件利用工装夹具（工装夹具介绍详见3.3.5节）保证定位和装配精度，选取两个零件搭接的关键部位进行点焊固定，形成稳定的刚性整体的工序。增打工序是指对已经完成点定的刚性焊接总成件进行补焊剩余焊点的工序。

视频3-1
车身的
焊装制造流程

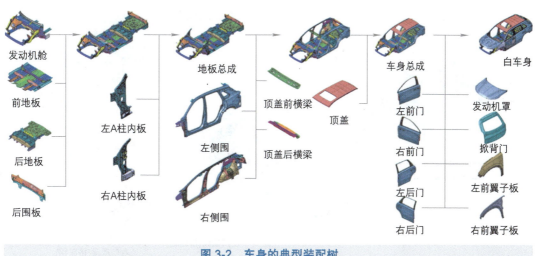

图 3-2　车身的典型装配树

3.2.1　地板总成制造流程

如图 3-3 所示,地板总成是指车身门盖以下的地板区域,一般由发动机舱总成、前地板总成、后地板总成和左右 A 柱内板总成等组件组成。

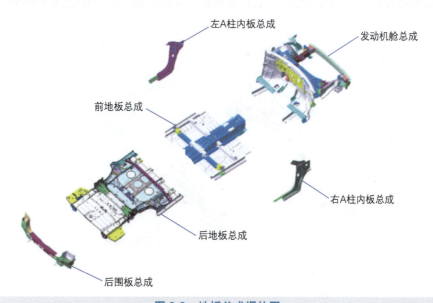

图 3-3　地板总成爆炸图

地板总成生产线一般包含 3 条地板分总成焊接线和 1 条地板总成主焊线。地板分总成焊接线负责发动机舱、前地板、后地板总成的生产;地板总成主焊线负责将发动机舱、前地板、后地板及相关连接组件装焊,形成完整的地板总成。

地板总成一般采用冲压件焊接而成,近年来新能源汽车大量兴起,为了提高汽车的加速和续驶性能,车企出于车身轻量化和简化制造考虑开始采用铝制件零件,图 3-4 所示为某纯电车型地板总成铝制件应用分布图。

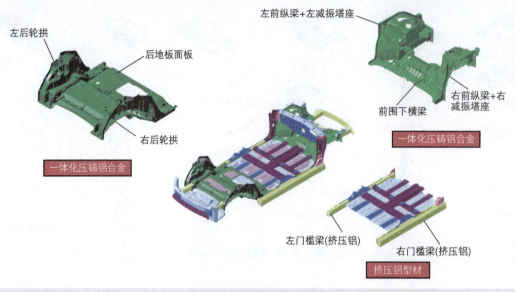

图 3-4　铝制件应用分布图

1. 发动机舱制造流程

如图 3-5 所示，发动机舱总成主要由前壁板总成、左右前纵梁总成、空气室外板、前防撞梁构成，用于动力总成、前副车架、仪表板等部件，同时具备一定的碰撞强度和吸能溃缩保护功能。

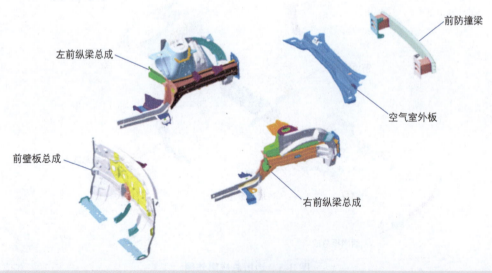

图 3-5　发动机舱总成爆炸图

如图 3-6 所示，发动机舱的制造流程包括前壁板点定、前机舱点定，增打、零件安装及涂胶等工序。

2. 前地板制造流程

如图 3-7 所示，前地板总成由左右前面板、左右侧梁、左右门槛内板总成、前地板梁架组件构成，用于总装座椅、中控台、电子模块等。

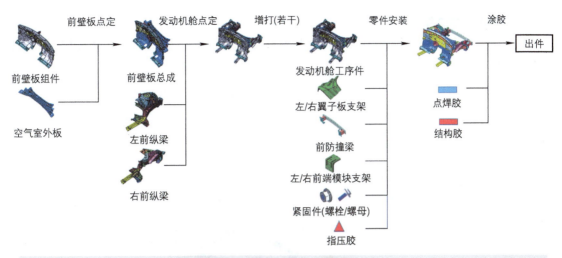

图 3-6 发动机舱总成装配树

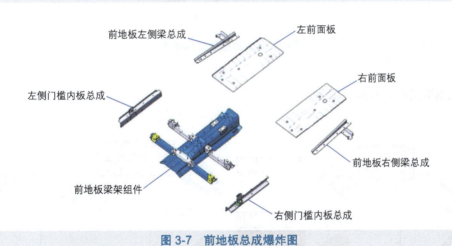

图 3-7 前地板总成爆炸图

如图 3-8 所示,前地板制造流程依次为面板点定、前地板点定Ⅰ、前地板点定Ⅱ、增打、螺柱焊等。

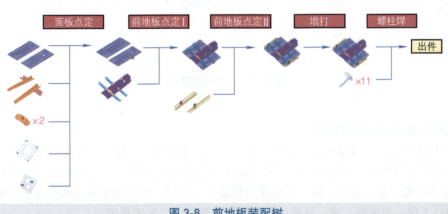

图 3-8 前地板装配树

3. 后地板制造流程

如图 3-9 所示，后地板总成主要由后地板面板组件、后地板二级分总成、后地板梁架总成 3 部分构成。

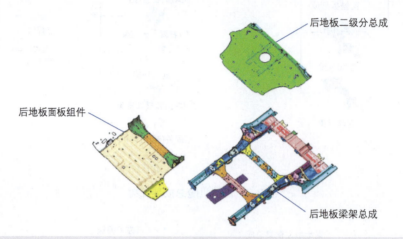

图 3-9 后地板总成爆炸图

一般制造流程如图 3-10 所示。

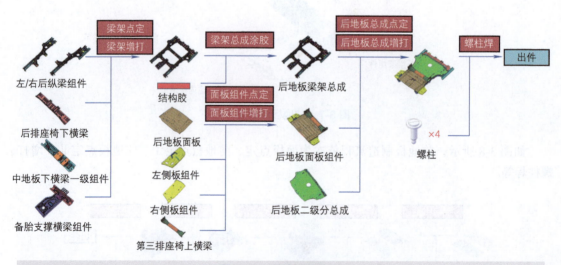

图 3-10 后地板装配树

4. 地板总成主焊线制造流程

如图 3-11 所示，地板总成线一般分 2 序点定和若干序增打，第一序点定完成地板 4 大总成件（发动机舱、前地板、后地板、后围板总成）的合拼点定；第二序点定完成地板总成工序件和左右 A 柱内板的合拼点定；第三序完成地板总成的增打，即完成地板总成点定后的剩余焊点补焊，增打工序一般需要五序，具体由车型的焊点数量、工艺编排决定。

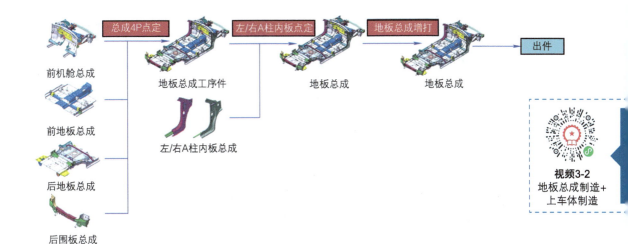

图 3-11 地板总成装配树

3.2.2 上车体制造流程

上车体是指侧围总成、顶盖总成、车身总成，相对于地板总成而言，主要零部件、制造流程位于车身的上部，故而得名，如图 3-12 所示。

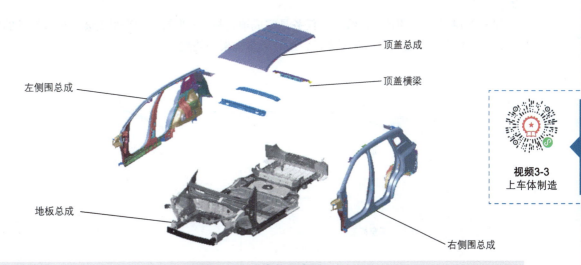

图 3-12 上车体示意图

上车体生产线主要包括侧围总成线（包含左、右侧围总成）、顶盖总成线、车身总成线。侧围总成线、顶盖总成线负责生产侧围总成、顶盖总成，并输送到车身总成线。车身总成线负责接收地板总成、侧围总成、顶盖总成和其他散件，生产车身总成，并输送到后续线体。

1. 侧围总成及制造流程

侧围总成为车身左右两侧的刚性包围结构，主要作用是连接地板总成、顶盖总成，组成精确、稳定的车身框架，形成乘员舱和侧面主要造型框架，承受侧面碰撞，为车门、安全带、线束、侧气帘等附件提供车身侧面的安装位置。一般制造流程如图 3-13 所示。

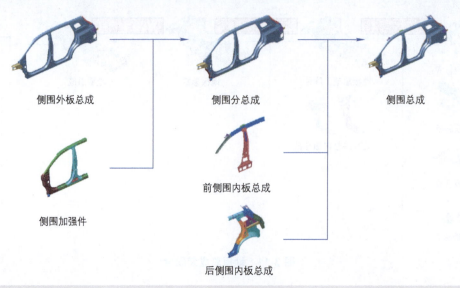

图 3-13 侧围总成装配树

2. 顶盖总成制造流程

顶盖承担来自车身上方的顶压负载，为天窗、灯具、乘员扶手、行李架等附件提供安装位置。

如图 3-14 所示，顶盖总成线主要任务是完成顶盖板、T 形钉、行李架安装支架等零件的装配、焊接。对有可开启天窗的车型来说，还有天窗框架的装配、焊接。

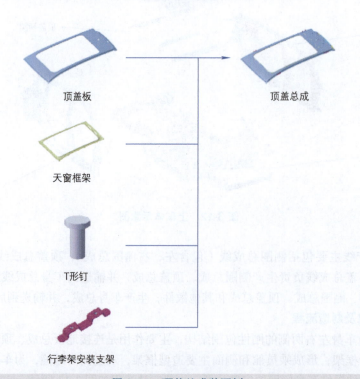

图 3-14 顶盖总成装配树

近年来，随着全景天窗的流行，顶盖的全钣金结构应用比例逐渐减少，一般仅保留天窗框架作为支撑结构件。

3. 车身总成制造流程

车身总成线负责完成地板总成、侧围总成、顶盖总成和其他散件的装配，通过点焊、涂胶、气体保护焊等工艺，实现车身总成的生产。由于整个车身的焊点数量多，通常为了节约生产线投资成本，会将部分其他总成的焊点转移到车身总成线，集中完成焊接。

如图 3-15 所示，车身总成线主要完成 2 序点定。第 1 序为地板总成、侧围总成、顶盖横梁点定。上述总成首先在预拼工位通过预搭扣实现预连接，再被输送机构送入总拼夹具，完成装配、点定焊接，形成车身框架。第 2 序为车身框架与顶盖总成点定，形成车身总成。由于侧围与地板仅有一次合拼，故以上工艺又被称为单总拼。

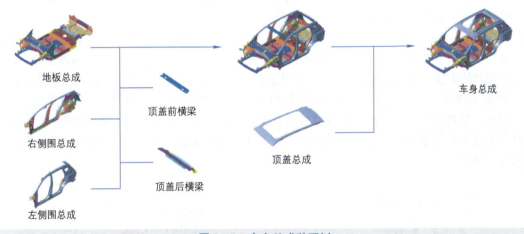

图 3-15 车身总成装配树

除单总拼外，车身总成线还有双总拼的工艺形式，是指侧围总成拆分为内板总成和外板总成，分别与地板总成进行 2 次合拼，其他工序与单总拼工艺基本一致。双总拼的工艺形式如图 3-16 所示。

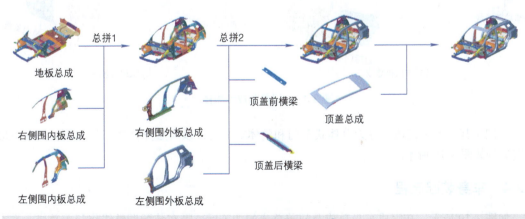

图 3-16 双总拼装配树示意

与单总拼工艺相比，双总拼工艺有以下优点。

1）侧围拆分为内板总成、外板总成，内板与地板搭接部位不再被外板遮挡，可以减少CO_2焊点的数量。

2）侧围线缩短，可降低侧围外板发生外观不良的概率。

3）可减少尺寸链，车身整体精度更高、更稳定。

同时，双总拼也有缺点，如生产线复杂度更高、成本更高、占地面积更大、综合开动率相对低等。

3.2.3 门盖制造流程

车身门盖系统包括左右前门总成、左右后门总成、前盖总成（又称发动机罩总成）、后盖总成这六大总成。门盖系统是车身重要的组成部分，需要有良好的密封性能与开合便利性，同时，承担着驾驶过程中的碰撞保护与行人保护。

门盖总成一般由内板总成、外板总成构成，内板与外板通过包边工艺进行连接。车门的强度主要来自于内板和加强件、防撞梁，防撞梁一般是封闭的圆管截面或者高强度钢板冲压成形，因车身轻量化的需要，车门内板会采用激光拼焊工艺，在保证车门强度的同时又能减轻车身重量。

如图 3-17 所示，前门与后门的产品结构相似度高，通常左前门与右前门对称，左后门与右后门对称，制造流程类似。前盖总成与后盖总成会根据设计造型存在较明显的差异，目前普遍称轿车后盖为行李舱盖，SUV 后盖为掀背门。另外，某些 MPV 车型的后门具有滑移功能，一般称之为滑移门。

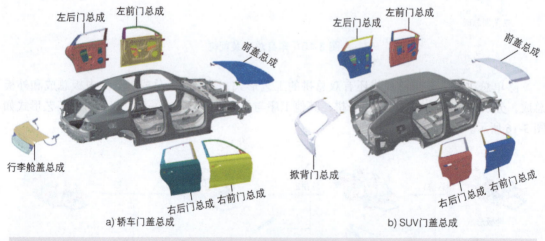

图 3-17 门盖总成示意图

车门按其生产工艺还可分为分体式车门和整体式车门，以典型分体式车门为例，门盖一般制造流程如图 3-18 所示。

3.2.4 车身装配流程

如图 3-19 所示，在完成车身总成及门盖总成的加工后，需在装配调整线将门盖总成、左右翼子板、加油口总成（传统燃油汽车）或充电口总成（新能源汽车）、前后防撞梁总成、扶手支架等零件，按照设定的紧固力矩值，利用装配工装、工具通过螺栓、螺母紧固连接方式安装在车身总成上。

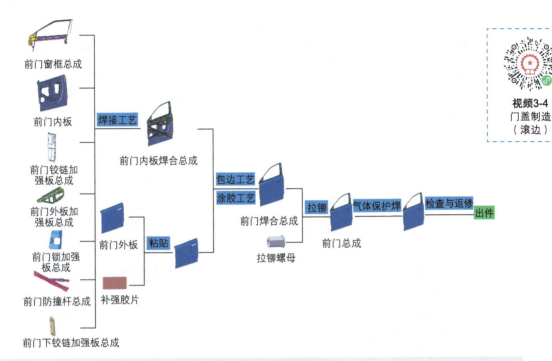

图 3-18 分体式车门装配树

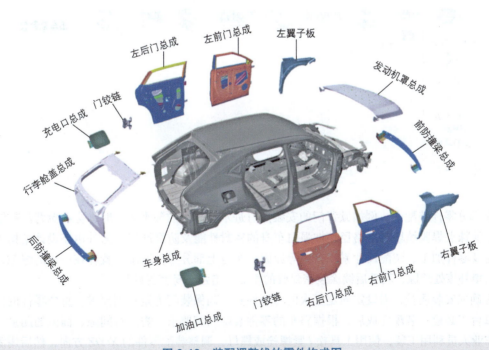

图 3-19 装配调整线的零件构成图

装配调整线主要使用铰链装配工装、门盖总成装配工装、风动工具、间隙尺、段差尺、钣金油等；常见的装配制造流程如图3-20所示。

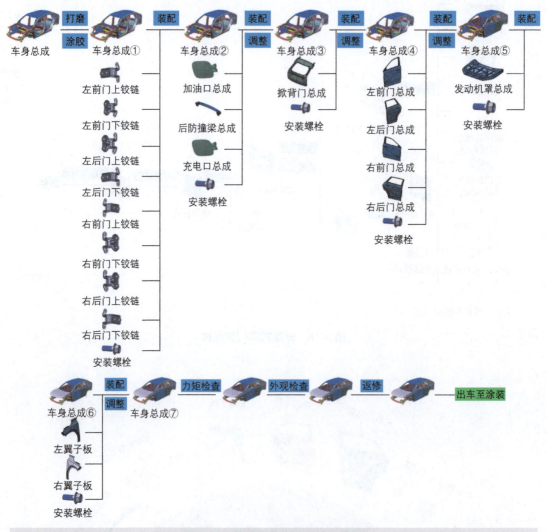

图3-20 装配调整线的制造工艺图

在部分零件装配中，例如掀背门的安装点有进水至车内的漏水风险时，会在掀背门铰链安装面上涂抹点焊胶填堵漏水路径，加强白车身的密封性能及防腐性能；另外由于设计结构工艺局限性及零件加工、装配尺寸累积公差等原因，车身上部分零件匹配位置存在一定的缝隙，需要用胶填补该处缝隙，利于后续涂装密封胶的填盖，增强车身密封性能。

为确保安装质量，需设定固定频次的力矩检查，确保装配力矩达到要求。重要零件的力矩要求每台车必检；装配完成后，根据整车的零件装配匹配要求，需进行间隙、面差的测量与调整，作业人员利用工装，使用工具松/紧螺栓或螺母，调整装配零件的$X/Y/Z$方向，然后用测量工具对调整后的状态进行测量，判断是否已达到设计要求，保证出车质量。

3.3 车身主要连接工艺及工装设备

在焊装车身连接中,车身零部件的结构参数和材料性能对焊装工艺的选择与实施具有决定性影响。不同的材料和结构设计,要求采用相应的焊接技术与工装设备,以确保连接的强度和稳定性。例如,薄板金属的连接常采用电阻点焊,因其高效快速;而较厚的板材或特殊结构弧焊更适合;高精度和高美观度要求的焊接,激光焊则是首选。此外,包边等非焊接连接方式也在某些特定结构中发挥着重要作用。因此,在焊装车间中,选择与零部件结构和材料相匹配的工艺及设备至关重要,这不仅关乎生产效率,更直接影响到汽车的整体质量和安全性能。

3.3.1 电阻点焊工艺

电阻点焊,顾名思义,是一种利用电阻热进行焊接的方法。电阻点焊的基本原理如图3-21所示,在焊接过程中,将焊件组合后,通过电极对其施加压力,同时利用电流通过电极的接触面及邻近区域产生的电阻热,使焊接区域在瞬间达到熔化或塑性状态,从而实现焊接。这种焊接方式不仅焊接强度高、变形小,而且生产效率高,易于实现自动化。电阻点焊以其独特的优势,成为车身焊接中最常用的一种方法。

点焊设备系统组成详见3.3.6节中点焊设备部分。

产生一个焊点的过程包括加压、通电焊接、断电维持和休止四个阶段,见表3-1。

图 3-21 电阻点焊的基本原理

表 3-1 焊点产生的阶段

加压阶段	通电焊接阶段	断电维持阶段	休止阶段
将两个焊件搭接起来,置于上、下电极之间,然后施加一定的电极压力,将两个焊件压紧,消除焊件之间的间隙	焊接电流通过焊件,由电阻热将两焊件接触表面加热到熔化温度,并逐渐向四周扩大形成熔核	当熔核尺寸达到所要求的大小时,切断焊接电流,电极压力继续保持,熔核冷却结晶形成焊点	焊点形成后,上下电极分离,卸掉压力,完成焊接

点焊时产生的热量由下式决定:

$$Q = I^2 R t$$

式中,Q 为产生的热量(J);I 为焊接电流(A);R 为电极间电阻(Ω);t 为通电时间(s)。

其中,电阻 R 由两焊件本身电阻(R_{b1}、R_{b2})、它们之间的接触电阻(R_c)、电极与焊件之间的接触电阻（R_{ew1}，R_{ew2}）组成，如图 3-22 所示。

$$R = R_{b1}+R_{b2}+R_c+R_{ew1}+R_{ew2}$$

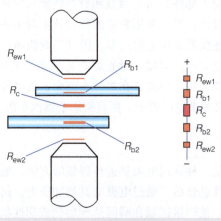

图 3-22 等效电路图

接触电阻 $R_c+R_{ew1}+R_{ew2}$ 是一种附加电阻，通常是指在点焊电极压力下所测定的接触面（焊件—焊件接触面、焊件—电极接触面）处的电阻值。

综上所述，对焊点质量的影响主要有以下几个方面。

（1）电流的影响 由公式 $Q = I^2Rt$ 可知，在点焊过程中电流是一个必须严格控制的参数。过大的焊接电流会引起焊接飞溅、裂纹、压痕过深等缺陷，并导致接头强度下降，引起电极过热，加速电极损坏；过小的焊接电流会引起焊点虚焊、径小等。

（2）焊接时间的影响 焊接时间对焊点强度的影响与焊接电流类似。为了保证熔核尺寸和焊点强度，焊接时间与焊接电流在一定范围内可以互为补充。为了获得一定强度的焊点，可以采用大电流和短时间，也可以采用小电流和长时间。选取的原则取决于金属的性能、强度和焊机的功率。

（3）电极压力的影响 过大的电极压力会导致热量分散、熔核尺寸减小、金属挤出和电极磨损加速等问题，而过小的压力则可能引起接触不良、飞溅增加、熔核不稳定以及虚焊等缺陷。

（4）电极的影响 电极的接触面积影响电流密度大小，从而影响焊点尺寸。电极材料要求有好的导电导热性能，同时应具有一定的强度和硬度，以抵抗焊接压力作用下产生的变形和磨损。电极头氧化也会影响电极的导电性能，因此，焊装车间的电极在焊接一定数量的焊点之后，需要修磨，去除表面的氧化层。

（5）工件表面状态的影响 工件表面的氧化物、污垢、油和其他杂质均会影响接触电阻的大小。局部的导通会使电流密度过大，产生飞溅或表面烧损。表面不均匀的氧化层及杂质会造成接触电阻的变化，引起焊接质量的波动。

（6）工件材料的影响 材料的成分直接影响熔点和热传导率，从而影响焊点形成所需的热量。以铝为例，其热传导率是钢材的十倍，导致在电极和焊点附近的热量损失显著大于钢材料。因此，焊接铝所需的电流明显大于焊接钢所需的电流。这解释了为什么在铝车身的生产线中，焊接设备的功率通常要大于钢车身的生产线。这种差异要求我们在实际应用中必须充分考虑材料的热物理性质，以确保焊接质量和效率。

为确保电阻点焊的质量,需采用多种检查手段。首先进行外观检查,通过目视观察焊接部位是否均匀、光滑,应无裂纹、气孔等缺陷。其次,采用破坏性测试,如拉伸、弯曲和冲击测试,以评估焊接部位的力学性能。超声检测技术能无损检测焊接部位内部缺陷。随着科技发展,新技术如焊点自适应(UIR)功能和基于大数据的焊点质量监控系统也被应用于焊点质量管理中,它们能自动调整焊接参数并实时监控焊接过程数据,提高焊接质量的稳定性和可控性。这些检查手段和技术共同确保电阻点焊的质量,以满足车身制造要求。

3.3.2 弧焊工艺

在车身制造环节中,存在着一些难以焊接的区域,诸如侧围轮罩和发动机舱这类狭窄空间,由于常规电阻点焊钳的尺寸受限,往往无法触及。此外,当产品板件之间存在空腔隔离时,点焊钳也显得无能为力。然而,弧焊设备的灵活性在此时便突显出其优势。它无需像点焊钳那样必须从两面夹紧搭接板层,仅需单面操作焊枪即可完成焊接任务。通过细致地调整焊枪的角度与位置,弧焊技术能够轻松应对这些难以触及的焊接点。更为出色的是,弧焊技术还能连接不同厚度与材质的车身部件,例如钢板与铝合金等,从而充分满足车身结构的多样化需求。

弧焊设备系统组成详见 3.3.6 节弧焊设备部分。

下面以 CO_2 气体保护焊为例讲述弧焊的基本原理。

CO_2 气体保护焊工作原理如图 3-23 所示,焊接时,在焊丝与母材之间产生电弧,焊丝自动送进,被电弧熔化形成熔滴并进入熔池;CO_2 气体经喷嘴喷出,包围电弧和熔池,起着隔离空气和保护焊接金属的作用。

弧焊品控的要求高。首先,焊接前需对母材进行彻底清洁和处理,以确保无杂质和氧化物影响焊接质量。其次,选择合适的焊接参数至关重要,包括电流、电压和焊接速度等,需根据母材类型和厚度进行精确调整。最后,焊接后还需进行外观检查和无损检测,如 X 射线或超声波检测,以验证焊缝的内部质量。

弧焊在操作过程中会产生飞溅、烟尘、弧光和噪声等。这些潜在的职业危害因素若长期暴露或未得到妥善管理,可能对操作人员的健康造成不良影响。例如,飞溅的火花可能引发皮肤刺激或烧伤,而强烈的弧光则可能对视力产生长期损害。此外,持续的噪声暴露也可能导致听力下降。

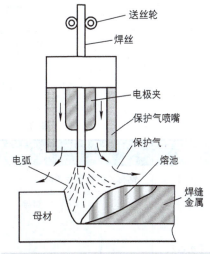

图 3-23 CO_2 气体保护焊工作原理

随着技术的进步和工业安全标准的提高,自动弧焊逐渐替代人工弧焊,成为一种行业趋势。这种转变不仅可以提高生产效率,还能通过减少人为因素来降低事故风险。同时,对于集中焊接区域,导入专用的排烟除尘系统至关重要。这不仅可以为车间作业人员提供一个更加安全的工作环境,还有助于减少对环境的污染。在这个背景下,冷金属过渡焊接(Cold Metal Transfer,CMT)作为一种新型的气体保护焊工艺应运而生。CMT 技术的核心在于数字控制方式下的短电弧和焊丝的换向送丝监控。这种先进的焊接方法通过焊丝回抽的方式促进熔滴过渡,从而实现了无飞溅焊接。与传统的电弧焊相比，CMT 不仅显著提高了焊接过程的稳定性和效率，还有效地减少了飞溅、烟尘和噪声等有害因素。

3.3.3 激光焊工艺

视频3-5
弧焊工艺
(CMT+集中排烟)

汽车制造领域是当前最大规模使用激光焊接技术的行业，从汽车零部件生产到车身制造，激光焊接已经成为汽车制造生产中的重要焊接方法之一。本节主要讲述常用的激光熔焊与激光钎焊工艺。

激光熔焊的基本原理如图 3-24 所示，利用激光的高能量密度实现局部或微小区域快速加热，使得板材局部熔化形成牢固连接。根据板材搭接形式以及板厚等区别，激光焊接又可细分为激光拼焊、激光飞行焊，其对比见表 3-2。激光焊接广泛应用在车门不同厚度内板的焊接、门框焊接、侧围和后围板等零件的焊接。

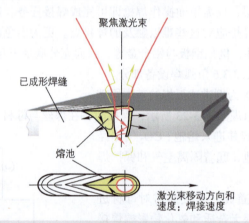

图 3-24 激光熔焊原理

表 3-2 激光拼焊与激光飞行焊的对比

类型	激光拼焊	激光飞行焊
板材	钢材、铝材等金属材料	钢材、铝材等金属材料
搭接形式	对接	角接　　搭接
零件精度要求	零件精度要求高，外形切边精度要求高	零件精度高（目前设备具备自动跟踪焊缝功能，可吸收零件波动，确保焊接质量）
零件定位精度要求	零件定位精度要求高（定位精度直接影响焊缝质量）	定位精度要求高
应用特点	不同板厚板材之间拼接焊，实现减重效果	各种位置角度的搭接板材的高速焊接。通过设备自动对焦、跟踪焊缝，非接触式完成高效焊接

（续）

类型	激光拼焊	激光飞行焊
应用场景	侧围加强件不同厚度板材拼接焊 大幅减重	车门、地板、轮罩等位置
图示		

相较传统电阻点焊，激光熔焊焊接效率大幅提升、连接强度大幅提升。激光熔焊的工装设计更简单，可达性更佳。但激光熔焊对零件的精度以及安装定位精度要求较高，如果精度偏差超标会导致焊缝偏出，无法形成牢固焊接。同时，激光熔焊设备投入成本较高，需匹配高自动化、快速生产节拍才能产生最大化经济效益。

激光钎焊的基本原理如图3-25所示，利用激光的高能量密度实现局部或微小区域快速加热，使得焊丝（填充材料）熔化，填充所需连接板材缝隙，形成牢固连接。

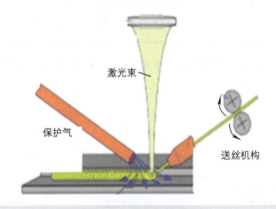

图3-25 激光钎焊原理

激光钎焊焊接过程中焊丝熔化，板材未熔化，熔化的焊丝材料浸润母材，冷却后形成牢固的连接，强度较电阻点焊明显提升。由于激光能量密度高，可在局部微小区域完成熔化焊接，因此激光钎焊的热变形小、效率高，焊缝美观，非常适合外观面板材的焊接，广泛应用在汽车顶盖、尾盖等外观零件的加工。

激光焊接设备系统介绍详见3.3.6节激光钎焊设备系统。

激光焊工艺设备包含激光器、激光头、送丝机、机器人及其他冷却与除尘设备等，设备投入成本较高，且工艺调试复杂，品控要求高。以激光钎焊为例，激光钎焊对焊接零件焊缝形状如焊缝最小圆弧角度、焊缝坡度（相对水平面）以及内外圆角度都有特定的要求，另外焊接零件焊缝的搭接间隙要求在±0.5mm以内，焊缝起始位置与末尾位置需考虑平缓过渡的设计。激光钎焊质量管理主要包含外观品质检查与内部品质检查（如金相检查、拉力试验等）。

3.3.4 门盖包边工艺

包边利用一层板材的折弯去包住另一层板材,是一种特殊的板材连接工艺,也可以称为折边或者咬边,一般用于连接零件的内、外板,如车身开闭件、轮罩、带天窗的顶盖等。在汽车制造中,折边胶在门盖包边上发挥着重要作用。它不仅能增强门盖内外板的连接强度和整体刚性,还能提供有效的密封,防止水分和灰尘侵入。此外,折边胶还能提升门盖的美观性,使包边更加平整光滑。

根据汽车车门安全法规及形式各异的造型需求,门盖常见包边形式分为普通包边、水滴包边及特殊包边等,见表3-3。

表3-3 常见包边形式

常见的包边形式	示意图	应用部位
普通包边		门盖、顶盖、轮罩等
水滴包边		前机舱盖等
特殊包边		顶盖天窗等

通常包边成形过程分为三个阶段:冲压折边/板料定位、预压包边、主压包边,如图3-26所示。

a) 冲压折边/板料定位　　b) 预压包边　　c) 主压包边

图3-26 包边成形步骤

1)冲压折边:经过冲压成形工序,待包边的门盖外板周圈形成一定高度,一定角度的冲压翻边,通常高度为7~10mm、角度为90°~105°。板料定位:内/外板预装扣合成待包边总成,通过输送机构进入包边机,下模腔定位外板轮廓型面,定位机构通过定位销及压料板定位内板,确定内外板相对位置精度。

2)预压包边:经过理论分析以及现场测试,直接将外板翻边从竖直状态折弯至0°,并完全包实贴合内板,这个工艺过程是难以达成的。因此,包边工艺需要分步进行,一般分为以下两种步骤:90°→60°→30°→0° 与 90°→45°→0°。根据不同的板件材料和板件的内外部几何结构,可以在此基础上增加包边序数,以实现复杂的产品结构。

3)主压包边:将已完成预压过程的翻边折弯至0°,压实外板,使其紧密包覆内板。最后,内/外板包边区域必须平整贴合,不能出现起皱、堆料、外观缺陷、配合不良等品质问题。

目前各大主机厂量产车型的门盖包边工艺所采用的设备主要有三种形式：模具包边、专机包边、机器人滚边。

1）模具包边是将压合模具安装在压力机上，压力机带动模具上下运动，完成车门内/外板总成的压合包边。此方式要实现多种门盖包边，则需要更换包边模（胎膜）。

2）专机包边是近二十多年前开始出现的技术，由模具包边进化而来。专机包边设备的构成包括定位夹紧机构、包边机构、举升机构、PLC电控程序和伺服电动机等部分。

3）机器人滚边工艺是焊装车间常用的包边方式。它通过机器人控制安装在其手臂末端的滚边工具，对板件边缘进行滚压，使外板沿内板边缘翻折，实现内、外板的装配。

三种包边设备对比见表3-4。

表3-4　包边设备对比

包边类型	适用部位	图片	特点		
			质量	投资	工艺性
模具包边	门盖		①包边质量稳定 ②对来件质量要求不高	①初期投资大（压机贵） ②改款包边投资小（仅投入模具）	①不同车型需要切换不同模具 ②节拍快
专机包边	门盖、顶盖		①包边质量稳定 ②对来件质量要求高	①初期投资小 ②后期改款投资大	①车型专用 ②节拍快
机器人滚边	门盖、顶盖		①包边质量相对难控制 ②对来件质量要求高	①初期投资中等 ②后期改款再投资小	①不同车型需要调试不同的轨迹，调试工作量大 ②节拍慢

不同包边工艺的选择主要取决于车间的线速，机器人滚边节拍较慢，投资成本较低，应用更为广泛。压边模具效率高，使用和维护成本高，主要应用于高节拍的生产线。

3.3.5　车身焊装工装

在车身焊装生产过程中，为了提高车身质量和劳动生产率，生产线常应用一些工具和装置来完成装配、焊接或成形，以及对成品检测的工作，这些工具和装置统称为焊装生产线的工装。焊装生产线的工装包括焊接夹具、焊接检具、包边模具及装配夹具等。

1. 焊接夹具

焊装生产线中,为了满足焊接品质及效率要求,用以夹持并确定工件位置的工具和装置统称为焊接夹具,如图 3-27 所示。

焊接夹具的种类繁多,目前已有的各种夹具的分类见表 3-5。

(1) 焊接夹具的定位形式　车身由冲压板材拼接而成,冲压板材一般会有一些孔、型面(搭接面)。夹具设计之前,会在零件上选取 2 个孔和若干型面或基准面作为定位基准,选取的孔称之为定位孔,选取的面称之为定位面。如图 3-28 所示,在零件上标有圆销和菱形销的位置为定位孔,标有型块的位置为定位面。

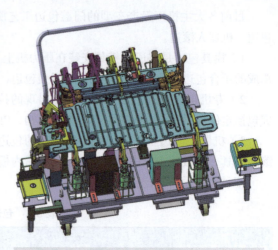

图 3-27　焊接夹具

表 3-5　焊接夹具的分类

分类		说明
按用途划分	定位焊夹具	准确定位多个零件的相对位置并进行拼焊,确保各零件加工一致性
	补焊夹具	定位单个零件的位置并进行补焊,防止焊接错动
按动力来源划分	手动夹具	靠人力推动夹紧机构,以达到夹紧工件的目的
	气动夹具	利用压缩空气作为动力推动夹紧机构夹紧工件
	电动夹具	利用电磁吸引力来夹持工件

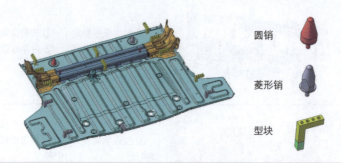

图 3-28　在零件上选取定位基准

零件定位孔通过夹具定位销来定位,定位销分圆销和菱形销,单个零件一般由 1 个圆销和 1 个菱形销定位。菱形销的定位方向正好是以圆销为中心的切线方向;菱形销的作用在于解决零件过度定位导致难进销问题。如图 3-29 所示,框架式的零件可以在对角方向分别设立一个圆销和 1 个菱形销定位,菱形销的定位方向同样是以圆销为中心的切线方向;为了达成更高的定位精度,可在四角位置分别设立 1 个圆销和 3 个菱形销,若定义左下为圆销,则左上、右上、右下均为菱形销,其中左上、

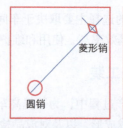

图 3-29　定位销设计示例

右上菱形销均定位横向，右下菱形销定位纵向。

零件定位面通过夹具型块来定位，型块包含托块和压块，托块和压块必须与零件型面贴合。托块用于托住零件，压块用于压紧零件，防止零件松动。压块一般与气缸连接，通过气缸提供动力压紧零件。

（2）焊接夹具的组成　焊接夹具由BASE、定位单元、检测开关和气路组成。其中，BASE用于安装夹具定位单元、按钮盒、阀岛和固定气管走向，BASE上的基准槽和基准孔用于建立三坐标测量基准。定位单元上安装有定位销或者型块，定位销和型块可通过垫片进行精度调整，定位单元上安装的气缸可以为压块提供动力，实现夹紧或打开压紧，定位单元上安装的导件导向便于装件。检测开关可以检测工件，实现夹具防错或防漏功能。夹具气路由各路气管和气动元器件组成，包含气动三联件、阀岛、气缸、行程开关、气路按钮等元器件，通过气路逻辑实现夹具的控制。

（3）焊接夹具的作用　由于车身零件种类多、结构复杂，为了满足流水线加工，生产线需要导入大量的焊接夹具，焊接夹具的作用主要有以下几个方面。

1）定位车身零件，确保车身零件尺寸满足设计公差要求。

2）固定车身零件，确保车身零件加工时不会产生错动或者位移，避免焊接不良。

3）用焊接夹具批量生产，能保证加工的一致性，保证品质。

4）夹具可实行车身零件的防漏或防错，保证零件能够正确加工，避免生产出不良品。

（4）焊接夹具设计制作要求　为满足夹具使用及维护要求，夹具设计制作应当遵循以下几个方面的要求。

1）满足功能性要求：夹具应保证零件装配顺畅无干涉，具备防错功能，防止错装零件，有足够的定位单元确保定位一致性良好，焊接时焊枪轨迹无干涉；遇到特殊结构的零件，为了满足装配与焊接，夹具可能要根据实际需要满足翻转、旋转、滑移等功能；遇到特殊的加工工艺需求，夹具可能要集成间接焊枪、滚边胎模、冲孔或切边机等；自动化生产线的夹具能够与夹具库位进行机械与气电连接，实现夹具传输与切换功能；机器人抓手作为高精度搬运夹具，能够与机械臂进行机械与气电连接，实现零件抓放与搬运功能。

2）满足经久耐用要求：夹具使用寿命一般要达到6年以上，使用工况一般要承受零件的重载，夹紧零件时还会产生一定的冲击，可能会引起机构疲劳断裂，焊接时高温的焊接飞溅物附在夹具表面可能会导致传感器失灵，还有焊接粉尘的吸附会对活动构件造成磨损。因此，夹具的结构应保证足够的强度、耐冲击性能，传感器应尽可能远离焊接位置，必要时增加遮挡防飞溅措施，活动构件增加防尘罩，做好防尘措施。

3）轻量化/小型化：焊装生产线随着生产车型增加，夹具数量越来越多，导致现场越来越拥挤，以至于无法腾出足够的空间进行存放。此外，夹具如果异常笨重，也不利于进行夹具切换，甚至导致电动机过载或者运转速度变慢。因此，夹具在满足功能和使用的前提下，应尽量采用轻量化设计，提高焊接夹具切换效率，尽量减小夹具的尺寸，改变现场拥挤状况，并腾出更多的可操作空间。

2. 焊接检具

焊装生产线中，为了达成焊接品质要求，用以检测车身零件精度是否达标的工具和装置统称为焊接检具。主机厂的焊接检具主要有四门两盖检具、车身匹配样架，零部件厂的焊接检具主要有采购级总成的焊接检具。

四门两盖检具测量效率低,并且占用线边的场地。随着机器人测量技术的发展,四门两盖也将逐步采用机器人自动测量,只需一套机器人测量工作站就能满足全系车型的四门两盖测量,彻底摆脱人为操作测量,大大提高测量效率。

车身匹配样架作为试制阶段零件的精度匹配工具,便于发现零件匹配不良点,以推进零件精度提升。

3. 包边模具

焊装生产线中,为了满足包边品质和效率要求,用以定位内外板工件,并使外板按照既定的轮廓和造型对内板进行包边的工具和装置统称为包边模具。按照不同的包边工艺,包边模具可分为滚边胎模和压边模具。

4. 装配夹具

焊装生产线中,为了满足装调品质及效率要求,用以夹持并确定工件位置的工具和装置统称为装配夹具。装配夹具主要有门铰链安装夹具、前后盖铰链安装夹具、左右翼子板安装夹具等。

3.3.6 焊装制造装备

焊装车间是一个高度集成、高度自动化的生产环境。为了满足精湛的制造工艺要求,车间内配备了各种先进的自动化设备。其中包括灵活精准的工业机器人,它们能够高效地完成各种复杂的工作任务,还有高性能的焊接设备,能够确保焊缝的牢固与美观。此外,车间还引进了先进的铆接设备,以确保各个部件的紧密连接。同时,为了增强产品的密封性和稳固性,涂胶设备也在车间中发挥着不可或缺的作用。这些设备的协同工作,不仅提高了生产效率,更保证了产品质量的稳定性和可靠性。

1. 机器人

工业机器人是面向工业领域的多关节机械手或多自由度机器装置,是靠自身动力和控制能力来实现各种功能的一种机器,它可以接受人类指挥,也可以按照预先编排的程序运行。常见的工业机器人有6轴机器人、柔性伺服定位装置(3轴机器人)、柔性伺服定位工装(组合应用),如图3-30所示。

a) 6轴机器人   b) 柔性伺服定位装置   c) 柔性伺服定位工装

图 3-30 常见工业机器人

按不同的工艺需求分类，焊装机器人可以分为点焊机器人、弧焊机器人、螺柱焊机器人、滚边机器人、搬运机器人、涂胶机器人、视觉机器人、柔性定位机器人等，如图3-31所示。

a) 点焊机器人　　　b) 弧焊机器人　　　c) 螺柱焊机器人　　　d) 滚边机器人

e) 搬运机器人　　　f) 涂胶机器人　　　g) 视觉机器人　　　h) 柔性定位机器人

图3-31　焊装机器人分类

2. 点焊设备

点焊设备主要包括焊机、焊钳、冷却系统、焊接控制器等部分。

1）焊机：点焊设备的焊接电源通常采用直流电源，其作用是将普通交流电转换为大电流的直流电，为电极提供足够的能量。如图3-32所示，根据安装形式可分为分体式焊机、一体式焊机、固定点焊机。

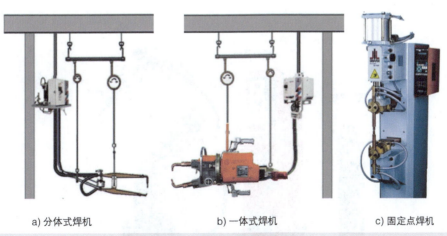

a) 分体式焊机　　　b) 一体式焊机　　　c) 固定点焊机

图3-32　不同安装形式的焊机

2）焊钳：将电能传递给焊接部位，同时对焊件施加压力，使焊件紧密接触。焊钳由电极臂、电极头、电极座、电极握杆、气缸、限位开关等组成，主要分为C型和X型，如图3-33所示。

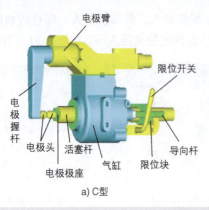
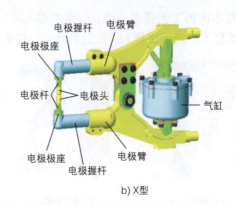

a) C型　　　　　b) X型

图 3-33　C 型和 X 型焊钳

3）冷却系统：为了防止电极过热，点焊设备配备了冷却系统。该系统通过流动的冷却水或其他冷却介质来降低电极的温度。

4）焊接控制器：控制系统负责对整个焊接过程进行监控和控制，它可以根据预设的参数对实际焊接过程进行调节，确保焊接质量和效率，设备如图 3-34 所示。

随着汽车制造业的发展，点焊设备得到了广泛应用。然而，由于人工操作的局限性，点焊设备的智能化和自动化成为未来发展趋势。未来的点焊设备将更加智能化、自动化和节能化，能够更好地适应汽车制造业的发展需求。

图 3-34　焊接控制器

3. 弧焊设备

如图 3-35 所示，气体保护焊设备主要包括焊接电源、送丝系统、焊枪、气体系统和线缆系统等。

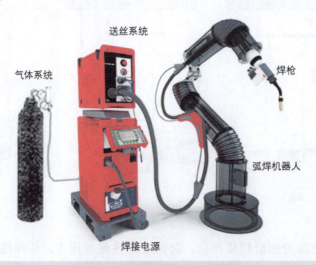

图 3-35　气体保护焊设备示意图

焊接电源是气体保护焊设备的核心组成部分,其作用是为焊接过程提供所需的电能。焊接电源的质量和性能直接影响到焊接质量和效率。在气体保护焊中,焊接电源通常采用直流电源,其输出电压和电流稳定,能够满足不同焊接工艺的需求。焊接电源的功率大小应根据焊接材料的厚度和焊接工艺的要求来选择,以保证焊接过程的稳定性和质量。

焊枪将焊接电缆、控制电缆、保护气体气管和焊丝输送导管等汇聚在一起,焊丝通过送丝机输送至焊枪,最后从导电嘴送出,并与工件之间形成电弧,同时由从焊枪喷嘴中流出的保护气体所保护。

气路系统由气瓶、减压阀和流量计等组成。

4. 激光钎焊设备

激光钎焊设备是一个集成了多种先进技术的复杂系统,用于实现高精度、高效率的焊接工作,主要包含机器人、激光器、激光头、送丝机、激光冷却机、除尘系统等,如图 3-36 所示。

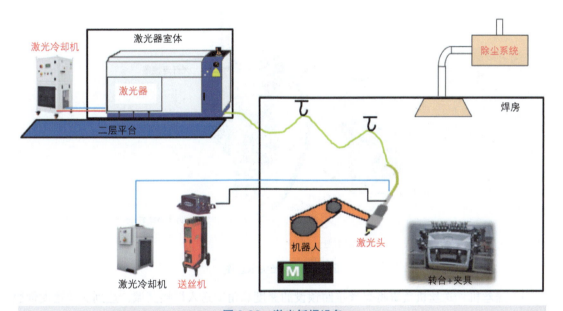

图 3-36 激光钎焊设备

1)机器人:机器人负责执行焊接任务,具有高精度的运动控制能力,可以在预设的路径上进行精确的焊接操作。此外,机器人还能在恶劣的环境中持续工作,大大提高了生产效率和质量。

2)激光器:激光器是产生激光束的设备,是激光钎焊的能量源。其产生的激光束具有高能量密度、方向性好、单色性好等特点,可以实现在微小区域内的高精度焊接。如图 3-37 所示,激光器发光的原理是半导体二极管激发产生激光,需要经过碟片式谐振腔谐振整形达到使用要求。

3)激光头:激光头负责将激光器产生的激光束聚焦并导向到需要焊接的部位。激光头的设计对于焊接质量和精度有着重要影响。激光头具备焊缝跟踪以及自动对焦功能,可自动适应焊缝高低起伏以及左右偏差的波动,使得光束的光斑焦点始终落在焊丝上,确保焊缝质量与稳定性。常见的激光头构成如图 3-38 所示。

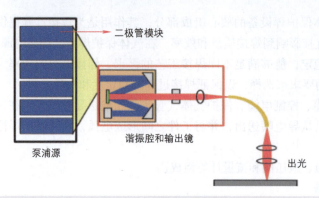

图 3-37 激光器原理图

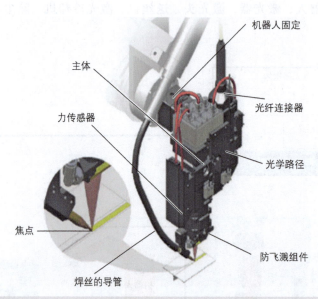

图 3-38 激光头示意图

4）送丝机：送丝机负责将焊丝按照预设的速度和角度送入焊接区域，达到送丝速度伺服控制，保证焊接过程的连续性和稳定性。取消送丝系统模块，即可构成激光熔焊系统。

5）激光冷却机：激光冷却机用于冷却激光器和其他发热部件，防止设备过热，保证系统的稳定运行。它通过循环冷却液来降低设备温度，同时也能延长设备的使用寿命。

6）除尘系统：除尘系统用于清除焊接过程中产生的烟尘和有害气体，保证工作环境的清洁和安全。除尘系统通常包括吸尘装置、过滤装置和排风装置等部分，可以有效地保护操作人员的健康和设备的正常运行。

以上是激光钎焊系统主要组成部分的详细介绍。这些部分协同工作，使得激光钎焊系统能够实现高精度、高效率的焊接任务，满足现代制造业的严格要求。激光钎焊设备投入成本较高。

激光钎焊的关键在于激光功率、送丝速度、激光偏摆与机器人速度的合理匹配。其对工艺以及调试人员的经验要求很高。例如：激光功率过高，导致母材（板材）烧穿不良；激光功率过低，导致焊丝熔化不足，形成焊瘤甚至焊接失败；激光头偏摆力预计角度设置不合理，会导致焊接过程中激光头容易偏出或者焊缝存在偏焊等不良现象。

5. 涂胶设备

涂胶设备利用压缩空气或电力作为动力，驱动高压泵，将密封胶由料桶吸入泵的工作腔内，并增至高压，然后通过高压软管、胶枪，将胶液涂在工件表面。

目前常用的涂胶设备为自动涂胶设备，自动涂胶系统组成如图3-39所示。

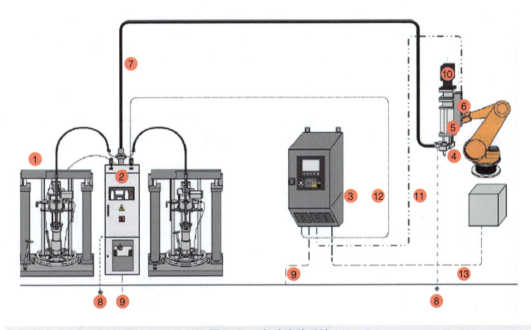

图3-39 自动涂胶系统

1—双立柱泵机 2—气动双泵控制柜 3—定量控制器 4—自动涂胶枪 5—电子定量机
6—加热通道（多通道） 7—加热胶管 8—气源 9—电源 10—伺服电动机 11—多功能电缆
12—CAN通信线 13—机器人和涂胶控制器连接线，如Profinet等

自动涂胶设备有两种安装形式，如图3-40所示。一种是机器人抓着工件移动，定量机固定不动，称为胶枪固定式涂胶；另外一种是工件固定不动，定量机安装在机器人上，并随着机器人移动，称为机器人持枪式涂胶。

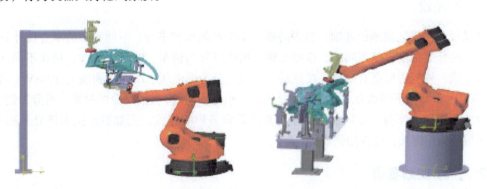

a) 胶枪固定式　　　　　　　　　b) 机器人持枪式

图3-40 自动涂胶

3.4 焊装制造工艺流程的实现

焊装的车身制造，是结合了上车体、地板总成和开闭件生产线的精密制造流程。焊装制造流程的实现与工艺规划紧密相连。焊装制造作为汽车生产中的关键环节，其流程的顺畅实现依赖于精细的工艺规划。工艺规划是车身制造过程中一系列设计规划行为的总称，其最终成果是设计出一条虚拟的车身焊装生产线。通过这条虚拟生产线，可以进行建筑施工、设备安装和生产调试等生产准备活动，从而建造出用于实际生产的车身生产流水线。当工艺规划完成后，生产线布局和工艺设备配置也随之确定。此后，任何新车型的设计都必须考虑与现有生产线的工艺相匹配，这包括设备的通行能力、工装的兼容性和工艺的平衡性等关键因素。这种反向的工艺约束确保了新产品开发与现有产线工艺的和谐统一，从而降低了新车型引入时的设备投资成本，并提高产线多车型共线的能力。焊装工艺规划的流程如图 3-41 所示。

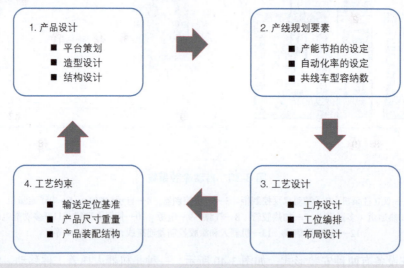

图 3-41 焊装工艺规划的流程

3.4.1 产品设计

产品设计是工艺规划的基础，首先需确定要生产的车型平台，不同平台的车身设计是不同的。平台的分类标准也是不同的，按照车辆的用途可分为轿车、SUV、MPV，用途不同，车辆的地板总成、外板造型会有差异；按照动力总成可分为燃油版、HEV（油混）、PHEV（插混）、EV（纯电）车型，不同动力总成，地板总成的结构是不同的；按照车身的材质又可分为钢车身、铝车身、钢铝混合车身，不同材质的车身对工艺设备影响很大，例如铝连接大部分采用铆接，部分区域还采用螺接，很少用到焊接。

3.4.2 产线规划要素

产品设计完成后，需导入生产线，从而实现产品从无到有、从小批量到大批量的生产。产线规划需进行工业工程计算，设定节拍、自动化率、车型容纳数、零件加工深度等规划要素，这些规划要素关系到车身制造的工艺面积、产线布局、工序编排等。

1. 工业工程计算

工业工程计算主要根据生产运营状况及产能需求计算出生产线的开动率、节拍及每小时的产量（jobs per hour，JPH），为产线的工序设计提供目标指向。假设产能（20万/年）设定完成，首先需明确每天生产出勤总工作时间，总工作时间又分为生产开线时间和固定不开线时间，固定不开线时间包含作业人员的小休时间（2次/班，20min）、吃饭时间（吃饭45min）、班前会时间（10min）等例行不生产时间。开线时间又分为实际稼动时间和非稼动时间，其中非稼动时间包含异常不开动时间和计划不开动时间，异常不开动分为设备故障和品质异常导致的停线时间，计划不开动时间包含夹具切换、电极修磨、强度检查等频次类维护时间。表3-6所示为某主机厂焊装的生产时间构成图。

表3-6 生产时间构成图

日（双班）出勤工作总时间 $T_{总}$					
实际有效生产时间 $T_{稼}$	生产时间 $T_{开}$				固定不开动 T_0
^	非稼动时间 $T_{非}$				^
^	计划不开动 t_2		异常不开动 t_1		^
^	夹具切换	电极修磨	强度检查	设备故障	品质异常	吃饭、休息、班会

搞清楚生产时间构成后，再进行工业工程计算，算出每条产线的开动率，开动率代表生产线的效率高低，开动率越高，单位时间的产量越高。开动率的计算公式如下：

$$\eta = T_{稼}/T_{开} = (T_{总} - T_0 - t_1 - t_2)/(T_{总} - T_0) \times 100\%$$

式中，η 为生产线开动率；T_0 为固定不开动时间；t_1 为异常不开动时间；t_2 为计划不开动时间；$T_{稼}$ 为实际有效生产时间；$T_{总}$ 为工作总时间；$T_{开}$ 为生产开线时间。

计划不开动时间和固定不开动时间都是常量，只有异常不开动时间是变量，一般工业工程计算需要根据已有产线停线统计或者行业经验数据作为依据，计算出规划设计的生产开动率。

例如某主机厂 $T_{总}=1050$min，$T_0=160$min，$t_1=80$min，$t_2=47$min，工作日246天/年，产能20万/年，代入以上数据，即可计算出该主机厂生产线的各项参数如下：

1）开动率 $\eta = (1050-160-80-47)/(1050-160) \times 100\% \approx 86\%$。

2）节拍（每台出车工时）$J = T_{开} \times 60 \times \eta \times 246/P/10000 = 890 \times 60 \times 246 \times 86\%/200000 = 56.5$s/台，取整56s/台（取小不取大）。

3）JPH（单位小时产量）$= 60 \times 60 \times \eta/J = 54.8$台/h，取整即54JPH。

2. 自动化率

自动化率对产线的自动化布置、设备配置和人员安排具有决定性影响。汽车主机厂会根据产能需求来调整自动化率。在低产能阶段，为了节约初期设备投资，自动化率会相对较低。当产能超过15万辆时，自动化率通常会提升至60%以上，以优化生产效率并控制人力成本。

3. 车型容纳数

车型容纳数是指生产线可以共线生产的车型数量，车型越多，需要的工装夹具越多，设备和零件存放的面积空间越多。车身总拼工位的夹具数量是限制车型容纳数的关键因素，一般焊装车间设定的车型容纳数为四五款全新车型，如果还需追加就需要更换车型，即停产拆除某一款车型的工装设备，才能满足存放空间。

4. 零件的加工深度

零件的加工深度是指车身零部件加工到的最底层程度，层级数越大，说明加工的深度越深，零件自制率越高，需要的产线面积也更大。不同主机厂的加工深度不同，一般主机厂的焊装工厂面积为 20000～30000m²，而德系主机厂的焊装加工深度很深，例如前围板、流水槽、左/右纵梁、横梁等组件的子零件都会加工到单品成形件级别，相应的焊装工厂面积也是一般加工深度的 5～6 倍，需要更多的加工和物流仓储区。

3.4.3 工艺设计

工艺设计是在产线规划明确后，对具体车型的白车身产品进行拆分，设定多个工序然后再逐个工序编排工位，根据各工位的作业要素选用不同的工艺设备（工装夹具、焊接设备、机器人、输送设备等）进行布局，最终满足按节拍将各个零部件有序焊接成整个白车身的工艺规划方案。这好比要用一块布料按照设计图完成一件完整的衣服，首先要将衣服拆分为衣领、袖子、身体三部分，然后对布料进行分块裁剪，再对不同块分步骤进行缝合，最后将衣领、袖子、身体三部分整体连接，形成一件完整的衣服，白车身的工艺设计也是如此。

1. 工序设计

工序设计是产线布局的指导性纲领。首先是将白车身按照上下车体、开闭件所包含的各类大总成件进行拆分，分解为对应的各个子生产线（即分线工序），然后将各分线生产的总成件按照一定的顺序组合形成主线工序，从而将各个分线串联起来形成完整的工序及工艺流程。一般焊装的白车身工序及工艺流程如图 3-42 所示。

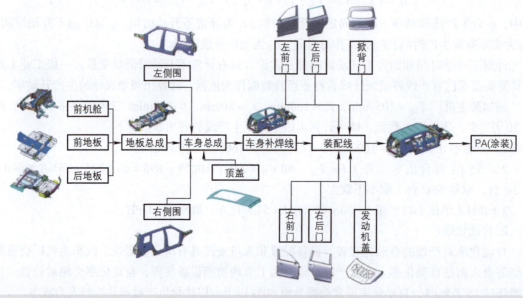

图 3-42 工序及工艺流程图

2. 工位编排

工位编排是根据分线产品的装配树进行零件拆分和焊点分配，确定需要几个工位，然后再进行产线各个工位的布局设计。以前地板总成为例，前地板的子零件有 22 件，根据前地板总成的装配结构，工艺信息如图 3-43 所示。

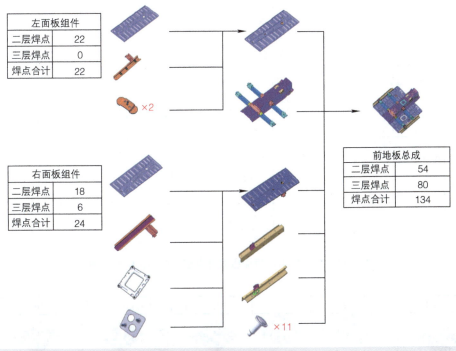

图 3-43 装配结构及工艺信息

从图 3-43 可以看出,前地板总成装配分两个层级,往下分解的第一层级是要将左面板组件、右面板组件、中通道、左内门槛总成、右门槛内板总成和 11 颗螺柱进行装配焊接;往下第二层级是对第一层级的零组件分解,将其子零件如左面板、左侧梁、支架进行组合焊接形成左面板组件,将右面板、右侧梁、支架进行装配焊接形成右侧板组件。

若产线自动率 60%,开动率 86%,节拍设定 56s/台。第一步,先梳理总成件各装配层级的零件数、焊点数、螺柱数、涂胶量等,清楚掌握总成件的工艺量。第二步,根据自动化率将工艺量划分为人工工序和机器人工序。第三步,估算工位能力,例如可以焊接多少焊点、涂多少胶、焊接多少螺柱等工艺量。工位能力由工位人员设备的作业时间、人员设备数量、工艺布局、搬运方式等决定,其中作业时间一般设定人工点定焊接工时为 3.5~4s/点,机器人为 3~3.5s/点,人工搬运工件时间具体与零件的大小、重量、摆放距离有关。

工位能力估算一般会编制出不同工位的时序图,对工位节拍进行核算,例如人工工位通常将作业时间按照上件、焊接、搬运来分解,图 3-44 所示为某车型前地板面板组件点定工位的工位时序图,经过作业步骤计算,所用工时 54s,满足产线节拍 56s 的要求。

第四步,估算工位数量,将工艺量除以工位能力就会得出基本的工位数量,如图 3-45 所示。通过计算得出满足前地板总成工序的工位编排,前地板工序需要 010~090 共计 9 个工位,共计完成前地板总成点焊 180 个、螺柱焊 11 个的工艺量。

估算的工位数量后期需通过工艺布局优化、虚拟仿真验证、现场调试验证,对工艺量进行工位内或者工位间的微调,对工位工时进行多轮计算,最终实现成本最优的工序工位设计。

3. 布局设计

工序设计完成后,进行工艺布局的设计,如图 3-46 所示,010~030 和 090 是人工工位,040~080 是机器人自动焊工位。

作业主体	作业内容	单点用时	焊点数量	作业开始	作业用时	作业结束	0 10 20 30 40 50 60
操作者A、B	人工上件			0	17	17	
操作者A、B	人工按按钮			17	1.5	18.5	
夹具	夹紧			18.5	2	20.5	
操作者A	人工手工焊接	3.5	6	20.5	21	41.5	
操作者B	人工手工焊接	3.5	6	21	21	42	
操作者A、B	人工按按钮			42	1.5	43.5	
夹具	打开			43.5	2	45.5	
操作者A、B	取件			45.5	8	53.5	
				53.5		96%	

图 3-44 某车型前地板面板组件点定工位的工位时序图

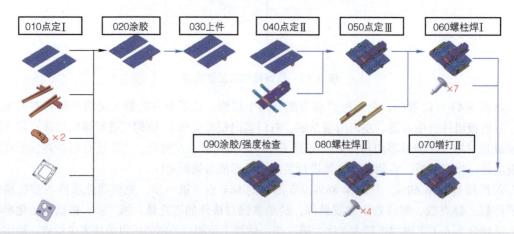

图 3-45 前地板总成工序的工位编排

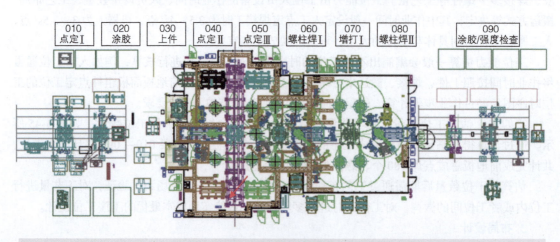

图 3-46 前地板布局

完成工艺布局设计后，自动线体需要进行仿真环境的搭建，利用仿真软件对虚拟产线进行仿真验证，对工时节拍、机器人可达性、干涉区等进行确认，如图3-47所示。

完成工艺分割和细化工艺布局后，需编制工艺卡来指导产线各工位的作业，工艺卡上需体现零件组成、作业内容、节拍时序表、设备型号、作业要素（点焊、涂胶、螺柱等）。

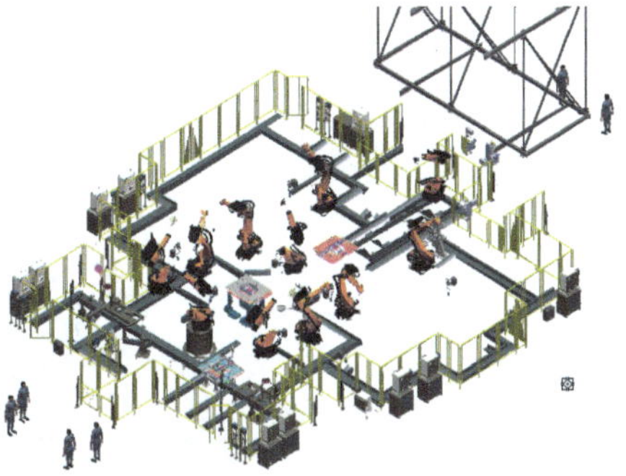

3.4.4 工艺约束

工艺约束分为产品约束和产线约束，两者之间相互影响，又协调统一。首先，产线的工艺规划受选定的车型平台约束，如输送定位孔的约束、尺寸重量的约束、焊点总量的约束等；然后，当产线建成后，因为工艺和设备已经确定，会反向约束产品开发。

图 3-47 前地板产线仿真环境搭建

1. 输送定位的约束

车身的制造不仅需要焊装定位，还需要进行工序间的输送，因此在产线规划之初就要对车身的输送孔和定位孔定义，后续车型持续导入也需遵从已有的输送定位，保证多车型共线生产。车身的输送定位约束如图3-48所示，孔1~12是地板总成的焊接定位孔，孔A、B、C、D和孔c、d是输送孔。

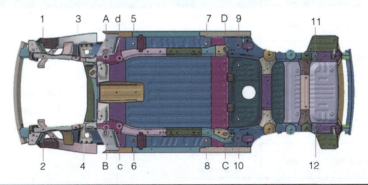

基准孔	1/2	3/4	5/6	7/8	9/10	11/12	A/B	C/D	c/d
特征	圆孔	圆孔	圆孔	圆孔	圆孔	圆孔	输送孔	输送孔	圆孔
尺寸	φ18	φ25	φ30	φ30	φ15	φ25	φ30×52	φ30×52	φ20
孔深	110	40	无限制	无限制	73	87	45	58	24
X	-315	490	971	1800	2220	3440	490	2045	670
Y	±488	±460	±640	±640	±620	±496	±535	±555	±445.5
Z	138.9	-46.5	7.3	7.3	39	172	-51.5	-51.5	-47

图 3-48 车身输送定位基准

图3-49为地板总成合拼工位的定位工装，孔1/2和孔3/4定位发动机舱总成，孔5/6和孔7/8定位前地板总成，孔9/10和孔11/12定位后地板总成，通过工装的定位将各个总成精确装配成地板总成，然后进行定位焊。

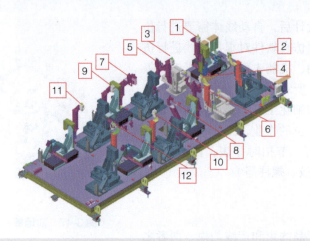

图 3-49 地板总成合拼定位工装

在地板分总成、地板总成、车身总成的焊接定位时,为保证多车型共线,主机厂大都采用柔性伺服定位系统,每个定位销 X、Y、Z 三向具备一定的调整范围,提高了产线兼容跨平台或者跨级别车型的能力,也给车身底盘的设计带来更灵活的布局空间。表 3-7 所示为某车企的柔性定位范围。

表 3-7 柔性定位范围

基准孔	X		Y		Z	
	坐标区间	NC 行程	坐标区间	NC 行程	坐标区间	NC 行程
1/2	−635 ~ −235	400	−650 ~ −450 450 ~ 650	200	−135 ~ 265 以原点为基准 1065 ~ 1465 以 base 为基准	400
3/4	490	—	−650 ~ −450 450 ~ 650			
5/6	617 ~ 1017	400	−650 ~ −450 450 ~ 650			
7/8	1452 ~ 1852	400	−650 ~ −450 450 ~ 650			
9/10	2095 ~ 2495	400	−650 ~ −450 450 ~ 650			
11/12	3215 ~ 3625	400	−650 ~ −450 450 ~ 650			

2. 车身尺寸的约束

车身尺寸根据紧凑型、中型、中大型进行分类,尺寸参考见表 3-8。可以看出,不同级别的尺寸长度和宽度差异相当大,因此在规划产线时,要根据所要导入的车型尺寸来设定产线宽度、工位节距、夹具库位面积等;当产线建成后,后续开发车型的尺寸不能超出产线的最大尺寸约束,否则产线就无法加工制造,如果必须制造就需投入高昂的改造费用。

3. 装配结构的约束

因为产线是基于平台化的车身装配结构规划的,新导入车型的装配结构也需满足已有生产线的工艺工序编排,因此产品的装配结构也需统一或相似,否则会导致工艺无法实现,需要对产线进行大改,导致车型投入成本上升。

表 3-8 车身尺寸参考表

车型级别	级别代号	车身长度 /mm	车身宽度 /mm	轴距 /mm
紧凑级	A0	4000～4300	1750～1800	2300～2500
	AA+	4300～4700	1800～1850	2500～2700
中型	B/B+	4700～5000	1850～1950	2700～2900
中大型	C	5000～5300	1950～2000	2900～3100

4. 设备负载的约束

工艺规划完成设备选型后,输送设备、搬运设备等都存在负载重量的极限约束,后续车型的开发必须考虑到这些产线设备的负载约束,车身及车身各总成工件的重量不能超出设备的约束范围,否则会导致产线设备过载损坏或疲劳寿命大幅缩短。

5. 制造能力的约束

完成生产线工艺规划后,产线可达成的工艺要素的最大能力基本确定,会约束后续新车型的工艺要素,如车身的焊点数量、涂胶长度、螺柱数量、CO_2 数量等。在新车型同步工程时,需根据已有产线对产品设计进行优化,保证已有产线的工艺类型和工艺量与产品开发相匹配,新车型与量产车型之间的工艺更加平准,即各车型工位数量相同,工艺要素基本相似,避免进行大的改造或新增设备。表 3-9 所示为某车企地板总成线所规划设定的产线点焊能力。

表 3-9 地板总成线焊点数量约束

UB010	UB020	UB030	UB040	UB050	UB060	UB070
地板总拼 (50 点)	补焊 (90 点)	A 柱内板点定 (50 点)	补焊 (70 点)	补焊 (70 点)	补焊 (90 点)	补焊 (90 点)

3.4.5 同步工程

汽车产业的快速发展,导致车型更新速度不断加快,缩短产品开发周期成为汽车品牌保持竞争力的关键因素。目前行业内普遍采用同步工程的工作方法,与车身焊装工艺结合,通过工艺分析,制作产品改善提案,在产品开发初期解决制造过程中可能出现的设计缺陷,降低了设计变更数量,同时将车身焊装制造质量控制提前到产品设计阶段。

同步工程(Simultaneous Engineering,SE)是一种现代工程技术方法,它站在产品设计与制造全过程的高度,更加强调参与协同工作的效应及同步的产品开发方式。汽车焊装工艺同步工程是指在概念设计阶段、工程设计阶段和工装招标准备阶段,以车身为对象进行的包括车身结构、成本、工艺、主断面、焊接可行性和定位夹紧等焊装工艺性分析。根据经验及标准,把后序制造过程中可能出现的问题识别出来,对产品设计过程和制造过程提出合理化建议,通过工艺优化解决生产制造课题,使产品更加满足制造工艺性要求,避免后期出现大量的设计更改,从而达到缩短生产周期,降低开发成本的目的。

1. 焊装 SE 的主要工作流程

新车型开发过程中,焊装 SE 工艺人员要在车身外造型评审、车身主断面设计、车身结构设计等各阶段对焊接工艺性进行分析,将发现的问题以工程变更申请(Engineering Change Request,ECR)形式反馈给产品设计部门,产品设计部门对问题项进行分析、解决,使其满足焊接工艺要求。对双方存在异议的问题,相关组织进行工艺验证,确定是否进行整改,工艺确认无问题后进行下一阶段的设计。焊装 SE 工作流程如图 3-50 所示。

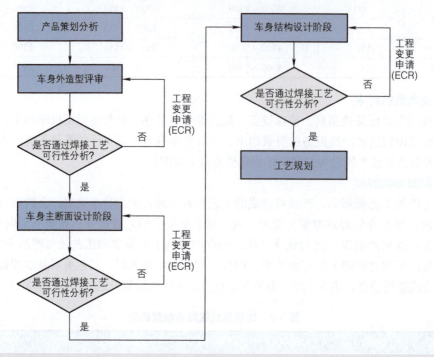

图 3-50　焊装 SE 工作流程

2. 焊装 SE 的主要工作内容

同步工程贯穿整车项目开发的全过程,主要分为概念设计阶段,工程设计阶段、工程开发阶段和品质培育阶段,其中工程设计阶段是整个产品设计思想体现的关键时期,在这个时期产生的数据决定着整个产品的开发进度和产品质量。根据焊装工艺的特性,工程设计阶段中焊装 SE 的主要工作内容有生产线通过性分析、焊接装配性分析、焊接可行性分析、焊接作业性分析、涂胶 / 螺接作业分析、包边可行性分析、外观刚度分析和工艺方案及布局分析等。

焊装 SE 的工作过程就是按照一定的标准和原则,逐一对上述内容进行分析,提出更改意见(ECR),从而把产品设计与工艺实现相关联。焊装同步工程检证清单详见表 3-10。

表 3-10　焊装同步工程检证清单

主要分类	主要内容说明
四新技术可行性分析	分析焊装车身新结构、新工艺、新设备、新材料等生产制造实现的可行性
生产线体通过性检证	分析生产车间内的输送系统及通用设备对车身零件的重量、长/宽/高、焊接能力、设备负载能力、节拍等适配性
零件装配层级检证	根据生产车间的工艺布局,分析车身各零件之间焊接/装配先后顺序的合理性
零件内外作分析	根据生产车间工艺布局,分析车身零件内作与外作的方案
零件装配检证	分析车身零件搭接结构及公差累积是否存在干涉,如零件弯弧位置、螺栓长度是否与周边运动件干涉、装配工具与周边零件是否干涉等情况
焊装胶工艺检证	对车身的焊装胶如点焊胶、减振胶、结构胶、折边胶、指压胶等,进行涂胶位置、用量、涂胶槽与零件间距、涂胶覆盖率检证分析

(续)

主要分类	主要内容说明
焊装密封性检证	针对车身密封胶分布及零件搭配关系，分析可能的进水位置及出水位置，检证分析焊装密封胶、涂装密封胶布置合理性
包边工艺检证	需包边的部位，对其包边前的外板翻边高度、翻边角度进行分析，同时要兼顾考虑内板与外板扣合干涉等
零件定位系统检证	针对尺寸定位系统 3-2-1 原则，分析零件在焊接设备上定位可行性
焊钳可达性检证	根据车身焊点位置，在仿真软件中使用焊钳 3D 数据，模拟生产实际情况，对焊点的焊接可实现性进行检证分析，主要是：焊钳是否可达焊点位置、焊钳焊接过程与周边零件安全间距是否足够等
板材组合及焊接参数分析	分析车身零件是否有新的材料、新的零件搭接组合等，进行焊接参数的验证，如热成形钢、钢铝混合焊接等
零件防错检证	因部分零件会存在派生，差异较小，为了防止生产时零件投入错误派生，需考虑在零件上增加防错的特征，如新增孔、新增缺口等方式，在生产设备上实现识别并正确匹配派生
外覆盖件刚度检证	对四门两盖、侧围外板、顶盖外板等覆盖件，实施一定的推力判断抗凹性，有时为了兼顾商品性，可考虑加强抗凹能力
工艺约束清单核查	结合线体的输送线、通用设备、焊接能力、包边设备、工装夹具共用化等设定，对产品提出一些设计约束清单，例如焊点总数、零件重量、定位孔/输送孔的大小及孔距、标准件型号、焊接面宽度、定位孔及工艺孔大小等，需进行检证核查
产品约束清单核查	针对过往车型产品类课题，如漏水、异响、错装、干涉、刚度弱、外板变形、焊接不良、生产操作差、包边不良等，对后续车型结构设计提供优化建议的总结清单，需进行检证核查，避免问题再发

3.5 焊装制造先进技术

车身焊装技术的水平和质量对车身的结构强度、安全性和生产率具有直接影响。随着世界汽车工业朝着环保低碳、节省能源、安全性、舒适性和多样化方向发展，汽车制造对新能源、新结构、新材料和新工艺的需求日益凸显。近年来，新能源汽车市场的快速增长印证了以上描述，这一趋势促使车身焊装技术再次经历重大发展变化。

视频3-6
更多的先进技术

3.5.1 焊装制造先进技术概述

1. 车身轻量化，促进了新材料和新工艺的应用

减轻汽车质量可以提高输出功率、降低噪声、降低油耗，还对新能源汽车续驶里程有显著提升。目前各大汽车制造商除了采用高强度钢外，还积极研究并部分在车身结构采用了铝、镁轻合金，复合材料。然而，面对高强或超高强度钢、轻合金结构的焊接难题，开发新的焊接工艺和设备已成为焊接装备行业的迫切需求。

2. 多车型柔性制造技术，实现柔性混线焊装生产

汽车市场的快速变化和客户的个性化需求对车身焊装技术和生产线提出了更高的要求。为满足这一需求，多车型柔性制造技术成为关键，它能在同一条生产线上混线、高节拍地生产多种车型的车身。

3. 数字化工程技术的应用

为满足新车型快速开发和调试工时削减的需求，数字化工程技术在车身焊装生产线装备上发挥着重要作用。在产品开发的同时,要求对新车型进行结构工艺性匹配分析,必须做同步工程。在车身焊装工程化过程中,运用先进的制造数字化和 AI 工程技术,例如运用 Process Simulate 高级制造仿真软件,用于验证、优化和确认制造和装配流程。它允许制造商在虚拟环境中创建、分析和优化生产线和生产设备,以减少在实际生产中的错误和浪费。其中,由虚拟调试确认过的机器人离线程序和 PLC 离线程序,导入真实线体,能大幅削减调试工时。

3.5.2 自穿铆接工艺（SPR）

SPR 是铝车身或多种不同板材等进行连接的重要解决方案,具有连接强度高（单点 SPR 铆接强度约为钢点焊强度的 1.3～1.5 倍）、板材连接通用性强、质量稳定等优点,缺点是投资成本高、连接速度慢等；随着新能源汽车的快速发展,SPR 应用领域不断扩大,已广泛应用在车身连接,连接部位包括地板、侧围、车身总拼、门盖等。SPR 的连接示意图如图 3-51 所示。

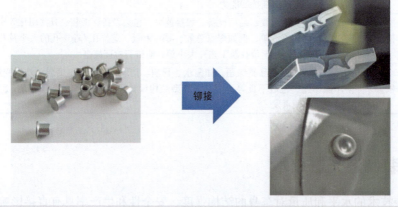

图 3-51　SPR 连接示意图

SPR 主要分为 6 个步骤,包括定位、夹紧、送钉、刺穿、变形、成形,见表 3-11。

表 3-11　SPR 连接过程

定位	夹紧	送钉	刺穿	变形	成形
铆枪移动到设定位置,下模（静臂）贴住工件	铆枪上模（动臂）向下模方向夹紧工件	钉子由上模推送到工件	上模持续加压,钉脚刺穿上层板材（最底层不完全刺穿）	上模持续加压,钉脚向外侧变形张开,刺入下层板材	上模持续加压,直到上下模填充满,上模停止下压。铆钉将上下板材连接在一起,铆接完成

3.5.3 流钻自攻螺接（FDS）

FDS 也称为热熔自攻丝工艺。FDS 工艺的上层板可以预冲孔或不冲孔，通过螺钉尖端的高速旋转及主轴纵向下压力，对板材进行加热、钻孔、攻丝、锁紧等过程，使局部熔化的板材能嵌入螺钉的螺纹牙中，形成类焊接作用，从而形成稳定的连接点。钻入的螺钉向下运动、延伸，在螺钉下端形成一个延伸套管附着在螺钉穿刺位置，可以增加螺接点性能，如图 3-52 所示。FDS 工艺主要应用于复合材料、多层板材、碳纤维材料的连接。

图 3-52　FDS 示意图

FDS 工艺主要分为 6 个步骤，包括定位预热、热熔穿透、锥孔成形、螺纹成形、螺钉拧入、紧固落座，见表 3-12。

表 3-12　FDS 连接过程

定位预热	热熔穿透	锥孔成形	螺纹成形	螺钉拧入	紧固落座
钉子靠近工件，高转速使材料发热从而产生塑性变形	控制转速和进给压力，钉子稳定进入板材，钻孔成形	钉子刺破板材，圆柱形通道成形	钉子螺纹进入板材，自攻完全啮合的螺纹	钉子持续拧入板材	钉子拧紧至设定的力矩，完成螺接

3.5.4 柔性伺服定位技术

传统的定位机构基准是固定的，不能随车型变化，而柔性伺服定位机构能够改变定位基准来满足不同车型的定位，如图 3-53 所示，伺服电动机通过丝杠传动机构将旋转运动转化为滑块的直线运动，通过改变旋转方向来调节滑块向前或向后滑移，并通过旋转的角度精确控制滑块移动的距离，滑块上可安装定位机构，定位机构因此能够在滑块带动下进行移动，从而改变定位基准。

单个伺服定位单元只能满足单轴调节；若两个伺服定位单元垂直组合，则可以满足两轴调节；若有三个伺服定位单元垂直组合，则可以满足三轴调节。如图 3-54 所示，伺服抓手一端为单轴调节，另一端为两轴调节。

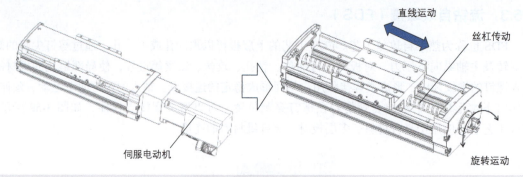

图 3-53　伺服定位单元的原理

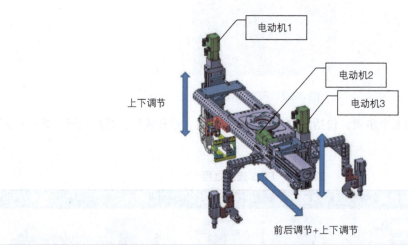

图 3-54　伺服抓手

伺服定位技术在焊装的应用主要有伺服抓手，伺服定位夹具等，能够满足多车型柔性共用，可大大减少设备投资与设备占地面积，还可以缩短车型导入的调试周期。如图 3-55 所示，6 款车型一般需要导入 6 套定位夹具，如果采用伺服定位夹具，则仅需 1 套就可以满足 6 款车型定位。

图 3-55　采用伺服定位夹具后实现 6 款车型夹具共用

3.5.5 离线/仿真技术

在焊装领域内应用虚拟仿真技术，主要将焊装生产信息总结为三类对象：产品、工艺及资源。虚拟仿真技术实际上就是将焊钳、机器人、工位器具、工装夹具以及操作者和产品有机地结合起来，在三维环境下，可以直观地观察到工位包含的全部信息，从而可以在线验证规划的制造流程和选用的连接工艺是否合理。工艺人员很容易发现存在的问题并改善，以减少在实际生产中的错误和浪费。经仿真验证的程序直接导入现场的执行设备，能大幅削减调试工时，提升车型更新换代的效率。

离线仿真技术主要包括以下几个方面。

1）工艺仿真验证。在产品研发的初始阶段，可深入探究产品各组件之间的搭接关系，细致剖析其复杂结构。这一过程中，需严谨地判断设计的可制造性，并针对其中可能存在的不合理之处，精心制定相应的解决策略。这实质上是产品设计阶段不可或缺的工艺评审环节。通过实施这种同步工程开发模式，得以在过程设计阶段之前便有效识别并修正潜在问题，从而显著降低了在后续阶段进行产品更改或制造复杂设备、工装的风险。图3-56所示为工艺仿真验证的几个应用示例。

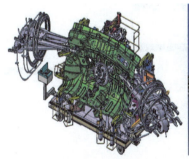  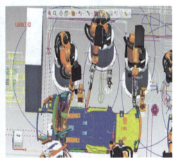

a) 焊枪焊接可达性仿真　　　b) 人机仿真　　　c) 焊点编排分析

图3-56　工艺仿真验证示例

2）资源场景仿真。可在三维场景下观察零件在相应工位的装配情况，并进行各工位的资源配置，如焊枪、夹具、机器人、钢结构等，如图3-57所示。该项技术可结合车间的生产流程、日常运营等情况，仿真分析并进行布局优化；搭建起虚拟的线体环境，可以实现一个车身工艺规划的协同工作环境，实现工艺规划人员之间的数据共享和并行工作，加快了生产实施的速度；建立了资源库和工艺操作库，为后续项目的开展提供了一个标准数据库框架；不断丰富的资源库，在今后可以方便快捷地达到资源重组以及重复利用等目的。

3）虚拟调试验证。将搭建好的虚拟环境与PLC控制技术相结合，在虚拟环境中实现对整个生产线及生产过程的工艺规划、产品数据、制造仿真和生产线布局的评估。虚拟调试技术的优势在于将仿真与控制技术相结合，在虚拟环境中将生产制造过程压缩和提前，并进行评估和检验。这可以在设备实物化之前对机械设计工作进行验证优化，降低设计错误带来的风险。同时，这项技术能够实现完整的自动化控制逻辑的提前调试，在设备制造完成之前完成对机器人和电气系统的离线调试，从而大幅缩短后续现场调试时间，提高了改造项目的竞争力和项目实施的可靠性。

视频3-7
离线+仿真技术

新能源汽车制造技术

视频3-8
仿真视频

视频3-9
生产视频

图 3-57　仿真环境的搭建

　　虚拟调试验证后的输出文件包括设备安装测量指导文档、机器人离线程序、PLC离线程序、工艺文件、机器人干涉区分配图、机器人管线包安装图、机器人工具坐标、车身坐标以及节拍分析报告等，如图 3-58 所示。

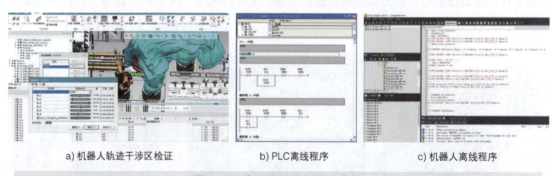

a) 机器人轨迹干涉区检证　　　　b) PLC离线程序　　　　c) 机器人离线程序

图 3-58　虚拟调试验证输出资料

本章小结

　　本章从焊装技术的基本介绍入手，逐步深入焊装车身的详细制造流程中。我们了解了各种连接工艺，以及如何通过车间的制造流程将各种零部件精准地连接成一个完整的车身结构。通过对车身主要连接工艺，如点焊、弧焊、激光焊等的探讨，以及相关工装设备的介绍，读者对焊装制造有了更加直观和深入的认识。

　　此外，本章还着重讨论了如何实现高效的焊装制造流程。工艺规划是以产品为基础，按照一定的生产条件设定开展的工艺规划。依据工艺规划完成生产线的建设，后续车型的设计又必须考虑到现有产线对产品落地的反向工艺约束，使新的产品开发适应已有产线的工艺，降低新车型导入的设备投资，提高产线多车型共线的能力。

　　最后，我们对焊装制造的先进技术进行了学习。随着新材料、新工艺、新设备的不断涌现，焊装制造将朝着更加环保、高效、智能的方向发展，为汽车制造业的持续创新和升级提供有力支撑。

　　通过本章的学习，读者不仅对焊装制造技术有了全面的了解，而且对如何应用和发展这一技术也有了清晰的认识。

练习题

一、选择题

1. 以下哪一项不是承载式车身的优点。（ ）
   A. 质量小　　　　B. 装配容易　　　　C. 底盘振动小　　　　D. 高度低
2. 白车身是指从哪个车间下线时的车身。（ ）
   A. 冲压　　　　B. 焊装　　　　C. 涂装　　　　D. 总装
3. 下列哪一项不是在焊装车间内安装的部件。（ ）
   A. 前地板　　　　B. 前保险杠　　　　C. 顶盖　　　　D. 侧围
4. 下列哪一项不是地板总成的组成部件。（ ）
   A. 前地板　　　　B. 后地板　　　　C. 顶盖　　　　D. 发动机舱
5. 通常包边成形过程分为三个阶段，下面哪一项不属于包边成形的主要阶段。（ ）
   A. 冲压折边/板料定位　　　　B. 预压包边
   C. 主压包边　　　　D. 修磨
6. 焊接车间常用焊接专用胶为点焊密封胶、折边胶和（ ）。
   A. AB胶　　　　B. 膨胀胶　　　　C. 玻璃胶　　　　D. 抗石击涂料
7. 用焊接夹具批量生产，能保证加工的（ ），保证品质。（ ）
   A. 差异性　　　　B. 多样性　　　　C. 一致性　　　　D. 不确定性
8. 电阻点焊是一种利用电阻热进行焊接的方法。下面哪一项不是点焊时产生热量的主要影响因素。（ ）
   A. 焊接电流　　　　B. 电阻　　　　C. 焊接时间　　　　D. 环境温度
9. 包边利用一层板材的折弯去包住另一层板材，是一种特殊的板材连接工艺，一般用于连接零件的内、外板，如车身开闭件、轮罩、带天窗的顶盖等。下面哪一项不是门盖包边工艺所采用的主要设备形式。（ ）
   A. 模具包边　　　　B. 专机包边　　　　C. 铸造成形　　　　D. 机器人滚边
10. 在汽车制造业中，下列哪种焊接工艺是通过大电流在两个金属工件的接触面产生电阻热，使金属熔化并形成焊点。（ ）
    A. 激光焊　　　　B. 电阻点焊　　　　C. 弧焊　　　　D. SPR

二、填空题

1. 从形式上分类，车身可分为_____、_____两种。
2. 产生一个电阻焊焊点的过程包括_____、_____、_____和_____四个阶段。
3. 车身门盖系统包括_____、_____、_____、_____、_____、_____这六大总成。
4. _____的作用是准确定位多个零件的相对位置并进行拼焊，确保各零件加工一致性；_____的作用是定位单个零件的位置并进行补焊，防止焊接错动。
5. _____是指将两个零件利用工装夹具保证定位和装配精度，选取两个零件搭接的关键部位进行点焊固定，形成稳定的刚性整体的工序。_____是指对已经完成点定的刚性焊接总成件进行补焊剩余焊点的工序。

6. 目前各大主机厂量产车型的门盖包边工艺所采用的设备主要有三种形式：_____、_____、_____。

7. 焊装的白车身是_____、_____和_____的生产线按照一定的工艺规划制造出来的，工艺规划是以产品为基础，按照一定的生产条件设定开展的工艺工序设计。

8. _____是指在概念设计阶段、工程设计阶段和工装招标准备阶段，以车身为对象进行的包括车身结构、成本、工艺、主断面、焊接可行性和定位夹紧等焊接工艺性分析。

9. 工艺约束分为_____和_____，两者之间相互影响，又协调统一。首先，产线的工艺规划受选定的车型平台约束，如输送定位孔的约束、尺寸重量的约束、焊点总量的约束等；然后，当产线建成后，因为工艺和设备已经确定，会反向约束产品开发。

10. 某焊装车间生产线的产能是10万台/年，工作日246天/年，开线890min/天，产线开动率88%，则该生产线的节拍为_____。

三、简答题

1. 简述电阻点焊的概念，以及电阻点焊的过程包括哪几个阶段？
2. 车身总成一般是如何做出来的？
3. 简述离线/仿真技术在焊装领域的优势。
4. 工艺约束是焊装制造流程实现必须考虑的因素之一，请简述你对工艺约束的认识。
5. 简述焊装制造先进技术的应用。
6. 结合焊装制造技术章节的内容，简述车身零部件的结构、材料参数对焊接工艺选择与实施的影响。

综合实践实验项目

参加焊装车间见习，描述车间制造流程，介绍每个流程所用到的工艺与主要设备。要求：结合汽车产品结构与装配树讲述，能清楚理解一个车身是如何从数模到工艺实现落地的。

拓展阅读

汽车全生命周期排放因素主要分为显性因素以及隐性因素，汽车全生命周期中的排放如图3-59所示。

1. 汽车全生命周期与碳减排的显性关联

使用周期在碳排放环境中处于显性地位，《中国汽车低碳行动计划研究报告（2021）》表明，汽车使用周期中的碳排放占汽车全生命周期碳排放量的80%以上，占全社会碳排放的7.5%，因此汽车使用环节应作为碳减排管控的重点。目前国内外在该研究领域成果较为突出，例如，郭文双等对燃油汽车尾气的直接污染、间接污染和噪声污染指标进行了分析，指出碳纤维可以有效克服这些问题，但总体研究成果较少。

2. 汽车全生命周期与碳减排的隐性关联

设计周期、生产周期、回收周期处于隐性地位，因此在设计研发方面应尽可能考虑模块化设计（即绿色设计），为拆解和回收提供便利性，使用轻量化材料、推动低碳材料的应用来推动更多回收材料在汽车上的应用。

——摘自《面向碳中和的汽车生命周期材料发展与展望》——吴国荣，黄诗雯，郭跃，陈旭辉，宋佳鑫《材料导报》，2023 年 19 期

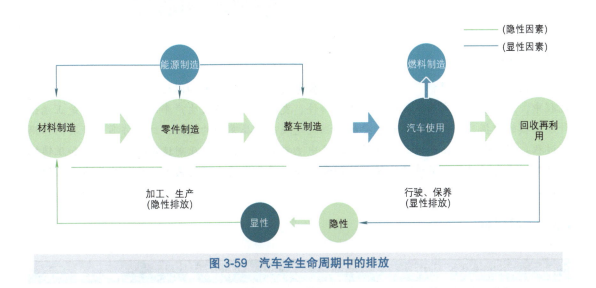

图 3-59　汽车全生命周期中的排放

想一想 1：未来焊装制造技术会有哪些重大突破或创新？这些突破将对行业产生怎样的影响？

想一想 2：随着新材料和新工艺的出现，焊装制造技术将如何适应这些变化？有哪些新的焊接方法或技术值得我们关注？

想一想 3：在数字化、智能化的大趋势下，会出现哪些人工智能设计焊接生产线的技术应用？

第4章
车身压铸技术

📖 本章导学

压铸工艺是将压铸机、压铸模与压铸合金等要素有机组合并加以运用的过程。在压铸生产过程中,选择合适的生产参数是获得优质铸件、发挥压铸机最大生产率的先决条件,是正确设计压铸模的依据。压铸过程中最重要的过程就是液态金属充型的过程,这是许多因素共同作用的过程。影响金属液体充填的因素很多,其中主要有压射压力、压射速度、充填时间和压铸模温度等。只有对工艺参数进行选择、控制和调整,满足压铸生产的需求,才能生产出合格的压铸件。

📖 学习目标

序号	学习目标	知识点	学习要求
1	掌握压铸过程的基本原理	压铸工艺的基本原理	掌握
2	掌握热室压铸和冷室压铸的区别	1. 热室压铸过程原理 2. 冷室压铸过程原理	掌握
3	掌握一体化压铸的特点	1. 一体化压铸的特点 2. 一体化压铸的生产流程	掌握

📖 课前小讨论

压铸是一种利用高压强制将金属熔液压入形状复杂的金属模内的一种精密铸造法。1838年,为了制造活字印刷的模具,人们发明了压铸设备。随着科学技术的不断发展,越来越多的产品采用了压铸工艺。

本章主要学习车身压铸技术,我们身边有哪些产品是通过压铸生产的?压铸生产中包含哪些要素?

4.1 车身压铸技术概述

视频4-1
一体化压铸
生产过程介绍

压铸是一种在高压下将液态或半液态合金快速压入模具型腔中,并在压力作用下凝固,从而获得铸件的生产工艺。其基本原理是利用高压将金属液高速流入精密金属模具型腔内,金属液在压力作用下冷却凝固成铸件。压铸技术的应用较早,只是在2020年以来,随着特斯拉汽车将压铸技术应用在后地板上,一体化压铸的概念才逐渐被人们熟知。

4.1.1 压铸技术简介

在压铸过程中,首先闭合模具型腔,然后将金属液通过压室上的注液孔向模具浇口注入,接着,压射冲头向前推进,金属液被压入模具型腔,如图 4-1 所示。在金属液完全进入型腔后,模具前后模分离,顶针顶出铸件,完成整个压铸过程。

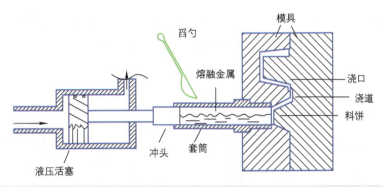

图 4-1 压铸工艺流程图

压铸工艺的压射部分是使用液压系统的能量来推动冲头,从而将熔化金属推进模具型腔。熔化金属进入模具型腔前通过一个称为流道的流动通道以及一个横截面积更小的称为浇口的部分。浇口有加速金属流动的作用,同时它也使得流道系统可以轻易与铸件脱离。

压铸过程基于两种方式:一种是热式压铸,另一种是冷室压铸。热室和冷室的区别在于:压铸机的射料系统浸泡在金属熔液里,而冷室压铸的射料系统则没有浸泡在金属熔液里。

4.1.2 热室压铸的基本原理

热室压铸的工作原理是将液态或半液态金属浇入压铸机的压室中,如图 4-2 所示。在压铸过程中,金属液在运动的压射冲头作用下,以极快的速度充填型腔,并在压力的作用下结晶凝

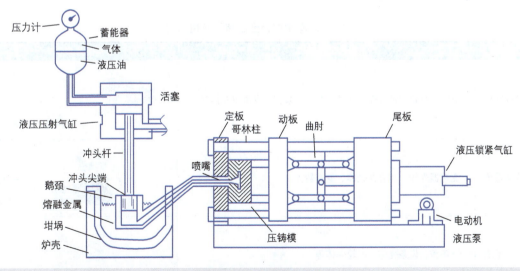

图 4-2 热室压铸机结构

固，从而获得铸件。热室压铸机的压室通常浸没在坩埚的金属液中，金属液通过进口进入压室。当压射冲头上升时，金属液进入压室；当压射冲头下压时，金属液沿着通道经喷嘴充填压铸模腔。待金属液冷却凝固成形后，压射冲头上升，此时开模取出铸件，完成一个压铸循环。

4.1.3 冷室压铸的基本原理

冷室压铸的压室与保温炉（合金熔化坩埚）是分开的，压铸时先用定量勺从保温炉中将金属液取出并浇入压室，然后通过压射冲头动作进行压铸，如图4-3所示。

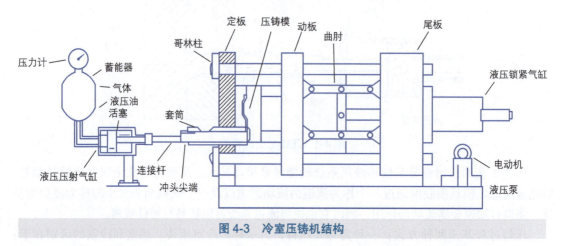

图4-3 冷室压铸机结构

4.1.4 压铸工艺的应用

基于生产效率高、铸形复杂、精度高等特点，压铸工艺在汽车、拖拉机、电气仪表、电信器材、航天航空、医疗器械及轻工日用五金等行业的应用都很广。在汽车制造领域，采用压铸工艺生产的零件有发动机气缸体、气缸盖、变速器体、发动机罩、仪表及壳体和支架等。汽车用铝合金压铸件应用举例见表4-1。

表4-1 汽车用铝合金压铸件应用举例

分类	铝合金压铸件	零件图片举例
发动机	缸体、缸盖、油底壳、活塞、泵体、泵盖、发电机壳体等	
传动系统	变速器壳体、离合器壳体、变速器支架等	
转向系统	链条盖、齿条壳体、涡轮壳体等	

(续)

分类	铝合金压铸件	零件图片举例
行驶系统	轮毂、横梁等	
制动系统	法兰盘、制动踏板等	
车身	减振塔盖、座椅支架、方向盘骨架、地板等	

4.2 压铸生产的基本要素

压铸生产的基本要素包括压铸机、压铸模、压铸合金以及压铸工艺，图4-4所示为压铸各要素之间的关系。

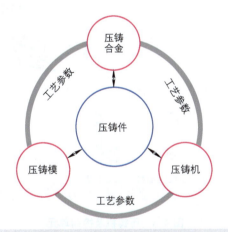

图4-4 压铸各要素之间的关系

4.2.1 压铸岛

压铸岛是压铸的场所，大型压铸岛的核心设备为压铸机，还包括熔化炉、冷却池、切边油压机、激光打码机、机器人等配套设备，其具有智能化、自动化的特点，如图4-5所示。

压铸机具备机械、液压、电气高度集成的特点，大型一体化压铸机的机械结构形式与传统冷式压铸机并无明显区别。为满足一体化后地板、前机舱等零件生产需求，其锁模力普遍达到6000t以上。由于锁模力大、压射时间短、成形温度高等特点，压铸机的温控系统较为关键。大型一体化压铸机一般采用中央模温集成控制系统实时监控和调节模具温度，如图4-6所示。

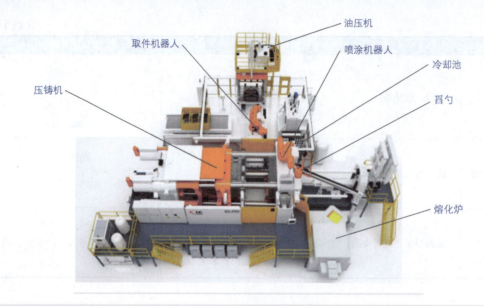

图 4-5 压铸岛组成

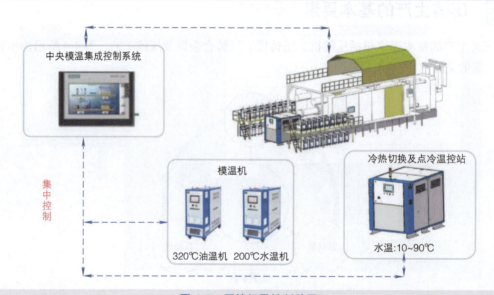

图 4-6 压铸机及控制单元

4.2.2 压铸模

压铸模是保证压铸件质量的重要工艺装备,它通过与压铸设备、压铸合金和压铸工艺参数的相互协调,共同完成压铸件的压铸成形过程。压铸模直接影响压铸件的形状、尺寸、精度和表面质量等。图 4-7 所示为一种压铸零件和压铸模具的示意图。

1. 压铸模的结构

由于涉及压铸合金种类、压铸件的结构形状及

图 4-7 一种压铸零件和压铸模具

尺寸精度要求、压铸机的类型和压铸工艺条件等诸多因素，压铸模的结构形式多种多样，但不论是简单的还是复杂的压铸模，其基本结构都是由动模和定模两大部分组成的，如图4-8所示。

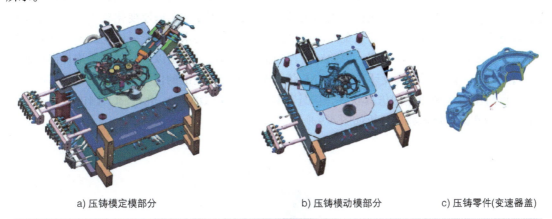

a) 压铸模定模部分　　　　b) 压铸模动模部分　　　　c) 压铸零件(变速器盖)

图 4-8　压铸模结构

2. 压铸模的材料

适宜制作压铸模的模具钢必须具备良好的抗热疲劳性及抗氧化性和抗液态金属腐蚀性能。压铸模各部件材料及热处理要求见表4-2。

表 4-2　压铸模各部件材料及热处理要求

部件名称		压铸合金			热处理要求	
		锌合金	铝、镁合金	铜合金	锌、铝、镁合金	铜合金
与金属液体接触的零件	型腔镶块、型芯、成形位置部件	4Cr5MoSiV1 （对照牌号：美国H13/日本SKD61） 3Cr2W8V 5CrNiMo 4CrW2Si	4Cr5MoSiV1 3Cr2W8V	3Cr2W8V 4Cr5Mo3SiV 4Cr5Mo3SiV1	43～47HRC （4Cr5MoSiV1） 44～48HRC （3Cr2W8V）	38～42HRC
	浇道镶块、浇口套、分流锥等浇注系统	4Cr5MoSiV1 3Cr2W8V				
滑动配合的零件	导柱、导套等	T8A/T10A			50～55HRC	
	推杆	T8A/T10A/4Cr5MoSiV1/3Cr2W8V			50～55HRC（T8A/T10A） 45～50HRC （HRC4Cr5MoSiV1/3Cr2W8V）	
模架结构零件	复位杆	T8A/T10A			—	
	动模和定模板等	45号钢/Q235铸钢			45号钢需调制处理	

由于车身一体化压铸对模具的冲击作用更大，工作条件恶劣，受各种应力的影响，导致模具过早开裂失效，因此对模具材料及热处理要求更高。型芯与合金铝接触部件一般选用纯净度高、硫含量低的模具钢。同时为了提高抗高温软化性能，选用含钼量高的模具钢，如热作模具钢 H13、SKD61、8407 等。由于一体化模具特别大，希望韧性好、不开裂，一般建议硬度在

45~48HRC。

3. 压铸模的设计与仿真

一体压铸模的制造难点之一在于设计。压铸模对压铸成功与否关系重大,一直被认为是压铸生产的关键工艺装备。一体化模具更加大型,流道设计更复杂,壁厚变化较大,加工难度更大,对浇注、溢流、排气、冷却系统的设计也提出了更高的要求。由于一体化压铸是在超高真空环境下,高速充型、高压凝固,因此对模具的强度、韧性、精度以及密封性等均提出更高要求。因此,在一体化压铸模设计阶段,CAE 仿真至关重要,精准的仿真结果是设计优劣的评价依据。目前压铸领域使用的仿真软件,国外软件主要有 FLOW-3D、Procast,国内软件有智铸 CAE 等。汽车减振塔压铸件分析如图 4-9 所示。

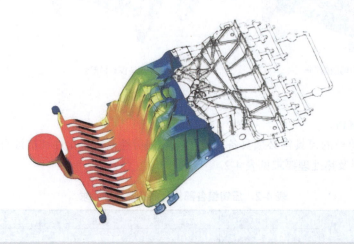

图 4-9　汽车减振塔压铸件分析

4. 压铸模的热平衡控制

压铸生产过程中,温度是工艺核心要素之一。温度是整个压铸工艺过程中的重要参数,熔化温度、模具温度、压铸温度、水温、油温等都与整个压铸过程有着重要关联。一体化压铸件重量通常在 50~100kg,有些甚至超过 100kg,压铸过程中将释放大量的热量,由于壁厚较薄、流程较长,使得模具各个部位温度极不均匀。一般情况下,靠近浇口以及浇道附近处模温极高,急需降温散热,而模具末端模温较低,导致熔体流动性下降,容易造成铸件冷隔、注射不满等缺陷,急需升温加热。

合理设计冷却、加热系统,是生产中对模具温度进行有效控制的前提条件。一体化铸件产品必须考虑模具温度热平衡的难题。一方面可借助压铸仿真软件分析温度分布,另一方面需要采用实际措施来解决模具热平衡。目前主要有模温机控制、感知红外线成像检测、模内传感器等控制手段。

4.2.3　压铸合金

压铸合金即压铸件的材料。要获得优良的压铸件,除了设计合理的压铸件、压铸模,以及合理的压铸工艺和性能优良的压铸机外,还需要有性能优良的压铸合金。压铸合金的性能主要包括使用性能和工艺性能两个方面。使用性能是指压铸件使用条件对合金提出的要求,包括物理、化学、力学性能等。工艺性能主要是指压铸过程工艺及加工工艺方面。具体内容见表 4-3。

表 4-3 压铸合金的使用性能和工艺性能

性能类别	项目	内容
使用性能	力学性能	抗压强度、伸长率、硬度等
	物理性能	密度、比热容、热导率、液相线温度、固相线温度等
	化学性能	耐热性、耐蚀性等
工艺性能	铸造工艺性	流动性、模具黏附性等
	其他工艺性能	切削加工性能、焊接性能、电镀性能、热处理性能等

在压铸生产中，压铸合金主要以锌合金、铝合金、镁合金、铜合金等有色金属为主。由于铝合金密度小、强度大，其在高温和低温下工作时，同样能保持良好的力学性能。铝合金具有良好的耐蚀性和抗氧性，其在淡水、海水、汽油及各种有机物中均有较好的耐蚀性，因此广泛应用于汽车各部件中。

传统压铸铝合金需经过热处理来提高压铸件各项性能，但是热处理过程容易引起零件的变形，对于大型零部件，热处理引起的变形、损毁的风险性更高。AlSi10MnMg 合金是欧盟的铝合金品牌，源自德国 Silafont-36，是一种传统的压铸金属，广泛应用于汽车结构件压铸产品中，例如汽车减振塔。

由于一体化压铸件尺寸大、壁薄及结构复杂，对合金的要求也就更为严格，因此可免热处理的铝合金材料应运而生，使得大型一体化压铸件成为可能。目前免热处理铝合金主要为 Al-Si 系和 Al-Mg 系两大类，其强度及韧性相对较好，各牌号在这两种合金基础上进行成分调整。目前免热处理合金并未有固定的成分构成，各厂添加元素不完全一致。

4.3 车身一体化压铸技术

一体化压铸技术是压铸技术的新变革，通过将原本设计中需要组装的多个独立的零件经重新设计，并使用超大型压铸机一次压铸成形，直接获得完整的零部件，实现原有功能。汽车的传统制造工艺，主要包括冲压、焊装、涂装、总装 4 个环节。一体化压铸技术是对传统汽车制造工艺的革新，可以让车身轻量化，提升车身刚度，提高效率，缩短供应链，缩短整车的制造时间和运输时间，减少人工和机器人，提升制造规模。一体化压铸后地板总成如图 4-10 所示。

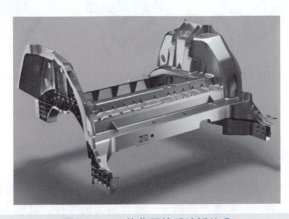

图 4-10 一体化压铸后地板总成

4.3.1 一体化压铸生产的特点

一体化压铸是新能源汽车制造中的新兴工艺,具有轻量化、模块化、快速化的特点,在新能源汽车上的应用越来越多。以下是一体化压铸生产的主要特点。

1)轻量化:一体化压铸铝零件,对比钢制冲焊零件减重约20%。

2)模块化:原本通过多个小型钢制零件焊接而成的总成零件,可以通过一体化压铸成一个零件,例如后地板总成由原来70个左右的钢制零件,变为一个零件。

3)快速化:一体化压铸生产一个后地板总成需要约120s,而生产一个钢制后地板总成需要2h。

4.3.2 一体化压铸在汽车上的应用

一体化压铸零件在新能源汽车上的应用越来越多,主要为车身底盘零件,由原来的钢板冲压 + 焊接方案,变化为一体化压铸铝件方案,比较典型的有减振塔、后地板、前机舱等零件,如图4-11和图4-12所示。

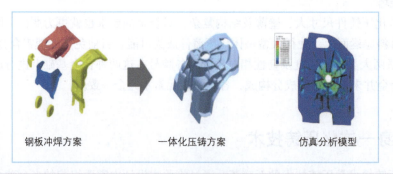

图4-11 减振塔应用

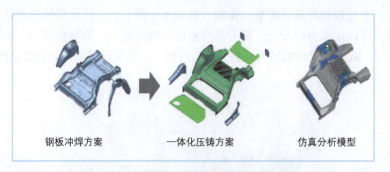

图4-12 后地板应用

4.3.3 一体化压铸生产流程

一体化压铸的生产流程是将铝锭熔化为铝液,通过真空高压将铝液注射到模具内腔,通过压铸机对模具施加压力,在一定的生产参数下,实现所需的零件,其输入是材料,输出是零件,压铸机、压铸模和相应的生产参数是其完成整个流程的要素和条件。

一体化压铸主要流程如下：

1）材料：汽车一体化压铸主要应用的材料为铝材，通过熔化炉熔化为铝液后供给压铸机。

2）模具准备：在生产之前，需要对模具进行安装和调试。模具是一体化压铸生产的关键设备，用于将材料成形为所需形状的零部件，通常包含定模和动模两个部分。

3）一体化压铸生产：将铝液通过真空高温注射至压铸模具内，然后通过压铸机施加压力，使铝液在模具的作用下成形，从而得到所需形状的零部件。零件通过机器人取出后，还需要放入冷却池进行冷却，冷却后去除浇道和渣包。

4）机加工：压铸零件需要对装配面进行机加工，以满足装配精度需求。

5）质量检测：在生产完成后，需要对零件进行质量检测，以确保其符合设计要求。质量检测包括外观检查、尺寸测量、X光探伤等。

6）装箱入库：检测合格的压铸零件会装箱入库，等待送入焊装进行下一工序。

本章小结

压铸是一种将液态或半固态金属或合金，在高压下以较高的速度填充入压铸模的型腔内，并使金属或合金在压力下凝固形成铸件的铸造方法工艺，压铸工艺广泛应用于各制造业领域。在汽车零件中，采用压铸工艺生产的零件有发动机气缸体、气缸盖、变速器体、发动机罩、仪表及壳体及支架等。

本章介绍了压铸的基本原理，并对比说明了热室压铸和冷室压铸的主要区别。另外，本章也详细介绍了压铸生产的基本要素：压铸机、压铸模以及压铸合金，并对压铸线的主要设备进行了介绍，对压铸模的构成，材料、设计要点及热平衡控制做了简要说明。最后，本章对一体化压铸的特点和生产流程进行了阐述。

练习题

一、选择题

1. 以下哪些零件可以通过压铸工艺生产。（　　）
A. 发动机气缸体　　B. 气缸盖　　C. 变速器体　　D. 翼子板

2. 以下哪个不是压铸生产的基本要素（　　）。
A. 压铸机　　B. 压铸模　　C. 压铸合金　　D. 压铸零件

3. 一体化压铸地板的锁模力一般在（　　）t以上。
A. 1000　　B. 2000　　C. 4000　　D. 6000

4. 压铸生产的基本要素包括（　　）。
A. 压铸机　　B. 压铸模　　C. 压铸合金　　D. 压铸工艺

5. 以下哪些属于大型压铸岛的配套设备。（　　）
A. 模温机　　B. 熔化炉　　C. 冷却池　　D. 激光打码机

6. 以下哪些属于压铸模组成部分。（　　）
A. 动模　　B. 定模　　C. 顶出机构　　D. 冷却管道

7. 压铸合金具有哪些特点。（　　）
A. 良好的耐蚀性　　B. 良好的抗氧化性　　C. 良好的流动性　　D. 良好的切削性能

8. 一体化压铸有哪些特点。（　　）
A. 轻量化　　B. 模块化　　C. 快速化　　D. 高效性

9. 一体化压铸件主要做哪些质量检测。（　　）
A. 外观检测　　B. 尺寸检测　　C. 成分检测　　D. 探伤检测

10. 一体化压铸技术是对传统汽车制造工艺的革新，可以让车身（　　）。
A. 轻量化　　B. 节省成本　　C. 提高效率　　D. 缩短供应链

二、填空题

1. 压铸过程有两种方式：一种是_____，另一种是_____。

2. 根据压射冲头加压方向的不同，压铸机可分为_____与_____。

3. 冷室压铸的压室与保温炉是_____的，压铸时先用定量勺从保温炉中将金属液取出并浇入压室，然后压射冲头动作进行压铸。

4. 热室和冷室的区别在于：_____压铸机的射料系统浸泡在金属熔液里，而_____压铸的射料系统则没有浸泡在金属熔液里。

5. 大型压铸岛的核心设备为压铸机，还包括_____、_____、_____、激光打码机等配套设备。

6. 压铸机是整个压铸岛的核心设备，具备_____、_____、_____高度集成的特点。

7. 压铸模的结构形式多种多样，但不论是简单的还是复杂的压铸模，其基本结构都是由_____和_____两大部分组成的。

8. 适宜制作压铸模的模具钢必须具备良好的_____、_____及_____和_____。

9. 压铸合金的性能主要包括_____和_____两个方面。_____是指压铸件使用条件对合金提出的要求，包括物理、化学、力学性能等。_____主要是指压铸过程工艺及加工工艺方面。

10. 一体化压铸是新能源汽车制造中的新兴工艺，具有_____、_____、_____的特点，在新能源汽车上的应用越来越多。

三、简答题

1. 请简述压铸原理。
2. 请简述冷室压铸的基本原理。
3. 请简述一体化压铸的优势。
4. 请简述一体化压铸的特点。
5. 请简述一体化压铸主要流程。

拓展阅读

2020年8月，美国加州弗里蒙特的特斯拉工厂开始了第一台大型压铸机的安装工作。随后几个月，上海、得克萨斯、柏林的特斯拉超级工厂中也陆续部署了这种重型一体化压铸设备。2020年9月22日，马斯克骄傲地向全世界宣布，特斯拉Model Y将会采用一体化压铸的后地板总成,并宣称将降低 30% 的下车体总成重量和 40% 的制造成本——特斯拉将用两个大型的压铸件来取代原先由 370 个零件组成的下车体总成。自此,"一体化压铸技术"在新能源汽车行业里越来越受到重视。

汽车一体化压铸行业呈现出以下几个显著特点。

1. 技术创新不断加速

近年来,随着新材料、新工艺的不断涌现,汽车一体化压铸技术也在不断创新和升级。例如,高强度铝合金、镁合金等轻质材料的应用,使得压铸件具有更高的强度和更低的重量,从而满足了汽车轻量化的需求。同时,先进的模拟技术、快速成形技术等也为压铸工艺的优化提供了有力支持。

2. 市场需求持续增长

随着汽车市场的不断扩大和消费者对汽车性能要求的提高,对一体化压铸件的需求也在持续增长。尤其是在新能源汽车领域,一体化压铸技术的应用更为广泛,成为推动行业发展的重要动力。

3. 产业集中度逐渐提高

随着市场竞争的加剧,汽车一体化压铸行业的产业集中度逐渐提高。一些具有技术优势和规模优势的企业通过兼并重组、扩大产能等方式,不断提升自身的市场地位。

想一想 1:"一体化压铸技术"将对汽车行业带来哪些改变?

想一想 2:压铸工艺和冲压工艺有哪些共同点和不同点?

想一想 3:一体化压铸给车身制造带来哪些机遇与挑战?

第 5 章 涂装制造技术

👉 本章导学

涂装是车身制造过程中的重要环节。在涂装车间，通过前处理工序将车身表面清理干净并为后工序做好准备；通过电泳涂装和中涂、面漆喷涂形成完整的涂层，起到了车身防护和装饰的作用。现代化的乘用车涂装是大规模流水线生产，须选用快速高效的涂装工艺和涂装设备，实现稳定高效生产。涂装"三废"排放会造成一定的公害，必须进行妥善的处理。

👉 学习目标

序号	学习目标	知识点	学习要求
1	掌握汽车涂装的基础知识	1. 汽车涂装的作用和特点 2. 涂料组成和涂层构成 3. 乘用车涂装工艺流程	掌握
2	掌握前处理工艺原理	1. 脱脂工艺原理 2. 磷化工艺原理 3. 无磷前处理工艺	掌握
3	掌握电泳工艺原理	1. 电泳工艺原理 2. 电泳系统设备构成 3. 电泳工艺参数管理及漆膜评价	掌握
4	掌握涂胶工艺及设备	1. 涂胶工艺的分类 2. 自动涂胶系统的构成	掌握
5	掌握喷涂工艺及设备	1. 主流喷涂工艺的流程和差异 2. 自动喷涂系统构成 3. 喷漆室的作用及结构形式 4. 烘干工艺原理及设备 5. 漆面质量标准及检测方法	掌握
6	掌握涂装"三废"来源及处理手段	涂装"三废"来源及处理手段	掌握

👉 课前小讨论

在各式各样、五颜六色的汽车中，如果你留意观察它们的漆面质感，会发现它们有的光艳，有的暗淡，更可依此分辨出车龄和档次。汽车的外表面有80%以上是涂装面，人们对汽车质量的直观评价往往是将汽车涂层的外观、鲜映性、色泽、颜色等作为第一印象先入为主，外观的优劣会直接影响到购车者的观感印象和车辆本身的品牌形象。此外，汽车涂层也起到了防护作用，提升了汽车的耐蚀性，延长汽车的使用寿命。

涂装是整车制造的重要工艺之一，焊接完成的白车身经过涂装后便实现了华丽的变身，在这个过程中都发生了什么？怎样才能实现车身涂装外观的持续提升？

5.1 汽车涂装工艺简介

5.1.1 汽车涂装简介

1. 涂装和汽车涂装

涂装是将涂料均匀涂布到基体表面，形成连续、致密、均匀涂膜的操作，一般包括前处理、涂着、固化成膜等主要工序。前处理的目的是去除工件表面的油污和锈蚀，并形成稳定的转化膜，使涂膜能够与基体牢固结合，提升涂膜的耐蚀性和装饰性。涂着是借助于一定的技术和设备，将涂料均匀地涂布在基体表面，此时涂膜还不具备需要的机械强度和理化性能，还需要通过一定的物理或化学过程进行固化，才能得到所需要的涂层。

汽车涂装是指对各种类型的汽车的车身和零部件进行涂漆和装饰。对于整车工厂的涂装车间而言，其主要作用，就是对焊接后的白车身进行涂装前处理、电泳涂装及烘干、密封胶涂布及烘干、涂料喷涂及烘干等多个工序的加工，使车身满足防水、防腐蚀、NVH 等多项性能指标，并且具备所需的色彩和良好的外观商品性。

2. 汽车涂装的作用

（1）保护作用　汽车作为交通工具经常在室外使用，工作环境复杂，经常会受到水分、酸碱气体、液体、微生物、紫外线和其他因素的磨、刮、蹭等侵蚀和伤害。涂装是最方便、最可行的防腐蚀方法之一，可在车体表面形成具备一定耐水性、耐蚀性和耐油、耐化学品等性能的涂层，起到隔绝空气中的水分、酸、碱、盐、微生物及其他腐蚀介质和紫外线的作用，延长使用寿命。

（2）装饰作用　现代汽车不仅是日常的交通运输工具，更是一种艺术品。涂料可赋予产品不同的色彩和光泽以及各种不同的质感，例如纹理、闪光、珠光、"变色龙"、绒面、金属质感等。通过涂装可使车身在色彩、光泽、鲜映性、平滑性、立体感等方面给人以美的感受，提升汽车的价值感。

（3）功能作用　保护与装饰是涂料的基本作用，但随着科学技术的进步，涂料的应用范围日益拓展，具备了光、电、磁、热等特殊功能，在特殊的环境中发挥特殊作用，这类涂料称为功能涂料。目前功能涂料已成为涂料领域一个新的门类，研发生产活跃，新品种不断出现，功能越来越突出，应用领域不断拓展。

3. 汽车涂装的三要素

涂装质量取决于涂装材料（涂料）、涂装技术与设备和涂装管理，三者互相联系，相互影响，称之为涂装三要素。

涂料自身的性能以及与其他涂料的配套性是获得优质涂层的基础。选用涂料时，需要综合考虑作业性能、涂层性能要求、经济效益、环境友好性等因素。

涂装技术与设备是保证涂层质量的关键，涂装技术的合理性和先进性、涂装设备的先进性和可靠性都会对涂装结果产生直接的影响。

涂装管理是涂层质量的保证，是确保涂装工艺实施、涂装设备正常发挥作用的必要条件。涂装管理包括工艺管理、设备管理、工艺纪律管理、质量管理、现场环境管理、人员管理等。

5.1.2 汽车涂料和涂层

1. 涂料的构成

涂料是以高分子材料为主体，以颜料等为辅助，以有机溶剂、水或空气为分散介质的多种物质的混合物。高分子材料是形成涂膜、决定涂膜性能的主要物质，对涂料的性能起决定作用，称为主要成膜物。如果高分子材料为有机物，则该涂料称为有机涂料；若高分子材料为无机物，则称之为无机涂料。颜料等自身没有形成完整涂膜的能力，但能赋予涂层某些特殊的物理、化学或力学性能，称为次要成膜物。为保证涂料的流动性，便于涂料施工、形成均匀的涂膜，必须选用适宜的分散介质。完全以有机溶剂为分散介质的涂料称为溶剂型涂料；完全或者主要以水为分散介质的涂料称为水性涂料；不含溶剂，以空气为分散介质的涂料称为粉末涂料。涂料中的可挥发性有机化合物（VOC）含量，是衡量涂料对环境是否友好的重要指标。

涂料中还有一些用量小，但对涂料性能有重要影响的物质，称为辅助成膜物（又称为涂料助剂）。它们的共同特点是用量小，作用显著，对涂料某一方面的性能起重要作用。随着对涂料性能的要求越来越高，涂料助剂的种类不断增多，其作用越显突出。

如图 5-1 所示，主要成膜物、次要成膜物和辅助成膜物构成了涂膜，它们在涂料中的比例称为固体分含量。一般来说，固体分含量越高，涂料的利用率、遮盖力越高。溶剂对主要成膜物起到溶解、分散等作用，并能调节涂料的施工性能和存储稳定性，在涂料固化过程中完全挥发，因此又称为挥发分。

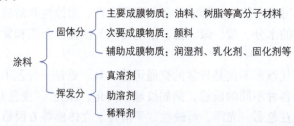

图 5-1 涂料的构成

2. 汽车涂料的种类

按照不同的标准，汽车涂料可以分为多种类型，简要介绍如下：
1）按照涂料成分分类，可分为溶剂型涂料、水性涂料、粉末涂料等。
2）按照涂装方式分类，可分为喷涂涂料、电泳涂料、粉末喷涂涂料等。
3）按照颜色属性分类，可分为单色涂料、金属漆、珠光漆等。

3. 汽车涂层构成

典型的汽车涂层构成如图 5-2 所示。

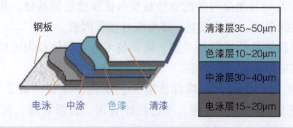

图 5-2 汽车涂层构成

各涂层的名称和作用详见表 5-1。

表 5-1　汽车涂层简介

国标名称	涂层名称	涂层简介
底涂层	底漆层	直接附着在底材上（车身表面），对底材有防腐保护作用，并为中涂层提供良好的附着环境（备注：汽车的底漆层一般为电泳层）
中间涂层	中涂层	附着在底漆层上，防止紫外线损伤底漆层，并加强车身的防腐保护作用，为色漆层提供良好的附着环境。部分厂商的中涂层也能对色漆层的色相起一定的衬托作用
面涂层	色漆层	附着在中涂层上，进一步加强车身的防腐保护，并展示色相；看到的各种颜色就是色漆层展示出来的。有些色漆层会分为两层，一层为了着色，一层为了效果（比如珠光效果）
面涂层	清漆层	附着在色漆层上，通常是透明的，其作用是保护色漆层不受微小的刮擦，使颜色更透亮，减缓褪色现象

5.1.3　汽车涂装工艺流程

汽车涂装件一般都由三层以上的涂层组成，其涂装工艺流程须满足各涂层施工顺序和施工条件要求，并设置相应的检查和返修工序。典型的汽车涂装工艺流程如图 5-3 所示。

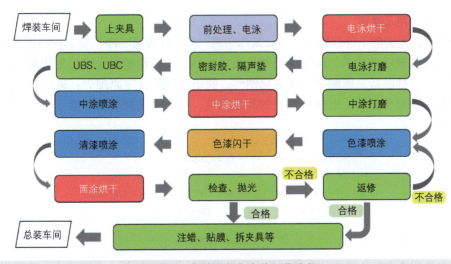

图 5-3　典型的汽车涂装工艺流程

5.2　前处理工艺

5.2.1　前处理工艺概述

前处理顾名思义，即喷涂第一层涂层前的准备工序。汽车钢板在出厂后存储及运输途中，为防止生锈，往往会涂上防锈油，冲压时有拉延油，焊接时有防飞溅液，这些都会使涂层出现品质问题，最常见的是油污等导致的漆膜的不连续性。

钣金件在焊接过程中，会有一定的火花飞溅形成焊渣颗粒，加上钣金件表面可能有打磨铁粉、油污导致的灰尘黏附等，都需要前处理工序处理干净，以免在后续的生产过程中造成品质不良。

经过脱脂处理的车身件表面在没有任何防护的情况下，很容易接触空气而被氧化，形成锈迹，进而影响后续涂层的附着力，所以在车身离开脱脂工序后车身上的水膜仍为连续状态还没有出现干斑之前必须进行下一道工序——表调，做好表面调整，以最佳的表面状态进入磷化工序。磷化类似于钝化，以致密的磷化膜形成保护层，既阻断了短时间表面被氧化的可能性，又以均匀的磷化结晶而在微观上增大了车身和第一道涂层电泳漆的接触面积，为实现高附着力提供了良好的基础面。常见的主流前处理工艺如图5-4所示。

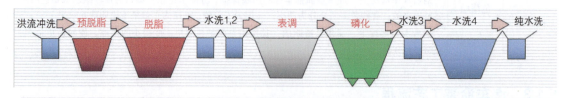

图 5-4　前处理工艺流程

5.2.2　脱脂工艺

1. 脱脂的作用及原理

脱脂的目的是去除工件表面的油脂及其他杂质，使工件表面洁净，易于各种化学处理。脱脂剂是一种金属碱性清洗剂。碱性清洗剂是碱性盐和表面活性剂混合使用的清洗剂。碱性盐主要是磷酸盐、硅酸盐、硼酸盐及氢氧化钠等。脱脂过程的反应原理为：碱性盐对油脂及脂肪酸（盐）发生皂化作用，形成可溶性的高级脂皂，从而完成对车身的清洁。其反应机理如图5-5所示。

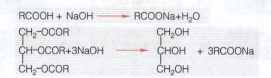

图 5-5　脱脂化学原理

溶解在脱脂液中的各种油分会通过油水分离器进行分离，油污会分离排出，铁粉焊渣等一般通过全磁过滤器或者磁棒进行吸附处理，以保持槽液的清洁度。为保证脱脂液的活性，生产中需及时定量补加脱脂剂，且要定期化验槽液中的油分含量，以保证槽液的正常活性。

2. 脱脂工序的管控

脱脂工序的管控指标有脱脂温度、脱脂时间、喷淋压力、脱脂液的碱度等。

1）脱脂温度：提升脱脂温度，油污的黏度会随着温度的升高而降低，从而更容易被表面活性剂所乳化，温度越高，皂化反应速度越快，脱脂速度也越快。但温度也不能过高（>80℃），高温会加速表面活性剂的水解速度，此时表面活性剂与水不相溶，失去乳化作用，析出上浮，造成药剂的无谓消耗；温度过低，会延长脱脂时间，使脱脂效果变差。常规脱脂温度为（50±5）℃。

2）脱脂时间：即脱脂液与油污的接触时间，延长脱脂时间可提高脱脂效果，油污越多，脱脂时间就需越长。

3）喷淋压力：增大喷淋压力可增强工件表面脱脂液的更换性，加快油污的剥落，一般控制喷淋压力在 0.1～0.2MPa。压力过大，可能会超出车身钣金件的承压能力，造成钣金变形，压力过小，会减弱对表面油污的剥落。

4）脱脂液的碱度：表示槽液中活性碱与非活性碱浓度和的指数，对脱脂效果有很大的影响，总碱度越高，脱脂能力相应增加。为了提高油污的乳化和分散能力，可适当提高脱脂剂中表面活性剂的含量。

3. 脱脂效果的评价

脱脂效果的评价方法有很多，如目视法、擦拭法、水浸润法、接触角法、硫酸铜法、残留油分质量法、比色法、荧光法、红外分光法等。最常用的是水浸润法，即观察脱脂水洗后的表面水膜连续完整情况。充分脱脂的表面，其水膜应连续完整，无水珠悬挂。在磷化条件正常的情况下，观察磷化膜也可检查脱脂效果，只有在无油污的金属表面才能形成外观完整的均匀磷化膜，任何清洗方面的不足都会立即显示出来。

4. 脱脂工序的日常维护项目

脱脂工序的日常维护项目有：定时检测脱脂液的碱度（每班检测两次），并补加脱脂剂；定期清洗和更换磁棒及各类型的过滤器，槽底的沉淀物要根据一定周期倒槽并清洗槽体，一般 3 个月倒槽一次。

5.2.3 表调工艺

1. 表调的作用及原理

脱脂后车体接着进入表调工序。表调液主要成分为磷酸钛、碳酸钠等。表调顾名思义即表面调整。表调液中的胶体钛有良好的吸附能力，胶体微粒表面能高，形成数量极多的磷酸盐晶核，促使车身钣金件以最佳状态进入后工序的磷化液。表调的作用为提高磷化速度、使磷酸盐膜结晶致密微细、缩短磷化成膜所需时间、减少磷化药剂消耗、提高成膜的耐蚀性能力。

2. 表调工序的管控

表调工序的管控指标有水的硬度、槽液温度、pH 值等。

1）水的硬度：$(Ca+Mg)/(P_2O_7)=0.5～0.7$ 最佳，高硬度的水极易造成胶体钛凝聚沉降，一旦发生沉降后即使搅拌也无法恢复表调功能，且不受生产负荷影响，必须定期排放。低硬度的水会降低表调的活性，造成胶体颗粒太小，使磷化结晶粗大。

2）槽液温度：$\leq 40℃$，高温会使胶体钛自动生成微粒聚结，形成大颗粒，使胶体很快产生沉淀而失效，温度越高，沉降越多。

3）pH 值：通常表调处理液的 pH 值在 8.5～9.5 之间。pH 值除了正常消耗而降低外，由于表调液属弱碱性，容易吸收空气中的 CO_2，形成碳酸，发生中和作用而降低。pH 值过高，会使胶体钛活性过大，发生沉降，使磷化膜粗糙且很厚；pH 值过低，胶体钛活性降低，会自动发生沉降，使磷化膜稀疏、发黄和生锈。

3. 表调工序的日常维护

1）建槽：传统表调材料为固态粉末，建槽时要搅拌充分，否则易造成结块。

2）补加：先溶解在加料罐内制成浓缩液，再用添加泵慢慢加入表调槽内。

新型材料为液态表调剂，建槽和生产中补加相对容易操作，生产过程中保持常时溢流，使槽液保持一定的新鲜度。

5.2.4 磷化工艺

1. 磷化的机理和作用

磷化处理是指金属表面与含磷酸二氢盐的酸性溶液接触，发生化学反应而在金属表面生成稳定的不溶性的无机化合物膜层的一种表面化学处理方法，所形成的膜称为磷化膜。磷化膜可在钢铁、锌、镉、铝、镁及它们的合金等很多金属上形成。磷化膜可提高耐蚀性、提高基体与涂层间的附着力、提供清洁表面、改善材料的冷加工性能、改进工件的表面摩擦性能等。磷化膜的物理和化学性能如下：

1）绝缘性：磷化膜是很差的导电体，可作为绝缘体使用，用油脂涂覆后绝缘性大大提高。

2）吸收性：磷化膜是多孔结构，具有很好地吸收油、脂、肥皂等性质，大大提高防护性，可用作特殊用途。

3）质地脆性：磷化膜由质地较脆的结晶组成，重大的变形会损坏磷化膜的完整度，从而造成漆膜与金属的分离，丧失防护性能。

4）热稳定性和再水合性：磷化膜即含结晶水的磷酸盐，加热到一定温度（240℃）就会脱去一个甚至全部结晶水。

5）化学稳定性：磷化膜在酸、碱溶液中都可溶解。

磷化金属成膜机理（以锌系为例）：

第一步：金属的溶解过程

$$Fe + 2H_3PO_4 = Fe(H_2PO_4)_2 + H_2 \uparrow$$

第二步：促进剂的加速

$$3Zn(H_2PO_4)_2 + 2Fe + 2NaNO_2 = Zn_3(PO_4)_2 + 2FePO_4 + N_2 \uparrow + 2Na \cdot H_2PO_4 + 4H_2O$$

第三步：水解反应与磷酸的三级离解

$$Me(H_2PO_4)_2 = MeHPO_4 + H_3PO_4$$

$$3MeHPO_4 = Me_3(PO_4)_2 + H_3PO_4$$

$$H_3PO_4 = H_2PO_4^- + H^+ = HPO_4^{2-} + 2H^+ = PO_4^{3-} + 3H^+$$

第四步：磷化膜的形成

$$2Zn^{2+} + Fe^{2+} + 2PO_4^{3-} + 4H_2O \rightarrow Zn_2Fe(PO_4)_2 \cdot 4H_2O \downarrow$$

$$3Zn^{2+} + 2PO_4^{3-} + 4H_2O = Zn_3(PO_4)_2 \cdot 4H_2O \downarrow$$

2. 磷化工序的管控

磷化工序的管控指标有总酸度（T.A）、游离酸度（F.A）、促进剂浓度（AC）、温度等。

1）总酸度（T.A）：表示磷化处理液中 H_3PO_4 与 $H_2PO_4^-$ 浓度和的指数，磷化液的浓度越高，则总酸相应增大；增大磷化液总酸，有利于提高磷化膜的重量。

2）游离酸度（F.A）：表示磷化液中游离状态 H^+ 离子浓度的指数，提高游离酸度，有利于促进金属的溶解反应，而利于成膜；但游离酸度过高，则只发生金属溶解反应而无磷化膜析出。

3）促进剂浓度（AC）：表示磷化处理液中促进剂浓度的指数，提高促进剂浓度，有利于成膜反应向正方向进行，利于成膜，使膜均匀致密；但促进剂浓度过高，则容易增加磷化渣的生成量。

4)温度:磷化液的温度不可高于50℃,否则磷化液会发生激烈的水解,产生大量的磷化渣,严重时导致槽液报废。在磷化热交换器处,热水与磷化液的温差一般不超过15℃,否则会使磷化液在热交换器处水解产生磷化渣,堵塞热交换器。

3. 磷化槽的日常维护

1)热交换器维护:清洗频率一般建议为1次/月,以保证畅通,以不影响升温效果为前提;建议对热交换器每年拆卸清洗一次,防止堵塞,提高换热效率。

2)槽体清理:锥斗分离器每月排液一次,磷化沉降槽每半年清洗一次。

3)循环条件:为保证搅拌充分,主循环压力不小于0.15MPa,喷淋压力不小于0.1MPa,磷化槽的总循环次数为2~3次/h。

5.2.5 前处理各工序管理参数

前处理各工序参数管理标准见表5-2。

表5-2 前处理各工序参数管理标准(参考)

工序	处理方式	处理时间	温度	管理项目	管理基准
预水洗	喷淋	—	常温	—	—
预脱脂	喷淋	18s	40~45℃	游离碱	17~22pt
脱脂	浸泡	120s	40~45℃	游离碱	17~22pt
水洗1	喷淋	18s	常温	TAL	≤1.5pt
水洗2	喷淋	18s	常温	TAL	≤1.0pt
表调	浸泡	In-out	常温	pH	8.5~9.5
磷化	浸泡	120s	35~40℃	总酸	19~28pt
			35~40℃	游离酸	0.3~1.0pt
			35~40℃	促进剂	2.0~5.0
水洗3	喷淋	18s	常温	pH	≥4.00
水洗4	浸泡	In-out	常温	电导率	≤250μS/cm
水洗5	喷淋	18s	常温	电导率	≤100μS/cm
新鲜纯水洗	喷淋	18s	常温	电导率	≤50μS/cm
车滴落水	—	—	常温	电导率	≤25μS/cm

5.2.6 无磷前处理工艺

为适应未来车身轻量化发展,铝材在车身上的使用量不断提升。铝材在磷化工艺下会产生大量的磷化渣,受此限制,行业内目前对磷化工艺下铝材的占比控制在20%以内。为进一步推进车身轻量化,减少磷化渣的产生,相适应的无磷工艺应运而生,目前常见的无磷工艺应用有两种,即硅烷工艺和锆化工艺,对比见表5-3。

无磷前处理工艺优势较多,其中最突出的优势就是环保,但缺点也很明显,主要是皮膜薄泳透力受影响、遮蔽性差、停线易生锈、易出现条纹/发花等,防腐能力也相对弱于磷化工艺。

表 5-3 磷化工艺和无磷前处理工艺对比

序号	磷化工艺	无磷工艺
1	危废磷化渣：含磷、锌、锰等重金属	环保：槽液中无磷、锌、锰、镍、铬等有毒重金属
2	产渣量大：1~5g/m²	产渣量少：<0.1g/m²
3	对铝板比例有限制，一般最高 20%	适用性广：冷轧板、热镀锌板、电镀锌板、涂层板、铝等不同板材可混线处理
4	产品消耗量高，危废处理成本高	产品消耗量低，相对环保
5	工艺相对较长，需表调处理	工艺缩短，不需要表调工序
6	维护相对复杂，磷化管道沉渣需酸洗	后期维护相对简单
7	皮膜是晶体薄膜，耐药性略差	皮膜是非晶体的致密薄膜，具有优良的耐药剂性
8	工艺时间（120~180s）	工艺时间（60~120s）
9	工艺温度较高，能耗大	锆化工艺，部分品牌材料有温控要求，硅烷工艺常温即可，能源费用降低

5.3 电泳涂装工艺

5.3.1 电泳工艺概述

视频5-1
前处理电泳

电泳涂装的主要原理是将工件悬挂浸没在电泳槽中，并施加直流电源，涂料中的树脂在电场作用下向工件表面移动，通过固化形成一层均匀、致密、防腐蚀的涂层。

电泳有阳极电泳和阴极电泳之分，阳极电泳中由于车身件作为阳极失去电子，从电化学角度考虑存在一定的溶解，即牺牲阳极保护阴极，随着技术的发展迭代，现代汽车电泳涂装均为阴极电泳。

电泳涂料由树脂、颜料、水、溶剂、助剂等构成，树脂是最主要的成分。电泳用树脂具有水溶性、热固性的特点，能够使各种组分很好地合在一起；颜料使涂层有一定的遮盖能力，遮盖基材上的缺陷，提高涂层的耐老化作用，增强涂膜本身强度、耐久性、耐候性、耐磨性；水使树脂和颜料分散其中，使电泳漆具有流动性，同时减低涂料黏度，提高其施工性能；溶剂对涂层的外观及应用影响巨大，施工后，溶剂从涂膜中挥发出去；助剂可以调节涂料的流平性，影响涂膜的外观，提高涂料的稳定性。常见的电泳工艺流程如图 5-6 所示。

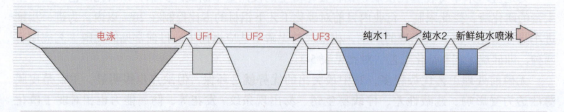

图 5-6 常见的电泳工艺流程

5.3.2 电泳原理及作用

电泳涂装过程伴随电泳、电沉积、电解、电渗四种化学物理作用的组合,如图 5-7 所示。

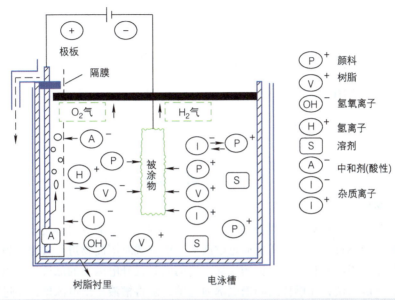

图 5-7 电泳原理

1)电泳是指车身进入电泳槽,电泳系统中的阳极和阴极通电后,在电场的作用下带正电荷的涂料胶体粒子向阴极(车身钢板)一方泳动的现象。

2)电沉积是指在阴极电泳涂装时带正电荷的粒子在阴极上凝聚,带负电荷的粒子(离子)在阳极上聚集,带正电荷的胶体粒子(树脂和颜料)到达阴极(被涂物)表面区(高碱性的界面层)得到电子,并与氢氧离子反应变成水不溶性,沉积在阴极(被涂物)上。

3)电解是指电泳漆中的水在电泳槽通电后在两个极上分别进行氧化和还原反应,在阴极放出氢气、在阳极放出氧气。

4)电渗是指刚沉积到被涂物表面上的涂膜是半渗透的膜,在电场的持续作用下,涂膜内部所含的水分从涂膜中渗析出来移向槽液,使涂膜脱水。电渗使亲水的涂膜变为憎水涂膜,脱水而使涂膜致密化。

阴极电泳时,两个电极上的主要反应如下:

阴极(车身): $2H_2O + 2e \rightarrow 2OH^- + H_2\uparrow$

$$R-NH_2^+(水溶性) + OH^- \rightarrow R-NH(水不溶性) + H_2O$$
$$\quad\quad | \quad\quad\quad\quad\quad\quad\quad\quad\quad\quad\quad\quad |$$
$$\quad\quad R \quad\quad\quad\quad\quad\quad\quad\quad\quad\quad\quad\quad R$$

阳极(极板): $2H_2O \rightarrow 4H^+ + 4e + O_2\uparrow$

5.3.3 电泳槽系统

电泳槽系统由四部分组成:循环过滤系统、温控系统、超滤系统和阳极系统(图 5-8)。

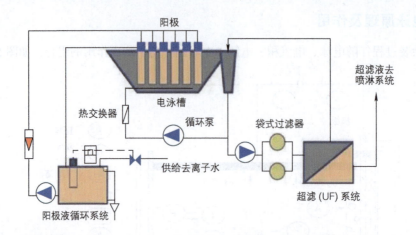

图 5-8　电泳槽系统组成

1. 循环过滤系统

电泳槽使用过程中，难免导致槽液发生沉淀，沉淀物如果不能及时排出槽体，就会附着在车身表面，造成外观不良。所以，需要通过槽液循环的方式对沉淀物进行过滤。另外，为了保证槽体内的电泳漆处于流动状态，保证槽液均一度的同时提升电泳漆的泳透力，也需要槽液不断地进行循环。一般来说，在槽体的副槽底部通过轴封泵将槽液排出电泳槽，经过滤器过滤后再通过管路输送回电泳槽，过滤袋需要定期更换。当有油污污染电泳漆时，在过滤器安装除油过滤袋，通过槽液不断循环可以有效地将油污清除。

2. 温控系统

由于车身在电泳槽内发生氧化还原反应，在电流的作用下，电泳漆温度会不断升高，如果温度过高会导致电泳漆老化，从而可能造成电泳漆沉淀量增加，漆膜附着力不足等不良，所以需要通过热交换的方式将多余的热量散失掉，保证电泳漆温度在一定的可控范围内。其原理就是将温度高的电泳漆通过热交换器（图 5-9），冷却水温度升高，电泳漆温度下降，以维持电泳槽液温度的稳定。

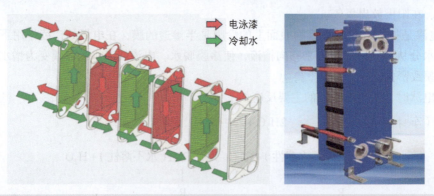

图 5-9　电泳温控装置——热交换器

3. 超滤（UF）系统

超滤系统在电泳系统中有着举足轻重的地位，是电泳工艺中的重要设备之一，是维护槽液稳定、提高涂装质量、降低环境污染极为重要的环节，同时也可以节约电泳涂料使用量。超滤是将槽液在一定压力下通过有特定孔径的半透膜，使槽液中低分子量物质与高分子量物质分离，其原理就是将过滤器过滤后的电泳漆导入超滤膜（图5-10）内，利用超滤膜的孔径可以允许水、溶剂等小分子通过，但是树脂、颜料等大分子物质不能通过的原理，将电泳漆分为超滤液和浓缩液两种。电泳后的车身使用超滤（UF）清洗除去附着在电泳涂膜表面的浮漆，提高涂膜外观，浓缩液通过管路输送到电泳槽内。

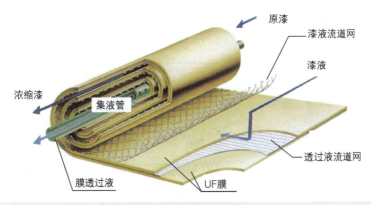

图5-10 超滤膜结构

为什么电泳完的车身需要用超滤液清洗而不采用纯净水清洗呢？首先，超滤液中含有大量的溶剂，对于车身表面的浮漆有很好的溶解作用；其次，如果采用纯净水清洗车身，就会导致电泳槽内水含量越来越高，而超滤液作为电泳漆的一部分，不会给槽液带来多余的负担，当电泳槽内的溶剂含量过高时，通过排放一部分超滤液就可有效地降低电泳槽液内的溶剂含量。

4. 阳极系统

阳极系统包含阳极板、阳极液、阳极膜等（图5-11），阳极系统不能单单理解为阳极管，而更应该与整流器等整套电源控制系统作为整体考虑。电泳过程中，车身作为阴极（负极）会产生 H_2，如果车体入槽电压过大，就会导致电泳漆膜形成初期的 H_2 量过大，从而容易出现针孔，特别是镀锌板；而阳极板作为阳极（正极）则发生化学反应生成 O_2。在阴极电泳涂装过程中，当带正电荷的树脂阳离子在工件上沉积时，在电泳槽液中会不断有有机酸根离子（醋酸根离子、甲酸根离子）和氯离子生成（有机酸根离子来源于电泳漆，氯离子来源于固化剂），这些有机酸根离子会与在阳极上富集的带正电荷的氢离子发生反应，称其为"阳极反应"。

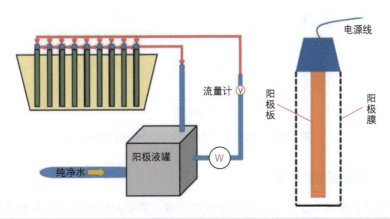

图5-11 阳极系统

5.3.4 电泳整流器系统

电泳整流器系统的作用是利用电能的转化和控制功能实现交流电转换为直流电并稳定输出，保证电泳涂装的质量和稳定性。电泳整流器系统构成如图 5-12 所示。

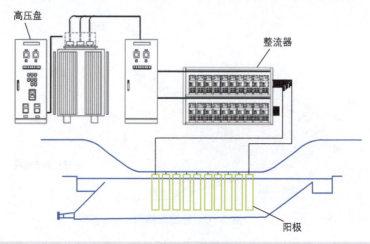

图 5-12　整流器系统

电泳整流器系统主要由变压器、整流器、滤波器和电流稳定器等几个部分组成。变压器将市电中的高压电转化为低压电，整流器将变压器输出的低压交流电转化为直流电，滤波器对直流电进行滤波，去除杂波信号，保证直流电的稳定性和均匀性，电流稳定器对电流大小和方向进行调节，确保电流在电泳涂装过程中的稳定性和均匀性。

整流器的输出电压一般可在 0～400V 之间调节。整流器通电的方式有工件通电入槽和入槽后通电两种。为避免入槽时过高的电流密度，整流器一般采用多段电压的供电方式。阴极电泳涂装中，阳极与阴极的面积之比为 1∶4，阳极一般有弧形阳极和板式阳极两种。在阴极电泳涂装过程中，阳极区不断产生有机酸，阳极循环液可以带走有机酸离子，通过排放阳极液和补充去离子水来控制槽液 pH 值和电导率。

车辆入槽通电后，成膜厚度与时间和电流的关系如图 5-13 所示。

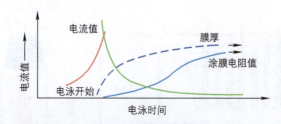

图 5-13　电泳成膜厚度与时间和电流的关系

5.3.5　电泳工艺参数的管理

为了保证电泳槽液的稳定性和工件电泳涂层质量，需要对相关的工艺参数进行管理，主要的管控指标有固体分、颜基比、泳透力、pH 值、电导率等。

1)固体分(NV):是指涂料中除去溶剂、助剂等挥发性成分后,剩余的固体部分在涂料中的含量。涂料固体分的含量对于涂料的性能和使用效果有着重要的影响。

槽液固体分一般控制在18%~23%(质量分数),低于管理值,稳定性、泳透力下降,涂膜变粗;高于管理值,二次流痕增加,涂料带出量增大,超滤系统负荷加大,模组寿命降低。控制方法:低于管理值时,按照比例添加树脂和颜料;高于管理值时,添加去离子水,减少加料。

2)颜基比:涂料颜基比是涂料配方中颜料与基料的质量百分比。正确的颜基比能够保证涂料的稳定性和涂膜的性能,是涂料配方设计中非常重要的一部分。基料指的是能形成连续薄膜的物质,一般指树脂和各类添加剂,颜料一般是100%固体分的(如炭黑、铝粉、云母粉、玻璃珠光等),颜基比和固体分之间没有对应关系,不是说固体分高颜基比就一定高。

颜基比(灰分)一般控制在10%~16%,低于管理值易产生缩孔、凹陷、泳透力变差;高于管理值,电泳漆膜变粗,光泽差。控制方法为:低于管理值添加颜料,高于管理值添加树脂。

3)泳透力:泳透力是指电泳过程中使被涂物背离电极的部位泳上涂膜的能力,简单来说就是使结构形状复杂的工件全部表面均匀涂上漆膜的能力。泳透力的高低直接影响涂装生产效率和漆膜防腐性。提高槽液电导率、提高施工电压、延长通电时间、提升槽液固体分等措施均可以提升泳透力,槽液温度升高会导致泳透力下降。

4)pH值(槽液的氢离子浓度):一般控制在5.4~6.1,低于管理值涂膜溶解、变粗、耐气体针孔性下降;高于管理值稳定性下降,涂料凝集易结块。控制方法为:低于管理值排放超滤液、添加去离子水等;高于管理值加酸。

5)电导率:一般控制在1000~1800μS/cm,低于管理值成膜速度变慢;高于管理值涂膜变粗、涂膜性能下降、耐气体针孔性下降。控制方法为:低于管理值调节固体分、pH值,高于管理值排放超滤液、添加去离子水。

5.3.6 电泳漆膜的评价指标

电泳漆膜直接附着在车身板材上,对车身防锈起到关键性作用,并且直接影响中涂、面涂的表面质量。在汽车涂装生产过程中,需要及时了解电泳漆膜的状态是否正常,避免出现品质不良。电泳漆膜的评价指标包括膜厚、粗糙度、溶剂擦拭(MIBK)等。

1)膜厚:为确保涂膜性能,一般膜厚标准为立面为≥15μm,平面≥20μm。提升膜厚的常规措施有提高固体分、提高溶剂含量、升高槽液温度、升高电压、延长电泳时间等;电泳膜厚减少一般是由于颜基比过高或者酸含量过高导致的。

2)粗糙度:衡量电泳后漆膜内表面光滑程度的指标。可通过提高固体分、降低颜基比、降低酸含量、增加有机溶剂含量、提高槽液温度来提高平滑性。

3)溶剂擦拭(MIBK):目的是检验电泳涂膜干燥程度。操作方法:在脱脂棉或纱布上浸上专用溶剂(丙酮、甲乙酮、异丙醇或甲基异丁基酮),在电泳漆膜上用力(约9.8N)往复摩擦10次,然后观察漆膜表面状态及纱布上是否粘有漆膜。判断方法:漆膜表面不变色、不失光,脱脂棉或纱布上不粘色为合格。检验电泳漆膜干燥程度的意义在于,如果电泳涂膜未烘干透,则严重影响涂膜性能,如涂膜的力学性能、附着力、耐疤形腐蚀性、耐蚀性、抗石击及耐崩裂性能。

5.4 涂胶工艺及设备

为了保护车体的板材，涂装不仅采用了磷化膜、电泳底漆、中涂和面涂等涂层，还采用了多种胶类材料实现焊缝密封和装饰、车身防护、隔声减振等功能。涂胶生产线一般安排在电泳漆烘干之后，中涂或面涂之前。

5.4.1 涂胶工艺

1. 焊缝密封胶

为使车身具备良好的密封性、防锈性、耐久性和舒适性，需要在车身钣金搭接处涂上密封胶材料。涂密封胶工艺可分为细密封和粗密封工序。如图5-14所示，细密封工序指车身外表面涂胶工序，对胶条的外观有一定的要求，涂胶后需要修饰；粗密封工序指车身底部和车身内部钣金搭接面的涂胶工序。目前汽车密封胶广泛采用PVC体系材料，其组成和功能见表5-4。

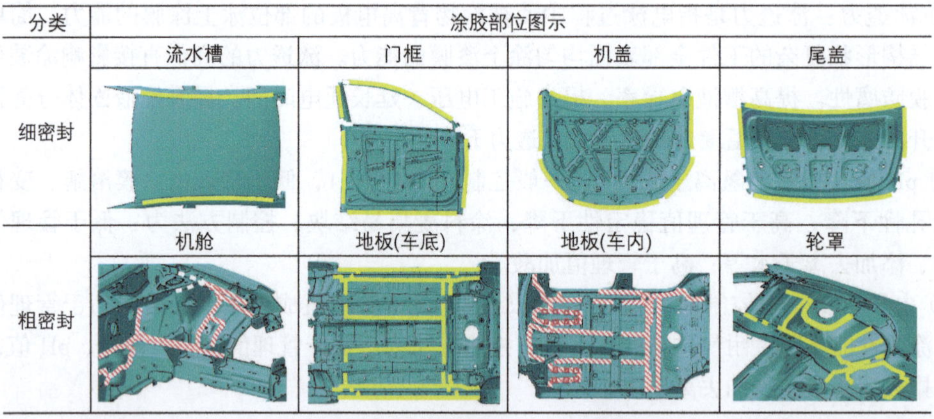

分类	涂胶部位图示			
	流水槽	门框	机盖	尾盖
细密封				
	机舱	地板(车底)	地板(车内)	轮罩
粗密封				

图5-14 密封胶涂胶部位示意图

表5-4 PVC密封胶材料组成和功能

组分	主要成分	功能与作用
树脂	PVC树脂	使用氯乙烯单体、氯乙烯-醋酸乙烯共聚体材料，起到固化（胶化）密封材料的功能
增塑剂	苯二甲酸酯系、聚酯系、环氧系	①将PVC粉体分散成糊状，提高涂布性能 ②加热时扩散PVC粒子，形成涂膜
填充料	碳酸钙粉末	①抑制流动性，提升作业性 ②增加烘干后的表面硬度，防止涂膜开裂 ③烘干时的体积变化小，防止涂膜开裂
附着力增强剂	封闭异氰酸酯系、丙烯酸酯系、聚酰胺	实现密封胶材料与电泳底漆的附着结合

2. 车底防护涂层

汽车底部的涂膜容易被飞石击伤，导致钢板外露，短期内就会生锈，影响车身寿命和安全。涂布车底防护涂层，可防止飞石击伤，同时也具备减振和防锈的效果。车底防护涂层涂布工位一般与车底密封胶工位安排在同一线体，在车底密封胶涂布完成后再施工。

车底防护涂层一般涂布在车底板、纵梁、备胎池以及轮罩下表面等部位（图5-15）。

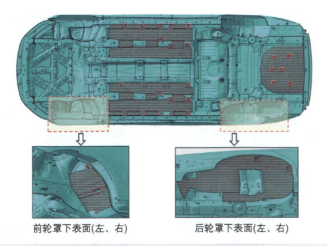

图 5-15 车底防护涂层涂布位置示意图

车底防护涂层一般采用 PVC 材料，其材料组成、特性与车身密封胶几乎相同。涂层性能方面，车身密封胶的断裂强度、抗拉强度、伸长率等性能更优，而车底涂层的耐磨性、耐崩裂性能更优；施工作业性方面，车身密封胶的涂刷和外观修饰的作业性良好，而车底防护涂层要求喷涂作业性良好。

目前，车底防护涂层自动喷涂已成为主流，采用空气喷枪或高压无气喷枪涂布，提升了工作效率和膜厚均匀性。

3. 车底减振、隔声材料

车身设计常采用防声（隔声）、防振（阻尼）、吸声等措施来消除或降低车身内外的噪声，满足法规要求，提升乘坐舒适感。汽车车身制造过程中会装贴多种防声材料，在涂装工艺过程中，主要装贴的是隔声垫（又称作阻尼垫），该操作一般安排在电泳漆烘干之后、中涂或面涂之前。

常用的阻尼垫，其主要成分是沥青、混合橡胶、改性树脂、增强材料、填料等成分，制成一定形状的板件，通过人工装贴到车身上。为了达到良好的减振效果，一台车需要铺设多块阻尼垫，具体的铺贴位置可参考图 5-16。

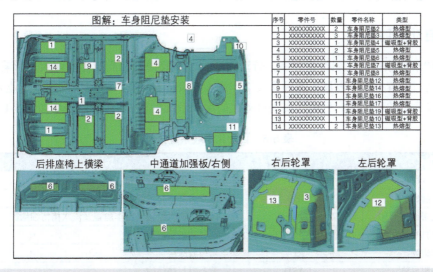

图 5-16 阻尼垫安装位置示意图

随着技术的进步，液态可喷涂阻尼垫（Liquid Applied Sound Deadener，LASD）逐步推广应用。LASD 工艺是将液态的阻尼垫材料通过自动化设备喷涂到车身上，经烘干后形成稳固的隔声垫涂层。LASD 材料主要有 3 种体系：水性丙烯酸型、橡胶型、PVC 型，目前应用最广泛的是水性丙烯酸型。沥青阻尼垫与 LASD 的综合对比见图 5-17 和表 5-5。

a) 沥青阻尼垫　　　　　　b) 液态可喷涂阻尼垫 (LASD)

图 5-17　沥青阻尼垫和液态阻尼垫外观对比

表 5-5　沥青阻尼垫与液态可喷涂阻尼垫综合对比

分类	沥青阻尼垫	液态可喷涂阻尼垫
涂布精度	人工铺贴，定位精度和一致性较差，经常需要修补作业	采用机器人自动喷涂，涂布精度高，一致性好
材料用量	阻尼垫用量多，单台车使用量可能超过 20kg，不利于车身减重	达成相当的 NVH 效果，LASD 干膜重量相比沥青阻尼垫减少 30% 以上，有利于整车减重
车间环境	① 沥青阻尼垫规格多、用量多，需要在生产线旁边设置专用的物流周转区域 ② 沥青阻尼垫的搬运过程会产生颗粒，附着在车身上会导致后工序品质不良	LASD 材料通过胶泵（供胶系统，占地较小）输送到喷涂工作站，大幅削减了车间内的物流，不产生粉尘颗粒，有利于后工序的品质管控
整车 VOC	沥青材料中的 VOC 在烘烤后不能完全挥发，在汽车使用过程中仍在持续散发，影响车内环境	LASD 材料中 VOC 含量低，经烘烤后几乎全部挥发，在车辆使用过程中不再有 VOC 挥发，改善了车内环境

5.4.2　自动涂胶系统

传统的车身涂胶以人工作业为主，劳动强度大，涂胶规格和质量受作业人员影响较大，管控难度较高。随着技术的发展，各种涂胶工作逐步实现了自动化，大幅度削减了作业人员数量，提升了涂胶品质的稳定性。目前已实现自动化的涂胶系统见表 5-6，应用现场如图 5-18 所示。

表 5-6　自动化涂胶系统分类

中文名称	简称	功能/作用
车内涂胶	ISS	车身内部密封胶涂布
车底涂胶	UBS	车身底部密封胶涂布
细密封	FAD	四门、前机舱盖、行李舱盖及流水槽精细涂胶
车底防护涂胶	UBC	车底防护涂层喷涂
裙边胶	RP	裙边胶涂层
液态阻尼垫	LASD	液态阻尼垫喷涂

视频5-2
UBC

视频5-3
UBS

图 5-18 自动涂胶系统应用现场

如图 5-19 和表 5-7 所示，自动涂胶系统至少由以下几部分组成。

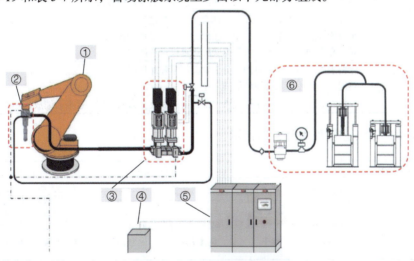

图 5-19 自动涂胶系统构成示意图

表 5-7 自动涂胶系统组成及功能

序号	名称	功能/作用
①	涂胶机器人	按设定的程序（轨迹）执行喷涂动作
②	涂胶工具（胶枪）	与涂胶机器人联动，完成胶料涂布和成形
③	定量机	通过伺服系统精确控制胶料挤出
④	机器人控制柜	机器人系统控制 & 与其他系统通信联锁
⑤	涂胶控制柜	涂胶系统控制 & 与其他系统通信联锁
⑥	供胶装置	按需求的压力/流量将胶料输送到喷涂工位

对于精度要求较高的自动涂胶系统（例如 ISS、UBS、FAD），还需要配备车身视觉定位装置，以实现车身位置的精确测量和喷涂轨迹的偏差补偿。

5.5 喷涂工艺及设备

随着制造技术的不断进步,汽车涂装在材料和工艺方面发生了难以置信的变化。在追求更好、更高效工艺流程理念的驱动下,汽车涂料工业发生了巨大变化,大规模生产方式的诞生,要求更快干燥的涂料及防腐和颜色持久性更好的涂膜性能,并能改善环境相容性、适应全自动工艺带来的更高可靠性。伴随着涂装和涂料技术的进步,喷涂技术也发生了巨大的改进,以适应现代汽车涂装的特点。

5.5.1 汽车车身喷涂工艺

当前主流的汽车车身涂装工艺,底漆采用电泳涂装工艺,而中间涂层和面漆涂层采用喷涂+烘干的工艺,基本术语定义见表 5-8。

表 5-8 喷涂工艺名词解释

序号	名词	名词解释
1	喷涂	通过喷涂工具使涂料雾化,并涂敷于物体表面 分为压缩空气喷涂、高压无气喷涂、静电喷涂等多种方式
2	烘干	通过一定方式去除溶剂保留固体含量的工艺过程 车身涂装过程中烘干的作用:①水分干燥;②涂膜固化 烘干有多种实现方式,可根据实际需求设计和选用
3	闪干	涂料表面逐渐变干的过程。分为常温闪干和加热闪干 热闪干一般用于水性漆的层间闪干
4	流平	涂料在涂覆后,尚未干燥成膜之前,由于表面张力的作用,逐渐收缩成最小面积的过程

目前主流的喷涂工艺流程如图 5-20 所示。

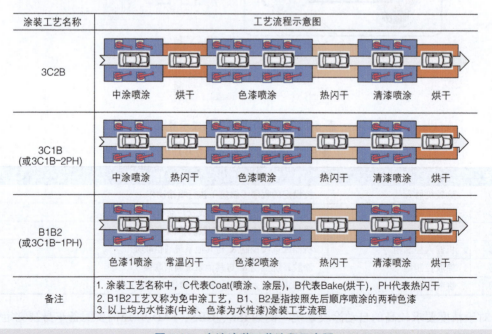

图 5-20 主流涂装工艺流程示意图

以上三种涂装工艺在汽车涂装行业中都有广泛的应用，可满足车身涂装的各项基本要求；同时也存在一定的差异，适用于不同的应用场景，见表5-9。

表5-9　涂装工艺优缺点对比

涂装工艺	优点	缺点	推荐应用场景
3C2B	① 中涂膜厚相对较厚，面涂前漆面的平滑度高，面漆后的外观品质更优 ② 较厚中涂层可有效遮盖电泳层的各种不良，对电泳工艺以及车身板材的要求相对降低 ③ 不同厂家的中涂和面涂材料可交叉匹配，生产灵活性较高	① 工艺流程更多，设备投资更高，厂房占地面积更大 ② 涂装能耗相对更高，VOC排放更多	生产对外观质量有较高要求的车型
3C1B B1B2	① 工艺流程相对紧凑，设备投资更少，厂房占地面积更少 ② 涂装能耗相对较低，VOC排放更优	① 中涂层与色漆层（或BC1层与BC2层）"湿碰湿"，容易导致界面混层，底材遮盖不足，容易引起外观不良 ② 对电泳工艺以及车身板材的要求相对较高 ③ 不同厂家的中涂和面涂（或BC1层与BC2层）不可以交叉匹配，生产灵活性有所降低	生产对外观质量要求一般的车型

5.5.2　自动喷涂系统

涂装设备技术的不断发展使得车身全自动喷涂成为可能。车身自动喷涂，可减少喷涂作业导致的健康风险，保证喷涂品质的一致性和稳定性，也可以大幅度降低喷房能耗，具备较好的综合效益。车身自动化喷涂已经是现代化涂装车间的标准配置。车身自动喷涂系统主要由喷涂机器人、喷涂工具和涂料供给系统几部分组成。

1. 喷涂机器人

喷涂机器人是专门用于喷涂作业的一类工业用机器人，相比于一般工业机器人，喷涂机器人具备更高的防爆等级，以满足喷漆环境下的防火防爆要求。喷涂机器人选型，需要综合考察工作范围、负载能力、作业可达性、动作精度、维护保养以及调试仿真等因素，以选择最合适的机器人型号（或系统方案）。

按喷涂功能（区域），一般可以把喷涂机器人分为外喷机器人和内喷机器人两类（图5-21），其喷涂区域和机器人系统组成区别见表5-10。一般情况下，外喷机器人站和内喷机器人站是分开设置的；但在满足一定条件前提下，内喷站和外喷站可以整合在一起，这种方案对机器人系统的柔性化水平要求较高。

根据喷涂线车身搬运方式的不同，自动喷涂又可分为随车连续喷涂（Tracking）和间歇式喷涂（Stop/Go），二者都可以达到喷涂的目的。第一种工作模式下，车身在输送链上按照一定的速度前进，安装在固定基座上的喷涂机器人按照设定程序跟踪车身完成喷涂；第二种模式下，车身经输送线搬送后停在指定位置上，带导轨的喷涂机器人按照设定的程序在导轨上来回移动完成车身喷涂。这两种模式对机器人工作站的设计影响非常大，第一种模式适用于六轴机器人，技术相对简单，投资较低，适合高节拍的生产；第二种模式适用于七轴机器人（六轴机器人安装在导轨上），结构更加复杂，投资较高，其优点是车身定位精度较高，特别适合于内喷站。六轴/七轴喷涂机器人样式如图5-22所示。

新能源汽车制造技术

视频5-4
外喷

视频5-5
内喷

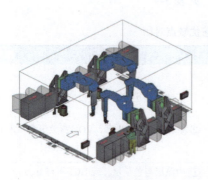

a) 外喷机器人站

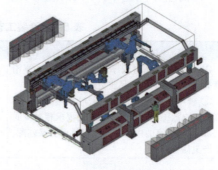

b) 内喷机器人站

图 5-21　外喷机器人站和内喷机器人站示意图

表 5-10　外喷机器人和内喷机器人区别

项目		外喷机器人	内喷机器人
喷涂区域		车身外表面 （车门、前机舱盖、行李舱盖等关闭状态下可见的区域）	车身内表面 （车门、前机舱盖、行李舱盖等打开后，车内可见区域）
系统组成	喷涂机器人	有	有
	开门机器人	无	有（在某些特定的系统方案中，可用喷涂机器人代替）
	开盖机器人	无	有（在某些特定的系统方案中，可用喷涂机器人代替）

a) 固定基座喷涂机器人(六轴)

b) 带导轨喷涂机器人(七轴)

图 5-22　六轴 / 七轴喷涂机器人样式参考图

注：部分机器人厂家已开发出旋转七轴机器人并投入应用，主要用于内喷。

随着喷涂机器人的应用越来越广泛，各机器人厂家开发并逐步完善了机器人离线编程软件，可大幅度减少在线调试时间。如图 5-23 所示，使用离线编程软件时，将车身的 CAD 数据导入计算机,以绘图的方式选定喷涂区域,选定喷涂方案,设定喷涂参数,可由软件自动生成喷涂路径;喷涂路径和喷涂参数可下载到生产线机器人控制系统中,编程效率大大提升。对于生产过程中需要优化轨迹或喷涂参数的情况,允许在不停止生产的情况下离线编程,避免了停线调整,提升了生产线的开动率。

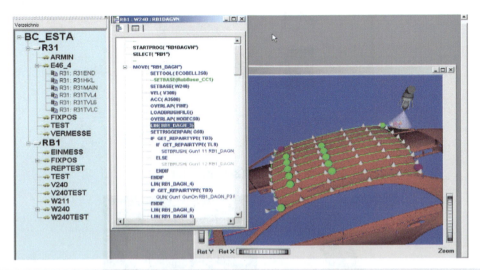

图 5-23　喷涂机器人离线编程软件

2. 喷涂工具

喷涂工具是指完成涂料雾化喷涂的各种装置,在车身自动喷涂线,主要是指以下三种装置:雾化器、换色装置和计量装置。

雾化器的作用是将涂料分散雾化,按工作原理可分为无气雾化、空气雾化和旋转雾化三种。车身喷涂常用的装置是空气喷枪和旋杯,对应的雾化方式为空气雾化和旋转雾化。旋杯雾化的原理如图 5-24 所示,雾化器由空气马达驱动而高速旋转(可达 50000r/min),涂料被输送到雾化器中心,从中心到边沿,涂料流速越来越快、涂膜越来越薄,直至分解为微小的颗粒,完成了雾化。雾化颗粒的大小取决于雾化器的转速和直径。

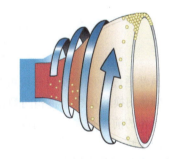

图 5-24　涂料旋杯雾化原理示意图

相比空气喷枪,旋杯雾化器具有更高的工作效率和涂料利用率,因而更加适合车身自动喷涂。静电旋杯(ESTA)是将静电喷涂技术与旋杯雾化器结合形成的新型旋杯,其工作原理如图 5-25 所示:在静电旋杯与车身之间施加高电压,会形成电场。经旋杯雾化后的涂料颗粒在离开旋杯时带上电荷,在电场力和可控气流共同作用下飞向车身表面形成漆膜。静电旋杯的涂料传送效率可达到 85% 以上。按照高压施加方式的不同,静电旋杯可分为直接加电(内加电)和间接加电(外加电)两种,其外形如图 5-26 所示。

汽车涂装生产线必须要具备颜色切换的灵活性,才能实现柔性化生产。为此,需要有可快速清洗换色的技术,换色时间越短,因换色造成的生产损失越小。如图 5-27 所示,自动喷涂的换色阀组一般安装在喷涂机器人手臂上,位置要尽量靠近手臂末端的旋杯,将换色期间产生的涂料和溶剂损失减少到最小。

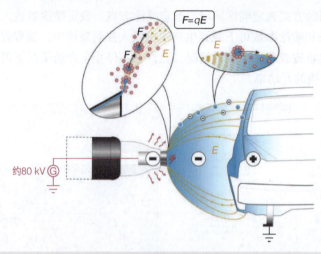

图 5-25　静电旋杯喷涂原理

内加电旋杯

外加电旋杯

图 5-26　内加电旋杯和外加电旋杯

虽然通过特殊的换色系统可减少换色期间涂料和溶剂的损失,但最有效的办法是减少生产期间颜色切换的次数:将相同颜色的车编组在一起进入喷涂线生产,同色车生产时不需要换色。这样操作的前提是涂装车间设有颜色编组区,或者优化生产安排,车身进入涂装车间之前已按颜色排序好。

为满足涂装机器人喷涂流量快速且精确调整的需求,使用计量泵,特别是齿轮计量泵非常合适(图 5-28)。齿轮计量泵由伺服电动机驱动,通过齿轮啮合吸入和排出涂料,清洗阀块能够在换色期间快速清洗齿轮泵。

图 5-27　安装在机器人手臂上的换色阀组

图 5-28　齿轮计量泵

3. 涂料供给系统

涂料供给系统的任务是为喷涂设备提供所需流量和压力的涂料。并且，为了保证涂料喷涂的高质量，所有的涂料参数须保证在工艺窗口范围内，例如涂料的温度变化会引起涂料黏度变化，进而导致漆膜厚度偏差或出现流挂等品质不良。大多数涂料体系中，其所含的树脂和颜料组分存在沉降的趋势，涂料沉降会导致喷涂不良，涂料沉积会导致管道堵塞，沉降的涂料颗粒会引起漆膜颗粒缺陷等。因此，防止沉降是涂料供应的首要任务。

涂料供给系统是解决汽车喷涂生产线生产效率及涂料沉淀变质等问题的最佳方案。涂料供给系统包括涂料循环系统、温控系统等。涂料循环系统将涂料输送到各个工位，并保证涂料始终流动、减少沉淀。温控系统通过冷热水来调节、控制涂料的温度。

涂料供给系统原理图如图5-29所示，各部分功能描述见表5-11。

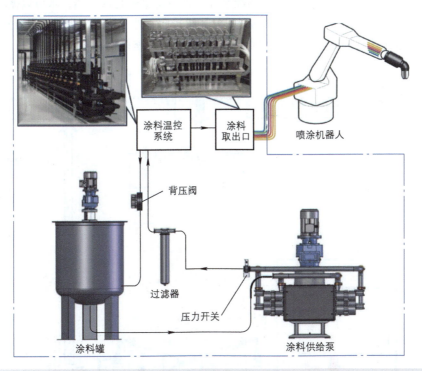

图 5-29　涂料供给系统原理图

表 5-11　涂料供给系统组成和功能描述

序号	名称	功能
1	涂料罐	涂料投入、搅拌、循环
2	涂料供给泵	涂料循环的动力源
3	涂料管道	输送一定黏度、流量、压力、流速稳定的涂料
4	过滤器	过滤涂料中的杂质
5	背压阀	调整回流压力，控制涂料管路中的压力及回流量
6	涂料温控系统	通过温度控制系统（一般是冷热水）来控制涂料的温度
7	涂料取出口	①涂料管道与喷涂设备的连接、日常维护 ②涂料压力显示

5.5.3 喷漆室

喷漆室（Spray Booth）是实现喷涂作业的专用设备，其基本作用如下：

1）收集喷涂过程中产生的溶剂废气、飞散的涂料，最大限度地使涂装废气、废渣得到有效处置。

2）减少对操作人员及环境的危害，避免对被涂工件质量产生影响。

3）提供满足涂装质量需求的涂装环境，包括温度、湿度、照度、空气洁净度等。

1. 喷漆室结构形式

喷漆室的结构形式很多，按漆雾捕捉方式分为湿式喷漆室和干式喷漆室。

湿式喷漆室借助于循环水系统捕捉漆雾，循环水中添加有涂料絮凝剂，可使漆雾失去黏性，在循环水槽中上浮或沉淀，含漆渣的废水经处理后将漆渣与水分离，水可以循环使用，而漆渣作为危废处理。除掉漆雾后的空气通过排气风机排向室外（或进入废气处理装置处理），或经循环风空调净化并调整温湿度后送回到喷漆室。湿式喷漆室结构参考图5-30。

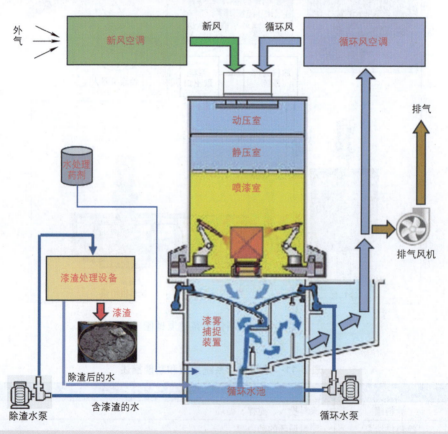

图5-30 湿式喷漆室结构示意图

干式喷漆室采用纸盒（内部有迷宫式结构）、过滤袋或者干粉（如石灰粉）等材料捕捉漆雾，漆渣和捕捉用材料的混合物一起作为固体危废进行回收处理。干式喷漆室结构参考图5-31。得益于较低的综合运行成本，干式喷漆室（纸盒）在新建汽车涂装生产线上逐步推广应用，是未来一段时间的发展趋势。两者对比见表5-12。

第5章 涂装制造技术

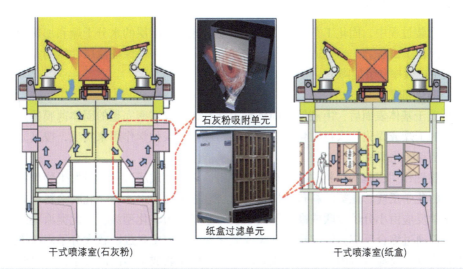

干式喷漆室(石灰粉)　　　　　　　　　　　　　　干式喷漆室(纸盒)

图 5-31　干式喷漆室结构示意图

注：干式喷漆室的空调和上部室体结构与湿式喷漆室基本一致。

表 5-12　湿式喷漆室和干式喷漆室的对比

项目	湿式喷漆室	干式喷漆室（石灰）	干式喷漆室（纸盒）
漆雾捕捉介质	水（含药剂）	石灰粉	纸盒
漆雾捕捉效率	99%以上	99%以上	99%以上
设备投资	投资较低	投资最高	投资较高
设备能耗	循环风空调能耗高	循环风空调能耗较低	循环风空调能耗较低
排放废弃物	高COD废水、漆渣	漆渣与石灰粉混合物	含漆渣的纸盒
废弃物处理成本	较高	较高	相对较低
综合运行成本	较高	较高	相对较低

2. 喷漆室环境要求

喷漆室温度要求一般为 15～22℃，溶剂型涂料涂装控制相对湿度约为 65%，水性涂料涂装控制相对湿度约为 70%，喷漆室温度和湿度由专用的空调设备进行控制。

喷漆室的光照度应保证操作者操作、观察和检验的照明需求，一般涂装和自动涂装区域需求在 300lx 左右，普通装饰性涂装在 300～800lx，高级装饰性涂装在 800lx 以上，超高装饰性涂装在 1000lx 以上。

喷漆室空气洁净度从 100000 级到 100 级（表 5-13），因涂层质量要求不同而不同。

表 5-13　空气洁净度等级

等级	≤0.5μm 尘粒数 /m³（L）空气	>0.5μm 尘粒数 /m³（L）空气	等级	≤0.5μm 尘粒数 /m³（L）空气	>0.5μm 尘粒数 /m³（L）空气
100 级	≤35×100（3.5）		10000 级	≤35×10000（350）	≤2500（2.5）
1000 级	≤35×1000（35）	≤250（0.25）	100000 级	≤35×100000（3500）	≤25000（25）

注：1. 空气洁净度等级的确定应以动态条件下测试的尘粒总数值为依据。
　　2. 本表摘自原电子工业部《工业企业厂房设计规范》。

5.5.4 烘干工艺和设备

在汽车涂装过程中，固化工艺和设备占有重要的地位。涂层的水分干燥和加热固化都要用到烘干（或固化）设备。选择合适的烘干工艺和设备，一方面可保证涂层性能的完全实现，另一方面兼顾生产效率和节能降本。

1. 涂层固化机理

涂料覆盖于基体表面后，由液体或固体粉末状态转变成致密完整的固体薄膜的过程，称为涂料或涂层的干燥或固化。涂料固化成膜主要靠物理作用或化学作用来实现，按其固化机理可分为非转化型和转化型两大类。

仅依靠物理作用成膜的涂料称为非转化型涂料，它们在成膜过程中只发生物理状态变化而没有进一步的化学反应。此类涂料包括挥发性涂料、热塑性粉末涂料、乳胶涂料及非水分散涂料等。靠化学反应由小分子交联成高分子而成膜的涂料称为转化型涂料。此类涂料的树脂分子量较低，它们通过缩合反应、加成聚合反应或氧化聚合反应交联成网状大分子固态涂膜。转化型涂料不管按什么反应进行固化，一旦成膜后，涂层即交联成不溶的高分子，所以转化型涂料形成的涂层均为热固性涂层。

2. 涂层固化方法

按涂膜固化过程中的干燥方法可以分为自然干燥、烘干和热辐射三类。

自然干燥是指在自然条件下，利用空气对流使溶剂蒸发、氧化聚合或与固化剂反应成膜，适用于挥发性涂料、气干性涂料和固化剂固化型涂料等自干性涂料，它们的干燥质量受环境条件影响很大。

烘干分为低温烘干、中温烘干和高温烘干，见表5-14。

表5-14 烘干温度及应用场合

分类	固化温度	应用场合
低温烘干	≤100℃	对自干性涂料实施强制干燥或者对耐热性差的材质表面涂膜进行干燥
中温烘干	100~150℃	主要用于缩合聚合反应固化物成膜
高温烘干	≥150℃	粉末涂料、电泳涂料等

根据加热固化方式，烘干可分为热风对流、热辐射及热风对流加热辐射三种方式。

热风对流式加热是利用风机将热源产生的燃烧气体或加热后的高温空气引入烘干室，并在烘干室内循环，从而使被涂物对流受热。对流式烘干室分为直接燃烧加热型和使用热交换器的间接加热型两种。热风对流加热均匀，温度控制精度高，适用于高质量涂层，不受工件形状和结构复杂程度影响，加热温度范围宽，有着广泛的应用。所用热源有蒸汽、电、柴油、煤气、液化气和天然气等。

热辐射加热通常使用红外线、远红外线辐射到物体上，直接吸收转换成热能，使底材和涂层同时加热，升温速度快、热效率高，溶剂蒸气自然排出，不需要大量的循环风，烘干室内尘埃数量少，涂层质量高。但温度不易均匀，只适用于形状简单的工件。

热风对流与热辐射各有特点，为充分发挥各自的优点，在烘干室设计时，可将两者结合起来，即采用辐射加对流式。一般先辐射后对流，利用辐射升温快的优点，使工件升温并使溶剂挥发，再利用热风对流保温，保证烘干质量。

辐射固化是利用电子束、紫外线照射固化涂料的方式，具有固化时间短（几秒至几分钟）、常温固化等优点,但照射有盲点,只适用于形状简单的工件,照射距离控制严格。

3. 汽车涂装烘干工艺

汽车涂装是大规模流水线生产模式,要求涂料有良好的施工性能,在保证涂层性能的前提下能快速烘干,也要求烘干设备高效率、低能耗、少污染。

设计汽车涂装烘干工艺,需要了解涂层特性,满足涂层的烘烤窗口(图5-32)需求。车身的烘烤时间和温度应在优化的烘烤窗口内选取,烘烤时间或温度低于窗口要求会出现烘干不足,涂层无法完全固化,无法达到性能要求;高于烘烤窗口要求则会出现过烘干,导致性能损失或外观品质不良。为确认生产过程中车身各部位的烘烤温度是否在烘烤窗口内,需要将炉温检测设备安装在车身上,测得多个部位的炉温曲线(图5-33)。

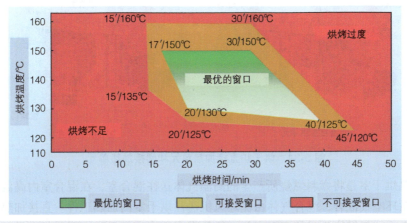

图 5-32 材料烘烤窗口参考图

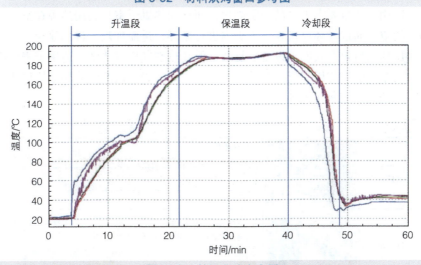

图 5-33 炉温曲线参考图

从炉温曲线上可以看出,涂层在烘干的过程中,工件温度随时间而变化的过程可分为三段,即升温段、保温段和冷却段。

涂层从室温升至所需求的烘干温度为升温段,所需时间为升温时间。在这段时间,需要大量的热来加热工件,大部分溶剂在此阶段迅速挥发,因此需要加强通风,及时排出溶剂和补加新鲜空气。升温时间根据材料特性进行选择。升温时间短,溶剂挥发不均匀,可能会引起橘皮、针孔等多种不良，升温速度缓慢，涂层质量高，但会增加运行成本。

涂层达到所要求的烘干温度后，延续的时间称为保温段，所需时间为保温时间。在这段时间里，主要是涂层发生化学作用成膜，伴有少量溶剂挥发，热量和新鲜空气的需求量比升温段少。

涂层温度从烘干温度开始下降，这段时间为冷却时间，一般指烘干炉出口区域。为方便下道工序作业能尽快开展（一般要求工件温度≤40℃），烘干室后需要设置强制冷却段。

4. 汽车涂装烘干设备

汽车涂装烘干设备称为烘干炉，一般采用热风循环加热方式，按加热方式分为直接加热和间接加热两种方式，如图5-34所示。

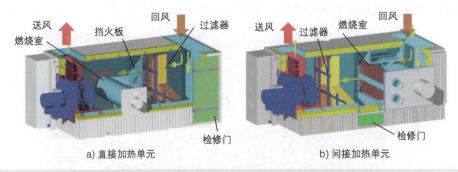

图5-34 烘干炉直接加热单元和间接加热单元

直接加热烘干室是将燃料燃烧所产生的高温气体送往混合室，在混合室内高温空气与来自烘干炉内的循环空气混合，混合气体由循环风机送往烘干室内加热工件。直接加热烘干室结构简单，热损失小，但燃烧生成的高温空气，往往带有烟尘，如果除尘不尽很容易污染涂层。直接加热烘干室适用于质量要求不高的涂层固化。间接加热烘干室是利用热源在空气加热器内加热空气，加热的空气通过循环风机在烘干炉内进行循环，进而加热工件和涂层。相比直接加热烘干室，间接加热的热效率较低，设备更复杂，但其热空气比较清洁，适用于表面质量要求较高的涂层，在汽车涂装中应用广泛。常见的汽车涂装烘干炉，按照炉体的结构形式，可分为山形炉、Π形炉、直通炉三种（图5-35）。

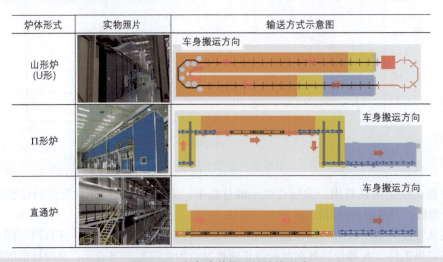

图5-35 汽车涂装烘干炉结构形式

烘干炉使用多种燃料作为热源,并且烘干过程中也会有可燃性气体产生,烘干炉的设计必须要满足相关安全标准(参考 GB 14443—2007《涂装作业安全规程 涂层烘干室安全技术规定》)的要求。

烘干炉在生产过程中,会产生 VOC 浓度较高的废气,必须要经过处理后才能排放,排放浓度、排放速率、处理效率等各项指标应满足环保法规要求。

5.5.5 漆面质量标准及检测方法

在顾客对汽车质量的认可度方面,漆面起到重要的作用:一方面,提供亮丽丰富的色彩和高光平滑的质感;另一方面,保护底材,具备优良的耐候性、耐蚀性和力学性能,提升产品整体价值。

1. 色彩与色差

均匀一致的颜色对实现高质量漆面外观和避免客户投诉至关重要。色彩是光的一种属性,没有光就没有色彩。物体呈现的颜色并不是物体本身的颜色,而是各种比例的光入射、反射的结果。形成千变万化的色彩主要有三要素,即色相、纯度、明度。色相是指各种色彩的相貌,是区别色彩的基本手段。纯度是指色的饱和度,也称为色彩的纯净程度。明度是指颜色的明暗度,取决于光源的照射与屋面的反射光强度。三者关系如图 5-36 所示。

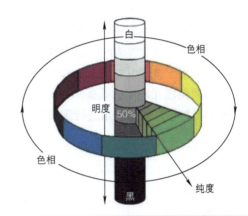

图 5-36 色彩三属性关系图

为了准确描述颜色和色差,颜色体系被开发出来。1976 年,国际照明委员会(CIE)推荐使用 $L^*a^*b^*$ 体系并沿用至今。如图 5-37 所示,该体系包括 a^*、b^* 两个互相垂直的坐标轴,它们代表颜色的色调维度,第三个坐标轴是明度 L^*,它垂直于 a^*、b^* 组成的平面。在这个体系中,所有颜色都能找到唯一对应的 L^*、a^*、b^* 值。

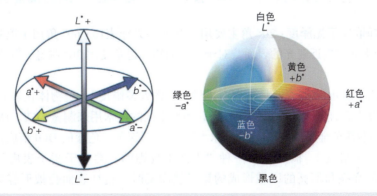

图 5-37 CIE 的 $L^*a^*b^*$ 体系

两个颜色之间的差异称作色差,颜色在 $L^*a^*b^*$ 三个维度上的差异分别用 ΔL^*、Δa^*、Δb^* 表示,两个颜色的综合色差用 ΔE 表示,则 $\Delta E = \sqrt{(\Delta L^*)^2 + (\Delta a^*)^2 + (\Delta b^*)^2}$。

在汽车生产过程中，为了保证车身颜色与设计目标一致，引入了"标准色板"作为色差管理的参考基准，采用目视评价和仪器检测相结合的方式评价车身（或饰件）颜色与标准板的差异，差异应控制在规定的范围内，杜绝色差不良引起的客户投诉。

为了描述有特殊效果的颜色（如金属漆和珠光漆），需要从多个角度进行测量，经过研究发现，要提供金属漆面漆角度特性的充分信息，需要通过至少三个观察角度，最好是五个角度来测量。在这些研究的基础上，美国材料实验协会（ASTM）和德国工业标准（DIN）规范了多角度颜色测量的观察条件和照明条件。多角度测量的测量角规定为逆向反射角（图5-38）。目前汽车涂装色差检测常用的仪器就是五角度色差仪。

2. 漆面外观

目视评价一台车的外观时，通常会用到各种术语，例如光泽度、鲜映性、橘皮等。像颜色一样，表面外观也需要进行客观测量，观察效果取决于观察条件、表面条件以及观察者。通过聚焦于物体表面，观察者会获得有关尺寸、深度以及表面结构的形状信息；通过聚焦于反射影像，观察者会获得成像能力的信息。具体如下：

（1）光泽度　光泽度定义为在镜面方向的发射通量与特定角度的入射通量的比值。经验表明，比较不同角度光泽度的观察结果时，单一角度的检测数值无法与视觉有较好的相关性。因此，应使用三种不同的入射角进行观察，即20°、60°和85°（图5-39）。

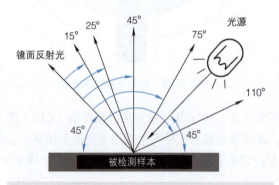

图5-38　多角度分光光度计光照和传感器角度原理

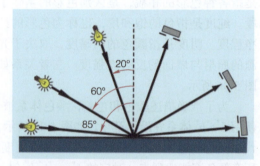

图5-39　光泽度测量常见的测量角度

角度的选择取决于光泽度：20°角主要用于测量高光泽表面；60°角用于测量中光泽表面；85°角用于测量平光或接近亚光的表面。对于汽车面漆，通常使用20°测量，其光泽度一般应大于80。

（2）鲜映性（DOI）　鲜映性是指表面成像的"图像清晰度"，是物体在表面上反射而产生的影像的锐度为特征的光泽的一部分。已经有多种不同的技术用来测量DOI。DOI的值取决于颜色的深浅，一般浅色金属漆的DOI值要求大于70，而深色单色漆的DOI值应该大于85。

（3）橘皮（平滑度）　橘皮是指一种"表面不规则的、类似于橘子表皮的外观"。当表面有许多细小的高亮和不亮的区域形成的锯齿状图案时，这种表面会被形容为出现"橘皮"（图5-40）。

人眼对于橘皮程度的判别，受结构尺寸和观察距离的影响。如图5-41所示，在40cm的距离，人眼可以看到的结构尺寸在0.3~10mm，最主要的范围在1~3mm。而在3m的距离，人眼只能看到3~30mm的结构。小于0.3mm的结构主要决定了表面的图像成像质量，即DOI。

图 5-40 "橘皮"外观

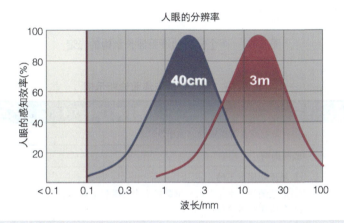

图 5-41 人眼对 40cm 和 3m 距离处结构尺寸的灵敏度

为了准确地测量漆面橘皮程度，相应的检测仪器被研发出来，其工作原理（图 5-42）是通过采样获取漆面的光学轮廓信息，通过滤波器分成五个波长范围，最后得到的结果是结构波长尺寸在 0.1～30mm 的结构波谱（图 5-43）。

通过分析波谱的构成可诊断涂层外观品质问题，给出改善方向（表 5-15）。

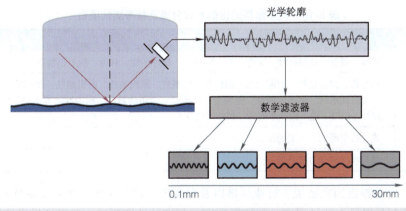

图 5-42 橘皮-DOI 仪测量波纹原理

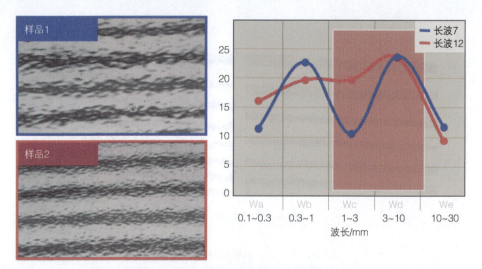

图 5-43 两个样品的漆面波长结构的光谱

表 5-15 波谱分析与漆面诊断示例

波谱趋势	结果诊断 / 改善方向
Wa 太高	底材影响或者清漆喷涂"太干"
Wb 太高	底材影响
Wc 太高	① 清漆层厚度不够 ② 底漆喷涂"太干"或漆雾颗粒太大飞溅到下台车上 ③ 非常粗糙的底材
Wd 太高	① 清漆层厚度不够 ② 非常粗糙的底材

3. 涂层性能

汽车涂层不仅要有亮丽的外观,更要有良好的涂层性能,在汽车生命周期内为车身提供应有的防护。汽车涂层的性能测试分类及参考测试项目见表 5-16。

表 5-16 汽车涂层的性能测试分类及参考测试项目

性能测试分类	参考测试项目
力学性能	膜厚、硬度、抗刮擦性、耐弯曲性、附着力、抗冲击性、杯突、抗石击性等
耐蚀性	耐水性、耐湿热性、耐温变性、耐酸性、耐碱性、耐汽油性、耐机油性、耐汽醇性、耐氧化性醇性、耐玻璃水性、耐不冻液性、耐混合二甲苯性、耐防锈蜡性、耐中性盐雾(SST)性、耐循环交变腐蚀(CCT)性、耐盐水腐蚀(SDT)性等
耐候性	光透过率测试、人工老化等
整车防腐	试车场的整车防腐测试

汽车生产商会根据国家法规、行业标准以及自身产品定位来确定本企业的涂层性能标准。在新车型或者新材料导入的过程中,须按标准完成相应的性能测试,以保证提供给客户性能可靠的产品。

4. 汽车涂装生产漆膜日常管理

在汽车涂装生产过程中，需要对漆膜性能和漆面外观进行常态化检测和管控，检测项目和管控标准参考表 5-17 和表 5-18。

表 5-17 某乘用车公司漆膜性能日常管控标准

颜色	管控项目		膜厚（不包括镀锌层：8μm）/μm					硬度		附着力	
	涂层	电泳	上涂			一次成膜	返喷车	电泳	面涂	电泳	面涂
			BC1	BC2	清漆	总漆膜	总漆膜				
黑	外板 水平面	15～25	20～30	8～12	40～60	83～129	≤300	≥H	≥HB	1mm方格 须 100/100 无剥落	2mm方格 须 100/100 无剥落
	外板 垂直面	17～27									
	内板	10～25	—	8～12	20～40	38～77	≤181				
白	外板 水平面	15～25	12～16	17～25	50～70	94～138	≤330	≥H	≥HB	1mm方格 须 100/100 无剥落	2mm方格 须 100/100 无剥落
	外板 垂直面	17～27									
	内板	10～25	—	15～25	20～40	45～90	≤220				
银	外板 水平面	15～25	20～30	8～12	40～60	83～129	≤300	≥H	≥HB	1mm方格 须 100/100 无剥落	2mm方格 须 100/100 无剥落
	外板 垂直面	17～27									
	内板	10～25	—	8～12	24～40	38～77	≤181				

表 5-18 某乘用车公司漆膜外观日常管控标准

管控项目	色差（参考值，目视为准，数据为参考）			光泽度			平滑度		DOI（鲜映性）
颜色	ΔL 值（黑白值）	Δa 值（红绿值）	Δb 值（黄蓝值）	20°	60°	85°	SW（短波）	LW（长波）	
黑	(−2, 2)	(−0.5, 0.5)	(−2, 2)	≥85	≥90	≥90	水平面≤20（车顶≤25）垂直面≤25	水平面≤4（车顶≤8）垂直面≤8	≥90
白	15°、25° (−4, 4) 其他 (−2, 2)	(−0.5, 0.5)	15°、25° (−1.5, 1.5) 其他 (−1, 1)	≥85	≥90	≥90	水平面≤20（车顶≤25）垂直面≤25	水平面≤4（车顶≤8）垂直面≤8	≥80
银	15°、25° (−3, 3) 其他 (−2, 2)	(−1, 1)	(−1, 1)	≥85	≥90	≥90	水平面≤20（车顶≤25）垂直面≤25	水平面≤4（车顶≤8）垂直面≤8	≥80

5.6 涂装车间"三废"处理

涂装车间是整车工厂主要的污染源，涂装生产过程中排放的废水、废气和废弃物，称为涂装"三废"，其来源和主要成分见表 5-19。

涂装"三废"的排放，会造成一定的公害（大气污染、水质污染、产生恶臭等），对自然环境和生活环境造成社会性危害。按照工业项目建设"三同时"要求，"三废"处理是涂装车间规划建设的重要内容，必须予以足够的重视。在涂装车间的设计和建设中，应当贯彻"以防为主、防治结合"的方针,在工艺和设备设计过程中应严控"三废"的产生,尽量选用无三废排放或排放少的涂装工艺、涂装材料和涂装技术,开发再生循环利用技术,以减少"三废"处理量,提高资源利用率和节省三废处理的投资。

表 5-19 涂装三废来源及主要成分

种类	主要来源	主要成分
废水	① 脱脂、磷化等前处理工序	酸、碱、重金属离子总磷、COD、BOD 等
	② 电泳工序排放废水	颜料、填料、树脂、COD、BOD、SS 等
	③ 喷漆室排放废水	颜料、树脂、有机溶剂产生的 COD、BOD、SS 等
废气	① 喷漆室排放废气	均含有甲苯、酯类、醇类、酮类等有机溶剂,涂料热分解产物以及反应生成物醛类、胺类等
	② 流平室排放废气	
	③ 烘干炉排放废气	
废弃物	① 脱脂工序的油污和污泥	油污、铁粉、污泥等
	② 磷化后沉渣	磷酸锌、磷酸铁等金属难溶盐
	③ 漆渣(喷漆废水处理产物)	颜料、填料、树脂、有机溶剂
	④ 废涂料、溶剂	颜料、填料、树脂、有机溶剂

5.6.1 涂装废水处理

涂装废水处理基本途径有两个:一是采用适当的工艺处理后达标排放,二是采用一定的技术手段进行综合回收利用。

(1)涂装废水处理措施 涂装废水须经处理达标后方可排放,主要措施见表 5-20。

表 5-20 涂装废水处理措施

废水种类	处理措施
前处理废水	① 将脱脂、酸洗、表调、磷化等工序产生的废水混合形成综合废水,经中和、絮凝、沉淀或气浮、固液分离,清液再经砂滤、活性炭吸附后达标排放 ② 含铬废水须单独处理,可用离子交换法、反渗透或化学还原法处理
电泳废水	电泳废水的处理方法有生物处理法、混凝法、膜分离法等,达标后排放或者深度处理后回用
喷漆室废水	喷漆废水经絮凝、沉降或气浮后,固液分离,清水再经砂滤、活性炭吸附后回用或达标排放

(2)涂装废水回收再利用技术 为最大限度地实现前处理生产线的水资源循环利用,可以对脱脂、磷化等工序后的第一级水洗水采用反渗透处理,浓缩液回到脱脂槽、磷化槽,淡水回用于末级清洗水槽。工艺流程如图 5-44 所示。

以上原理也适用于电泳线:在电泳漆超滤回收系统(常规配置)的基础上,再导入反渗透装置(EDRO)处理清洗废水,结合逆序补水方案,可实现电泳线废水"零排放",其原理如图 5-45 所示。

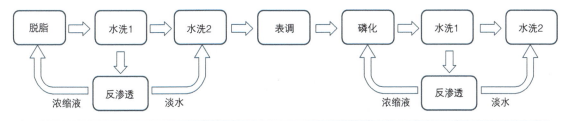

图 5-44　前处理清洗水闭环循环系统示意图

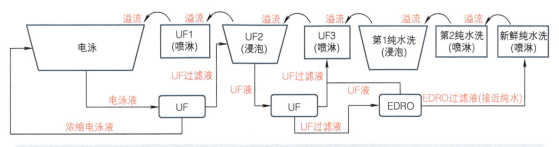

图 5-45　电泳清洗水闭环循环系统示意图

5.6.2　涂装废气处理

涂装车间的废气主要是涂料所含的有机溶剂和涂膜在烘干时的分解物，统称为挥发性有机化合物（VOC），对人的健康和生活环境有害，并且有恶臭。VOC 的成分和排出量随所使用的涂料品种、使用量、使用条件等的变化而有所差异。涂装车间废气主要发生源是喷漆室、流平室和烘干室三者的排气。

1）喷漆室的排气。排气风量大，VOC 浓度较低，另外含有喷漆产生的漆雾。

2）流平室的排气。它是湿涂膜在烘干前流平过程中挥发出来的有机溶剂蒸气，几乎不含漆雾。

3）烘干室废气。它含有湿涂膜带来的有机溶剂、烘干过程产生的涂膜分解物以及反应生成物和燃料燃烧废气。

涂装废气的处理方法（又称脱臭法）有活性炭吸附法、直接燃烧法、催化氧化分解法和蓄热式燃烧法等。具体选用那种方案，应根据废气的成分、处理量和现场条件，选择适合的方案。目前汽车涂装行业常用的处理方案有以下两种。

1. 直接燃烧法

直接燃烧法适合于烘干炉废气或流平室废气处理，废气 VOC 浓度较高，但风量不大。根据热交换与废热利用形式的不同，分为蓄热式热力燃烧系统（RTO）和回收式热力燃烧系统（TNV）。RTO 是利用高效蓄热材料，通过程序控制，自动循环切换废气流向，将燃烧废气的热量储存在蓄热材料中，用于预热下一阶段进入的废气，提高废气处理温度、降低处理后的废气排放温度，废热回收效率达到 95% 以上。TNV 是一种将处理有机废气和向涂装生产线提供热能这两种功能合二为一的系统，既处理了有机废气，又节省了能源消耗。TNV 的有机废气氧化温度可达 800℃，分解效率可达 99% 以上。典型的 RTO 和 TNV 结构原理如图 5-46 所示。

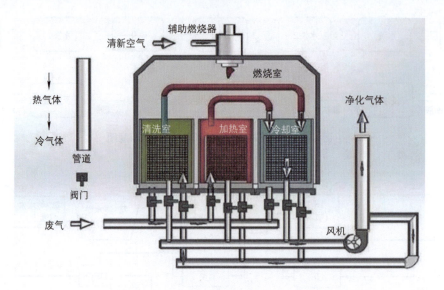

a) RTO(三塔式)结构图

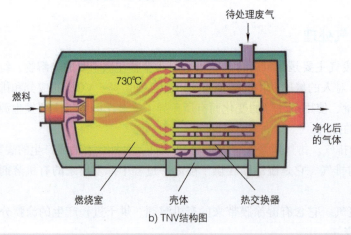

b) TNV结构图

图 5-46　废气直接燃烧系统（RTO 和 TNV）

2. 浓缩后燃烧处理

浓缩后燃烧处理适合于喷漆室废气的处理。如图 5-47 所示，低浓度的喷漆废气经前置过滤装置除漆雾后，进入转轮浓缩处理装置。废气通过旋转的转轮时，其中的 VOC 被吸附在转轮上，实现废气的净化，净化效率可达 90%。吸附在转轮上的 VOC，再经过热风反吹离开转轮，生成含有高浓度 VOC 的气体，该气体被送入燃烧装置处理，废热被回收用于预热浓缩气体以及加热脱附气体，实现了废气处理和热能回收利用。该系统的核心设备是浓缩转轮，是一种由沸石制成的多孔结构的模块，具备很好的吸附性能。转轮处理的废气的风量与浓缩燃烧废气风量之比称为浓缩比，浓缩比越高，浓缩处理的气体中 VOC 浓度越高。浓缩比的选择要考虑待处理废气 VOC 浓度和燃烧装置中 VOC 的安全浓度，一般取 10∶1 到 20∶1。

经以上几种处理方式处理后的废气，其 VOC 排放应满足工厂所在地环保法规（例如，《表面涂装（汽车制造行业）挥发性有机化合物排放标准》）的要求。

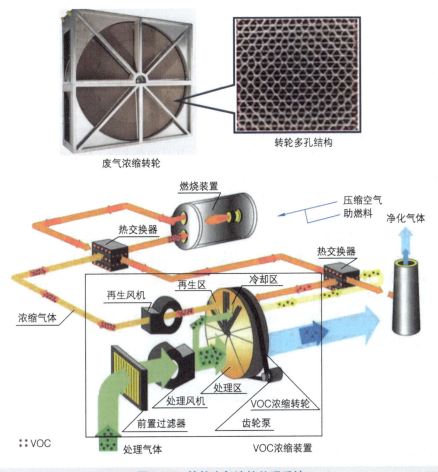

图 5-47 转轮废气浓缩处理系统

5.6.3 涂装废弃物处理

涂装车间产生的涂料废渣、磷化渣、废油液、废涂料、废溶剂等均属于危险废弃物。按照我国危险废弃物管理办法，危险废弃物必须委托有资质的单位进行处理，没有资质的单位不能自行焚烧、掩埋等。

为减少废弃物的产生，应选择废弃物产生少的涂装工艺、涂装材料和涂装技术。例如，选择无磷前处理工艺，可以减少磷化渣的产量；采用静电喷涂，可提升上漆率，减少过喷漆量，减少废渣产生；使用可快速换色的供漆系统（走珠系统），可减少涂料的投槽量，减少因过期而报废涂料的数量，等等。

循环再利用是危险废弃物处理的重要途径。例如，涂装车间清洗喷枪和涂料供给系统产生的废溶剂，可以通过常压蒸馏装置进行分馏提纯，获得几乎无色、清澈的稀料，可用于涂料生产；磷化渣经过再生处理后，可制备成环保型防锈颜料，用于底漆涂料生产；电泳涂料用量较大时，可使用槽罐车进行运输供应（可多次循环使用），大幅度削减了包装材料使用量，降低了涂料成本。

本章小结

汽车涂装是车身制造过程中的重要环节，它不仅起到保护和装饰的作用，还能提升汽车的使用寿命和价值。汽车涂装是高保护性涂装，涂层需要具备优良的耐候性；汽车涂装是中、高装饰性涂装，直接影响汽车的商品价值；汽车涂装是大规模流水线生产，须选用快速高效的涂装工艺和涂装设备，实现连续稳定高效生产。

在汽车涂装过程中，前处理是必不可少的环节，其目的是去除工件表面的油污和锈蚀，形成稳定的转化膜，使涂膜能够与基体牢固结合，提升涂膜的耐蚀性和装饰性。电泳涂装是汽车涂装的核心工艺之一，它通过电泳原理将涂料均匀涂布在车身上，形成电泳涂层，其优点在于可实现自动化生产，提高生产效率，同时还可以控制涂层的厚度和均匀性。涂胶工艺也是汽车涂装中重要的环节，通过多种胶类材料的涂布实现焊缝密封和装饰、车身防护、隔声减振等功能。中涂和面涂也是汽车涂装的必要工序，它们可以增加涂层的厚度和丰满度，提高涂层的外观效果和使用性能。自动化涂胶和喷涂设备的应用，提升了生产效率和品质稳定性，降低了劳动作业强度和职业健康风险，具备良好的综合效益。

汽车涂装还需要特别关注环保方面的问题。涂装生产过程中产生的"三废"必须得到妥善的处理，以符合国家和地方的环保法规要求。

练习题

一、选择题

1. 下列可称为涂料"固体分"的是（　　）。
   A. 树脂　　　　　　B. 颜料　　　　　　C. 固化剂
   D. 稀释剂　　　　　E. 真溶剂　　　　　F. 助溶剂

2. 下列工序属于前处理工艺流程的有（　　）。
   A. 预脱脂　　　　　B. 脱脂　　　　　　C. 表调
   D. 磷化　　　　　　E. 锆化　　　　　　F. UF 水洗

3. 下列工序属于无磷前处理工艺流程的有（　　）。
   A. 预脱脂　　　　　B. 脱脂　　　　　　C. 表调
   D. 锆化　　　　　　E. 新鲜纯水洗

4. 下列属于电泳工序管控指标的是（　　）。
   A. 固体分　　　　　B. 颜基比　　　　　C. 泳透力
   D. pH 值　　　　　 E. 电导率　　　　　F. 粗糙度

5. 车身涂胶的作用是（　　）。
   A. 焊缝密封　　　　B. 焊缝装饰　　　　C. 车身防护
   D. 隔声减振　　　　E. 车身防锈

6. 下列设备属于自动涂胶系统的是（　　）。
   A. 涂胶机器人　　　B. 胶枪　　　　　　C. 旋杯雾化器
   D. 供胶装置　　　　E. 定量机

7. 车身自动喷涂系统包括（　　）。
　A. 喷涂机器人　　　　B. 喷涂工具　　　　C. 涂料供给装置　　　D. 漆膜检测装置
8. 下列属于喷漆室环境要求管理项目的是（　　）。
　A. 温度　　　　　　　B. 湿度　　　　　　C. 洁净度　　　　　　D. 光照度
9. 下列属于涂装车间产生的危险废弃物的是（　　）。
　A. 前处理废水　　　　B. 涂料废渣　　　　C. 磷化渣
　D. 废涂料　　　　　　E. 废溶剂
10. 涂装废气的主要发生源包括（　　）。
　A. 喷漆室排气　　　　B. 锅炉排气　　　　C. 流平室排气　　　　D. 烘干炉废气

二、填空题

1. 汽车涂装的作用是＿＿＿＿、＿＿＿＿、＿＿＿＿。
2. 典型的汽车涂层构成包括＿＿＿＿、中涂层、＿＿＿＿、＿＿＿＿。
3. 电泳涂装过程伴随＿＿＿＿、＿＿＿＿、＿＿＿＿、＿＿＿＿四种化学物理作用的组合。
4. 电泳漆膜的评价指标包括＿＿＿＿、＿＿＿＿、＿＿＿＿等。
5. 涂层固化方法，按固化过程中干燥方法可以分为＿＿＿＿、＿＿＿＿和＿＿＿＿三类。
6. 根据加热固化方式，烘干可分为＿＿＿＿、＿＿＿＿及＿＿＿＿三种方式。
7. 色彩三要素包括＿＿＿＿、＿＿＿＿、＿＿＿＿。
8. 常用的漆面外观评价指标包括＿＿＿＿、鲜映性和＿＿＿＿。
9. 涂装废水的来源主要是＿＿＿＿、电泳废水和＿＿＿＿。
10. 涂装废气的处理方法（又称脱臭法）有活性炭吸附法、＿＿＿＿、＿＿＿＿和＿＿＿＿等。

三、简答题

1. 简述汽车涂层的名称及各涂层的作用。
2. 简述无磷前处理工艺与磷化前处理工艺的优缺点。
3. 简述涂装车间涂胶的作用及分类。
4. 简述三种常见的涂装工艺的优缺点。
5. 简述喷漆室的作用及常见的结构形式。
6. 简述涂装"三废"的来源及治理方式。

拓展阅读

　　涂装车间（线）是汽车制造业最大的公害源和耗能耗资源大户，是《中华人民共和国清洁生产促进法》《中华人民共和国大气污染防治法》和环境保护法规的革命对象，高污染、高能耗型制造业必须转型升级，创建绿色涂装车间成为必然发展趋势。近几年在涂装、涂料行业中倡导"绿色涂装"理念，就是要用同样数量的原材料和能源，加工出更多更优质的产品，创造出更高的产值，且排污更少，以此来增强产品和企业的市场竞争力。绿色涂装车间的具体生态和经济目标是 10 个更少、2 个更高，1 个更低和 6 个高效。实现"绿色涂装"是我国制造业"三步走"的强国发展战略及 2025 年的奋斗目标的主题内容之一。《中国制造 2025》制定的九大战略任务之五——"全面推行绿色制造",加快制造业绿色改造升级,努力构建高效、清洁、低碳、循环的绿色制造体系。制造业绿色改造升级包括推进资源高效循环利用,建设绿色工厂,实现厂房集约化、原料无害化、生产洁净化、废物资源化、能源低碳化等举措。在九大任务中穿插的五大重点工程之四——"绿色制造工程",组织实施传统制造能效提升、清洁生产、节水治污、循环利用等专项技术改造。到 2020 年重点行业主要污染物排放强度下降 20%,到 2025 年制造业绿色发展和主要产品单耗达到世界先进水平,绿色制造体系基本建立。

摘自《探索"中国制造 2025"汽车涂装·涂料绿化创新、转型升级》——王锡春、李文刚,《中国涂料》第 31 卷,第 9 期

想一想 1:膜分离技术的应用

电泳 UF 过滤回收系统是膜分离技术在涂装领域一个典型的应用案例,你知道膜分离技术在涂装领域的其他应用案例吗?在其他行业又有哪些应用?

想一想 2:机器视觉技术的应用

对于 FAD 这样需要高定位精度的涂胶系统,一般都要配置视觉定位装置,用于车型识别和偏差补偿。你知道在汽车制造过程中还有哪些工序在应用机器视觉技术?

想一想 3:供漆系统快速换色技术

虽然机器人自动喷涂系统可以通过优化换色装置实现快速换色和涂料损失的最小化,但为其供给涂料的管道由于容量大且结构复杂,不适合经常性清洗换色。那么,是否有既可以实现快速换色,又能将换色涂料损失降到最低的技术呢?

第6章 总装制造技术

👉 本章导学

总装是汽车从零部件到完整车辆的最后组装过程，它涉及众多部件的精确配合和复杂系统的集成。在这个过程中，如何确保每一个部件都能准确无误地安装到位，如何保证整车的质量和性能达到设计标准，都是我们需要探讨的问题。

通过本章的学习，你将了解到汽车总装的工艺流程、设备、布局规划、整车测试、通用技术等方面的知识，能比较全面地掌握整车制造的要点，同时了解总装的新技术及发展趋势，着眼未来。

👉 学习目标

序号	学习目标	知识点	学习要求
1	了解总装制造的概念和特点	1. 总装简介 2. 总装制造的特点	了解
2	掌握总装工艺流程和设定原则	1. 总装工艺流程及设定的原则 2. 各工段的工艺流程	掌握
3	掌握总装工艺规划的方法	1. 总装工艺布局规划 2. 总装物流规划 3. 工艺规划对产品设计需求的约束	掌握
4	掌握总装通用要素及控制方法	工时、人机工程、连接	掌握
5	掌握整车性能测试的标准和流程	1. 整车质量的指标 2. 质量检测的标准和流程	掌握
6	了解总装的新技术及发展趋势	1. 总装发展趋势 2. 总装新技术	了解

👉 课前小讨论

大家是否曾经组装过复杂的模型或电子产品？在这个过程中，每一个零件都必须准确无误地放置在预定位置，任何一个环节的疏漏都可能导致整个组装失败。汽车的总装工艺与之类似，它要求极高的精确度和精细的工艺流程。在新能源汽车的浪潮中，总装工艺不仅关乎汽车的性能与安全性，更是决定生产效率和产品一致性的关键。那么，在总装过程中，我们如何确保成千上万的零件能够高效、准确地组装成一辆高品质的整车呢？通过本章，我们将一起揭开汽车总装工艺的神秘面纱，探索如何通过精确的工艺流程和先进的技术设备，将成千上万的零件组装成一辆辆驰骋在路上的汽车。期待大家能在学习中找到乐趣，并深入理解总装工艺技术的精髓，为未来的汽车制造贡献智慧和力量！

新能源汽车制造技术

6.1 总装制造技术概述

6.1.1 汽车总装简介

总装是汽车制造工艺过程的最后一个环节,是将各种零部件、分总成按规定技术条件和质量要求依照一定的连接方式组装到车身形成完整产品的过程。这个过程包括了一系列复杂的工艺步骤,如装配、调试、检测等。一辆新能源汽车除了发动机、驱动电机、动力电池、悬架、车轮等大型总成和部件外,还包括大量的内外饰件、电器、线束、管路、油液加注等需要完成,如图 6-1 所示。所有装配内容都在生产线上完成,总装生产线主体由一系列输送设备构成,配备各种单机设备,如机器人、辅助装置、装配台架、工装制具、拧紧工具等,每个工人在规划好的作业位置上,按照流程化的工序内容和作业标准,在规定时间内相对独立地完成装配内容。

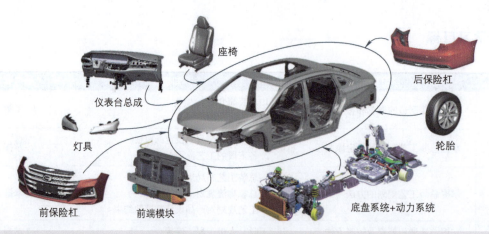

图 6-1 从车身到零件组装

6.1.2 汽车总装制造的特点

汽车的总装是汽车制造的最后环节,也是关键环节。它涉及将数千个零部件组装在一起,形成一辆完整的汽车。这个过程需要保证每个零部件都能准确安装到相应的位置,并确保整车的性能和质量。总装制造有以下特点。

1)整车质量决定性:总装在汽车制造中的地位和作用非常重要,是检验零部件制造质量的最后关口,能够发现生产过程中的薄弱环节,并直接影响产品的最终质量,同时保证各装配零件的正确性。

2)操作内容繁杂:总装的操作内容比较繁杂,涉及的零部件品种和数量众多,包括螺纹连接、销键连接、铆接、粘接、配管、配线、油液加注等多种方式。其中,螺纹连接装配最多。这些连接方式的选择取决于具体的零部件和装配要求,旨在确保连接的牢固性和可靠性。

3)流水线作业效率:为了提高生产效率,汽车总装采用了流水线作业的方式。这种方式使得每个工人只需要专注于自己的工序,从而提高了操作的熟练度和效率。同时,流水线作业与固定式装配相结合,既保证了生产效率,又确保了装配质量。

4）模块化提高效率：在总装过程中，通常先采用分装的方式，将一些小型的零部件预先组装成大的总成或模块，然后再进行总装，即模块化装配，这种方式有利于提高装配效率和质量，减少错误和返工的可能性。

5）人工操作不可或缺：尽管现代汽车制造中自动化技术得到了广泛应用，但在汽车总装制造过程，部分工位目前还离不开人工操作。这是因为人工操作具有灵活性高、适应性强等优点，能够应对各种复杂的装配需求。

6）物料供应严密：为了确保生产的顺利进行，各装配点所需的零部件和各种物料必须根据生产需求源源不断地运达。这就要求生产组织和管理必须严密和高效，确保零部件的供应和物流的顺畅。

总之，汽车总装工艺是汽车制造过程中的核心环节，具有显著的特点和重要性。它涉及复杂的操作内容、大量的零部件和物料管理以及高效的生产组织和管理。为了确保汽车的高品质和生产效率，汽车制造企业必须高度重视总装工艺的优化和改进。

6.2 汽车总装工艺流程

6.2.1 总装工艺流程及设定原则

总装工艺流程是指将各种零部件装配到车身上的一系列工艺步骤，这些步骤相互紧密关联，需经过严谨的理论分析、仿真和实践后确定。如何设计总装工艺流程，主要有以下要点。

1）工序排布顺序：根据各零部件的装配关联性和产品属性层级合理设定装配逻辑顺序。一般按照串联或并联的装配属性、上下先后顺序及由内至外的覆盖层级进行逐层覆盖性装配，同时考虑避免工序作业干扰，以及预留检验工序。

2）零部件总成集中装配：混线生产中，不同车型同类零件布置在同一工位，例如前后悬架和前后保险杠等。这有助于提高装配效率，起到很好的防错和物流便利性，避免错漏装发生并利于质量控制。

3）模块化装配：汽车总装模块化生产可以显著提高生产效率、降低工艺复杂性、缩小工厂规模并提高生产线柔性。通过采用模块化技术，可以大幅减少生产线长度和装配难度。

4）独立工序工位原则：部分独立工序通常不与其他工序关联，以保证装配质量和生产安全。这些工序包括前后风窗涂胶和装配、轮胎安装和拧紧、汽车燃油加注、底盘和车身合装等。大型设备在工艺流程设计之初就要考虑，以减少变更和修改对设备的影响。

5）人机工程装配：总装装配应充分考虑操作人员的舒适度和健康状况，优先选择站立姿势进行装配，尽量避免高处、弯曲及侧身动作。各类零件应合理地布置在适合操作人员站立时触及的标高范围内。

基于以上要点，现代化的总装车间通常设置若干工段，如内饰线、底盘线、终装线，还有仪表分装线、车门分装线、前悬分装线、后悬分装线等分装线，最后达到终检线检测合格后发车，如图6-2所示。

总装的工艺流程没有统一标准，不同汽车企业工艺流程观念不同，可能存在较大差异。下面以某汽车企业总装车间为例，简要介绍不同工段的工艺流程。

新能源汽车制造技术

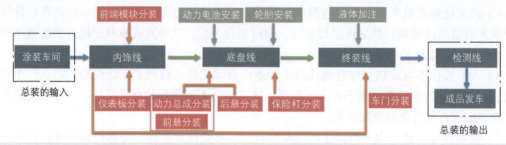

图 6-2 新能源汽车总装典型制造流程图

6.2.2 内饰线工艺流程

视频6-1
内饰线

当车辆从涂装进入总装后一般首先进入内饰线，此时车身被滑板上的托架支撑。首要工作就是将车门与车身分离，便于各种零件在车身上安装。根据从内到外的工序排布原则，内饰线作为总装的起点，主要安装整车的内衬，也是最接近车身的零件，比如覆盖在车身上的线束、隔声件、天窗、安全系统零件、仪表台、前端模块、顶篷、地毯、副仪表、ABC柱内饰板、前后风窗玻璃等。部分零件如天窗、仪表总成、前端模块、前后风窗玻璃，由于体积和重量较大，需要使用自动机器人或手动助力设备安装。从安装的零件在整车的位置看，主要在车身内部，因此在此工段，车身需要摆放在一个可方便工人上下车的高度，以某总装车间为例，此高度设定为350mm。图 6-3～图 6-7 所示为内饰线主要安装的零件、设备及车身标准高度。

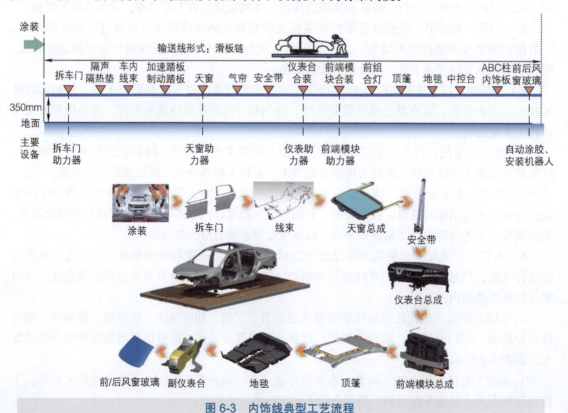

图 6-3 内饰线典型工艺流程

148

图 6-4 前/后风窗玻璃自动安装

图 6-5 前端模块自动安装

图 6-6 车身线束布置

图 6-7 仪表总成合装

6.2.3 底盘线工艺流程

内饰线完成前机舱内层零件装配及车身覆盖件装配后,为了使汽车真正跑起来,需要安装动力及底盘系统,比如燃油管、制动管、空调管、高压线束、动力电池、底盘模块,还有保险杠、轮胎装配,如图 6-8 所示。其中动力电池及底盘模块重量大,合装精度要求高,需要用到专门的滑橇或重载举升设备,如图 6-9 和图 6-10 所示。同时这些零件几乎都在车底,因此此工段的车身需要转换到吊具并举升到一定高度。根据所装配的底盘零件位置不同,车身需要摆放在不同高度,以某总装车间为例,在不同区域,车身高度分别设定为 1100mm 和 1700mm。新能源汽车三电系统通过高压线束连接,高压线束系统的装配对环境清洁度要求较高,同样需要操作人员具备相关资质,采取高压防护措施,如图 6-11 ~ 图 6-14 所示。

6.2.4 终装线工艺流程

底盘及轮胎安装完成后,车辆会下到地面滑板或者板链,一方面完成前机舱管路线束连接,另一方面完成内在和外在的美化,再进行油液加注、车门合装,最后进行整车初始化,激活车辆各项功能,让车辆起动下线,如图 6-15 ~ 图 6-20 所示。其中座椅、蓄电池、车门合装需要机器人或助力设备。油液加注一般使用多合一加注设备,铭牌打刻和初始化分别用专用设备操作。以上工作在车辆下地的高度即可无障碍完成。

新能源汽车制造技术

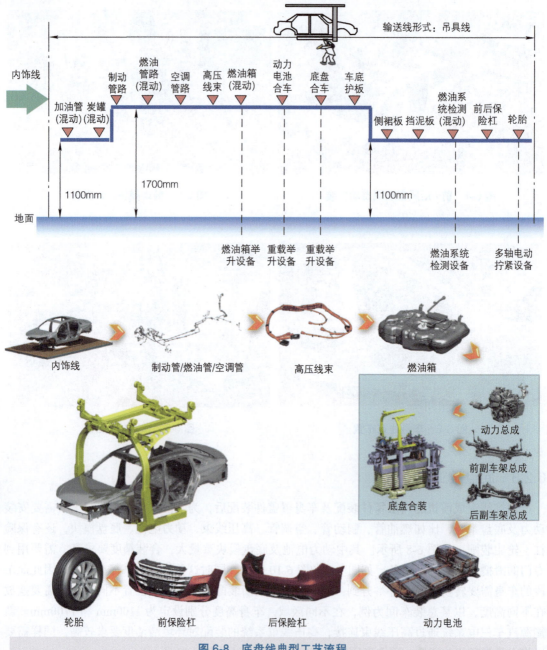

图 6-8 底盘线典型工艺流程

视频6-2
底盘线

图 6-9 在滑橇上进行底盘模块自动合装

图 6-10 动力电池合装

图 6-11 车底线束管路连接

图 6-12 保险杠安装

图 6-13 高压系统电气线路连接及检修

图 6-14 高压系统安装检修相关防护器具

新能源汽车制造技术

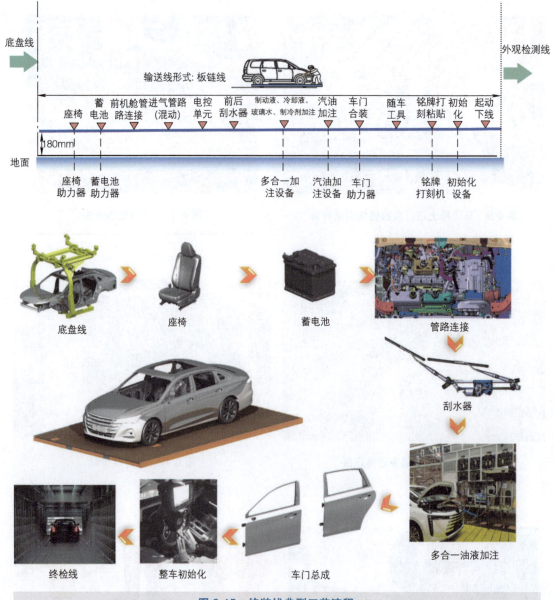

图6-15 终装线典型工艺流程

视频6-3
终装线

第6章 总装制造技术

图6-16 机舱管路连接

图6-17 座椅自动安装

图6-18 油液加注

图6-19 整车初始化

图6-20 车门合装

153

6.2.5 分装线工艺流程

汽车总装生产线为实现全部装配任务，总装生产线总长度会较长。但较长的串行生产线会导致生产效率降低，质量控制的难度加大，为了解决这些问题，一般采用分装线缩短主线长度的方式。分装线是指将总装线上的某些工序分离出来，单独设置一条生产线，完成这些工序后再将半成品送回总装线进行后续工序，实现并行生产，即模块化生产方式。甚至将大大小小的零件总成组装好后再送到总装车间。这种方式可以减少总装线上的环节数量，缩短生产线的长度。同时，分装线还可以根据工艺特点进行专业化生产，提高生产的专业化程度和产品质量。

分装线一般有仪表分装线、车门分装线、动力总成分装线、前悬分装线、后悬分装线、前端模块分装线、保险杠分装线。图6-21所示为常见分装线组装的零件图示。

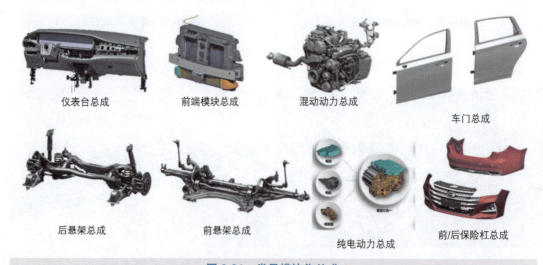

图6-21 常见模块化总成

仪表台总成主要包括仪表横梁、仪表线束、前鼓风机、控制器、转向管柱、仪表板本体、组合仪表、出风口、仪表板饰板、杂物箱，工艺流程如图6-22～图6-26所示。

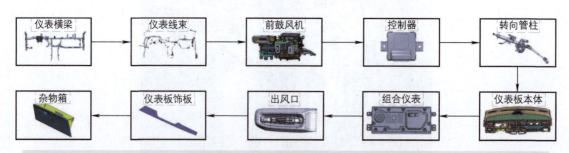

图6-22 仪表台分装典型工艺流程

车门总成主要包括车门、门把手、门锁、限位器、门线束、玻璃滑动胶条、玻璃升降器、门玻璃、扬声器、外水切、内水切、密封条、防水膜、后视镜、门饰板，工艺流程如图6-27～图6-29所示。

第6章 总装制造技术

图6-23 仪表线束布置

图6-24 仪表台车翻转紧固

图6-25 仪表板安装

图6-26 显示屏安装

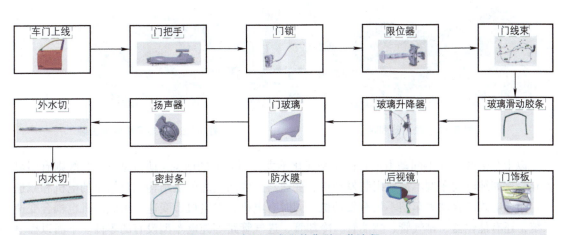

图6-27 车门总成分装典型工艺流程

图 6-28 车门线束布置

图 6-29 车门玻璃安装

前端模块总成主要包括散热器、冷凝器、管路连接、前端模块骨架，工艺流程如图 6-30 ~ 图 6-32 所示。

后悬架总成主要包括后副车架、转向节、制动盘、卡钳、轮毂轴承、后驱动电机、后驱动轴、摆臂、连杆、后减振器、后弹簧，工艺流程如图 6-33 所示。

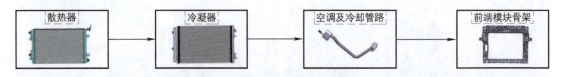

图 6-30 前端模块总成分装典型工艺流程

图 6-31 散热器固定

图 6-32 前端模块骨架安装

以上分装线对于不同动力形式的车型变化不大，而以下的前悬 - 动力总成分装线则有明显差异。比如纯电动车型不需要组装发动机、变速器，取而代之的是结构相对简单的电机和减速器。而插电式混合动力车型不仅有发动机，同时有电机、发电机、变速器组成的机电耦合变速系统，还有催化器、排气管、燃油管、冷却管、进气管路等纯电车型没有的零件。下面以插电式混动车型为例，前悬 - 动力总成分装线工艺流程如图 6-34 所示。

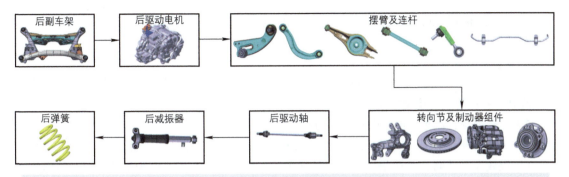

图 6-33 后悬架总成分装典型工艺流程

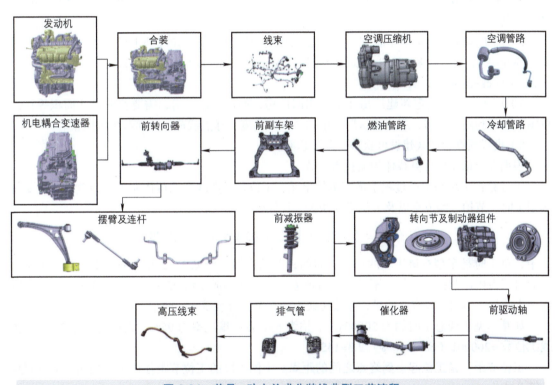

图 6-34 前悬-动力总成分装线典型工艺流程

6.3 汽车总装的工艺规划

在汽车总装过程中,工艺规划是确保生产效率、产品质量和成本控制的关键环节。总装的工艺规划是一个复杂的过程,它涉及多个方面的考虑,包括但不限于生产效率、质量控制、成本管理、线体布局、设备选型、人员配置以及未来的扩展性。以下从工艺布局规划、物流规划及工艺对产品设计需求三大方面,对汽车总装生产线的工艺规划进行分析。

6.3.1 总装工艺布局规划

总装工艺布局规划需要按以下步骤进行：获取规划要素、设定产线布局原则、设计产线布局方案等。

1. 获取规划要素

1）建设思路：确定规划产能采用一次规划、分步实施，滚动发展的建设模式，还是采用一次规划、一次建成的建设模式。

2）生产纲领：汽车批量生产时要达到的年产量。

3）工作制度：单班/双班/三班制，每班生产小时数，从而推算生产节拍。

4）混线车型策略：确认是一个汽车品牌单独生产还是多个品牌混线生产，同时需确认混线生产的车型数量、车型平台（A 级、B 级、C 级）、车型能源形式（燃油、混动、纯电）等。

5）车型参数：确认生产的车型长宽高、轴距、整备质量、车型等级（SEDAN、SUV、MPV）等。

6）加工深度：确定整车装配和模块总成装配的生产车间，如海外工厂，还会有"散件组装"（Knocked Down, KD）、"全散件组装"（Complete Knocked Down, CKD）、"半散件组装"（Semi-Knocked Down, SKD）模式。

7）厂房草图：确定新建厂房还是利用旧厂房，如是新建厂房，需要获取尺寸面积等初步草图，如是利用旧厂房，还应确认厂房结构、下弦高度、球点载荷、地面载重等因素。

8）投资预算：产线建设可获得的资金总额。

根据以上信息可计算线体相关技术参数。

工位数：工位是生产过程中最基本的单元，工位数是产线容纳可作业工位的数量，主要与车型工时、节拍、编成率以及工位密度相关。计算公式为

$$工位数 = 总工时 / （节拍 \times 编成率）/ 工位密度$$

式中，总工时是车型在该工段的总作业时间；节拍详细解释见 3.4.2 节；编成率是单个工位的作业时间占生产节拍的比例，不同工段有所差异，整体编成率约 95%；工位密度是单个工位所占工人数量，不同工段有所差异，主输送线为两三个，分装线为一两个。

如某车型主线总工时约为 20000s，节拍为 63s/台，编成率为 95%，岗位密度为 2.3，则主线工位数 =20000s/（63s×95%）/2.3=145。

工位节距：是工位起点到终点之间的距离。不同工段的工位节距往往不尽相同。工位间距计算公式为

$$工位节距 = 规划最大车型长度 + 作业区长度$$

一般来说，内饰、底盘线按照白车身的长度计算，外装线按照整车的长度计算。作业区长度设定按以下原则：身高 170cm 的人（工作活动直径 600mm）能够很容易通过两台白车身之间，同时考虑操作设备投入不造成影响，尾盖打开轨迹线与后车车头不产生干涉。如需要考虑前后车同时作业，则需要更长的作业区长度。

如规划车型白车身长 4800mm，建议内饰线设定工位节距 = 4800mm + 1000 mm = 5800mm，如图 6-35 所示。

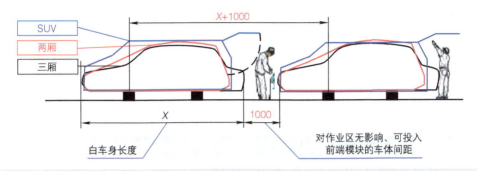

图6-35 内饰线工位节距设定图

工位节距的不同最终影响到输送线的整体长度,进而对输送线规划产生影响,为总装车间布局最重要的参数之一。工位间距也直接制约工厂投产车型大小。

如以上总装车间主线线体长度 = 工位节距 × 工位数 =5.8m×145=841m,加上线体间转挂升降段所占长度、转弯长度及其他非工作长度,才能计算出主线建造长度。

2. 设定产线布局原则

1)以人为本设计原则。应将"以人为本"的理念贯彻到总装工艺设计的全过程,根据装配内容在不同线体设计多个作业高度,改善员工装配作业的劳动强度,提高作业效率,保证作业安全。

2)柔性化原则。为了适应工厂现有车型及将来发展车型的混线生产。汽车总装生产线的设计应易于工艺的持续改进以及后续扩展的可能性,考虑后续车型导入设备兼容性、工艺流程、工位间距等内容。

3)工时平衡原则。生产区域尽可能集中,生产线长短适中,同工时的工作分散至多个工位,可以使岗位工时饱满。混线车型整车工时不能相差太大,避免工时及设备浪费。

4)模块化装配原则。总装生产线分成若干个装配模块,在设计允许的前提下应保证各装配零件定区域化,将这些零部件集中在一个区域,以模块化的方式装配,降低工序件工时差异,使主线精短化,提高装配效率。

5)经济性原则。总装输送线规划设计应充分考虑成本因素,以追求低成本、高品质、高效益为目标。设备选型应讲求先进、方便、实用,不片面追求高新技术。

6)节能降耗原则。设计过程中,应重视节能降耗,能源动力(压缩空气、电力、暖通)集中供应、动力源尽量靠近使用点。分装线设置在主输送线的侧面,物流区靠近装配区等都能达到良好的节能降耗效果。

3. 设计产线布局方案

有了规划要素以及布局原则,基本上可以分析并设计总装产线布局。

首先应保证基本的机能单位,根据作业要素制定内饰工艺、底盘工艺以及终装工艺,新能源车型兼容设计需要考虑建设动力电池装配线。其次,需根据产品设计确定模块化分装部件,一般来说,模块化装配主要包含仪表台总成、前端模块总成、动力总成、前悬架总成、后悬架总成、车门总成等。最后,还应该根据车间规划理念,适当地设计一些自动化装配部件,比如前后风窗玻璃自动安装、轮胎自动安装、座椅自动安装、动力电池自动合装等,根据零部件落点归纳到相应的线体布置。这样即可实现规范化的总装工艺流程。

进行总装产线布局时，还应当考虑工位数量、工位间距、线体宽度，同时结合总图面积及形状、相连车间的位置、外部物流走向、路试跑道位置、成品车库位置多重因素进行规划。目前常见的总装工艺布局形式主要由 S 形（图 6-36）、L 形（图 6-37）、U 形（图 6-38）三种，每种形式都有其优缺点（表 6-1），在设计布局方案的时候应该根据布局原则，并结合各布局的特点进行规划设计。

表 6-1　各布局形式对比

布局形式	优点	缺点
S 形布局	各生产区域集中，利于生产管理，适合面积狭长的厂房，占用面积较小	物流一般集中在厂房的两侧，物流配送上线的时间较长
L 形布局	物流区域可布置在线体的侧面，减少物流配送上线的时间	生产区域相对集中，占用厂房面积相对较大
U 形布局	线体简单，生产线较为集中，物流零件配送距离短	产能规划较小

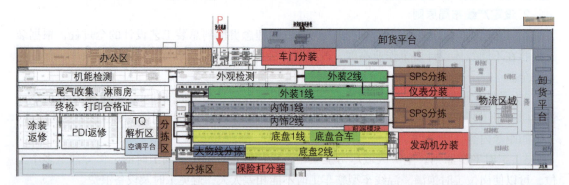

图 6-36　S 形布局

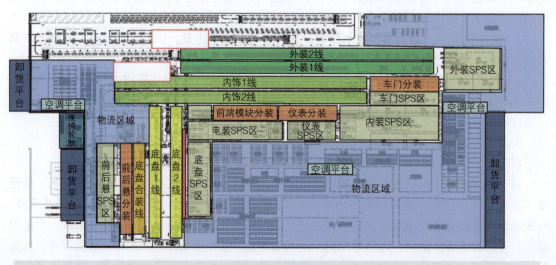

图 6-37　L 形布局

第6章 总装制造技术

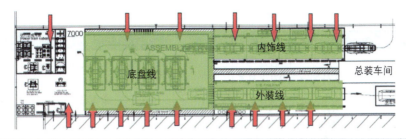

图 6-38 U 形布局

除了以上三种常见布局外,也出现过其他异形布局,如一字形布局、E 形布局、T 形布局、十字形布局等,布局没有绝对标准,只要能满足各工厂的设计需求,并在效率、成本、柔性等方面保持竞争优势,就是合适的布局。

6.3.2 总装物流规划

一辆汽车大约有几千个零件在总装车间装配,因此物料配送是一项非常繁重而又非常重要的工作。而总装物流作为汽车物流的重要一环,物流工艺规划的精益性,对汽车制造企业降低物流成本、提高物流效率至关重要。

1. 物流配送模式

精益物流配送由传统单一的线边进度配送改善为线外配送以及线边配送,将部分零件配送至线外区域,保留部分线边零件,这样线边 + 线外配送方式可以实现高车型容纳数。物流配送模式由进度配送 + 同步物流配送 + SPS 配送 + 看板配送组成,其中线边配送包含同步物流配送以及进度配送,线外配送为 SPS 配送,见表 6-2。

表 6-2 物流配送模式分类

零件	模式	说明	特点	划分原则	图例
非紧固件	生产准备 -SPS	集中 SPS 配送	将线体所需的零部件按照装配顺序预先拣选、打包,直接配送至相应工位	零件按单台份分拣配送,提高装配人员工作效率,但需要对零件进行二次搬运且对物流面积要求大	① 体积不大,易搬运 ② 分拣效率高 ③ 派生风格多 ④ 内部线体	
	生产准备 - 线边	厂内同步物流	根据涂装下线的车体排序信息,由工厂内物流部门对零件进行排序装载并按时配送,使零件取用顺序与车体顺序一一对应	减少线边或分拣区库存面积,提高分拣人员工作效率,配送精度较高	① 配套厂家配送到公司不能满足 2h 的远郊以及省外零件 ② 多派生风格,包装占地面积多	
		厂外同步物流	根据涂装下线的车体排序信息,由主机厂周边的零部件供应商对零件进行排序装载并按时配送,使零件取用顺序与车体顺序一一对应	降低厂内库存,减少仓库和线边空间占用,配送精度较高	① 配套厂家配送到公司能满足 2h 的近郊零件 ② 多配置风格,包装占地面积多	

（续）

零件	模式	说明	特点	划分原则	图例
非紧固件	生产准备-线边	进度配送	根据生产计划，生成零件配送指示并准备零件，再根据实际生产指示进行零件配送的物流方式	根据生产拉动，进行零件配送，减少线边库存	① 易识别的大型零件 ② 配置风格少，重量大	
紧固件		看板配送	在工序间建立看板，使前工序能及时准确地了解后工序的需求情况，进行没有浪费的零件补充	数量多、体积小、统一使用周转箱包装的紧固件		

2. 物流布局原则

1）物流最短化原则。总体上尽可能地采用多面物流方式，采用外围物流包围生产线布局，实现物流的最短上线路线；体积大的零件以及同步物流零件通过输送线或自动引导车（Automated Guided Vehicle，AGV）直接配送至线边，中小零件采用 SPS（Set Parts Supply）配送，即将一辆整车所需的零部件按照装配顺序预先拣选、打包，并直接配送至生产线的相应工位，最大限度地减少浪费。

2）根据各生产线装配零件特性，一般将有大零件装配的终装线、内饰线布局在产线外围，底盘以及底盘分装线独立布局在物流区域，其余线体可布局在产线里侧，如图 6-39 和图 6-40 所示。

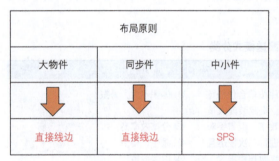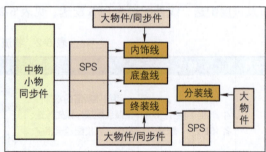

图 6-39 物流布局原则

3）人车物分流原则。总装厂的工艺布局应充分考虑到物流配送、产品车流向和人员流向的需要，保证人流、物流、车流顺畅便捷，相互之间无交叉干涉。

6.3.3 工艺规划对产品设计需求

产线规划布局落地、设备导入完成后，工艺还需对产品设计提出相应的需求。

汽车的批量生产制造，是在特定约束条件下实现的。一辆新车型导入产线，需要考虑产线的产能瓶颈、车型容纳数量以及设备通过性等，通过新车型的外形尺寸等主要参数分析各产线匹配的程度，从而选择合适的产线进行生产。目前，市场竞争非常激烈，各企业规划新车型时，都在思考如何使用最优的工艺以及最低的成本，生产出最优的产品。从工艺的角度出发，需要通过工艺约束产品设计，实现改造周期缩短以及降低改造费用。

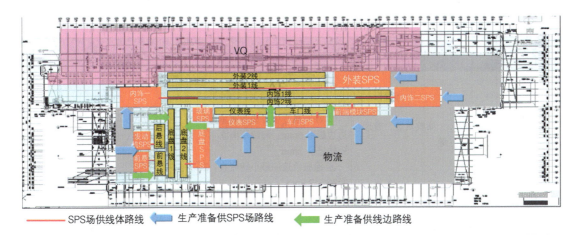

——— SPS场供线体路线　　⟵ 生产准备供SPS场路线　　⟵ 生产准备供线边路线

图6-40　某总装物流布局规划图

一般来说，工艺约束主要分为三类，分别是平台硬点约束、模块化硬点约束以及其他非硬点约束，见表6-3。

表6-3　常见工艺约束参数

序号	分类	约束项目	描述	约束条件	图示
1	平台硬点约束	输送线	整车（安装前后保险杠后，前机舱盖及后尾盖打开）最大尺寸，保证现有生产线通过性，不与周边机构及吊具本身干涉	线体工位间距：5800mm 长×宽×高：5100mm×2000mm×1800mm（未装轮胎）轴距≤2900mm；轮距≤1700mm；整备质量≤1800kg	
2	平台硬点约束	输送线	车体在总装流动及升降机转挂的吊具支撑孔尺寸需要，底盘吊具及内饰滑板支撑的尺寸一致	①车体左前、右前、左后、右后定位孔采用销支撑定位，长圆孔尺寸φ30×52mm ②车体左前、右前定位孔中心距1070mm ③车体左后、右后定位孔中心距1110mm ④前、后定位孔中心距1555mm	

（续）

序号	分类	约束项目	描述	约束条件	图示
3	模块化硬点约束	涂胶设备	涂胶轨迹、胶形等	①胶形为底为8mm、高13mm的等腰三角形 ②涂胶轨迹中心线距离黑边边缘≥6mm，海绵距离涂胶轨迹>2mm ③涂胶轨迹的最小转弯直径需>24mm	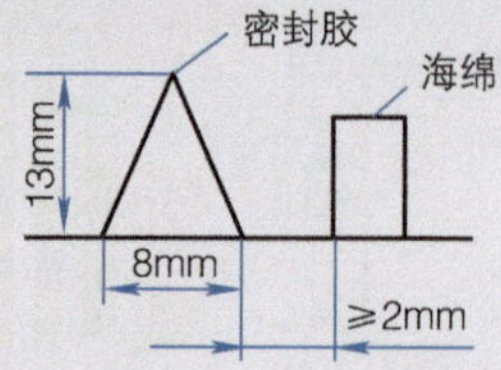
4	模块化硬点约束	仪表机械手	机械手夹持头尺寸、气缸行程范围、机械手夹持仪表进车操作性	①左右夹持孔一致且满足大小孔尺寸如下： A. 大孔：60mm×30mm B. 小孔：33mm×22mm ②左右夹持孔之间长度1320~1620mm ③仪表总成投入车身与门洞单边间隙≥30mm	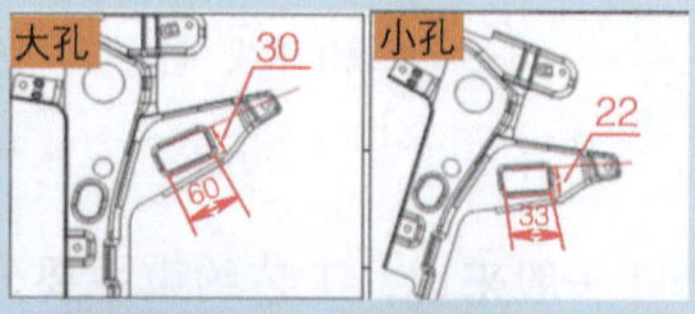 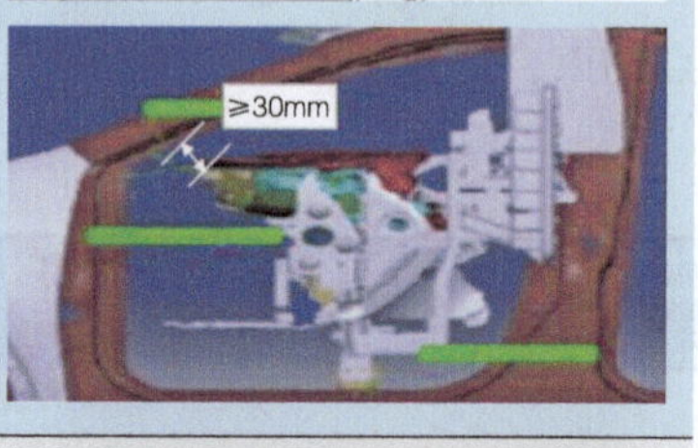
5	模块化硬点约束	电池合车拧紧	电池自动合车台板精度要求、载荷要求，电池自动拧紧要求螺栓布置、型号一致	①电池自动合车台板要求使用车身左右主定位孔，直径25mm，车身辅助定位孔（搬运孔）φ30×52mm，电池定位孔直径16mm ②电池自动合车台板要求动力电池重量在600kg以内 ③所有型动力电池拧紧螺栓布置在车身Y向两侧，螺栓型号统一	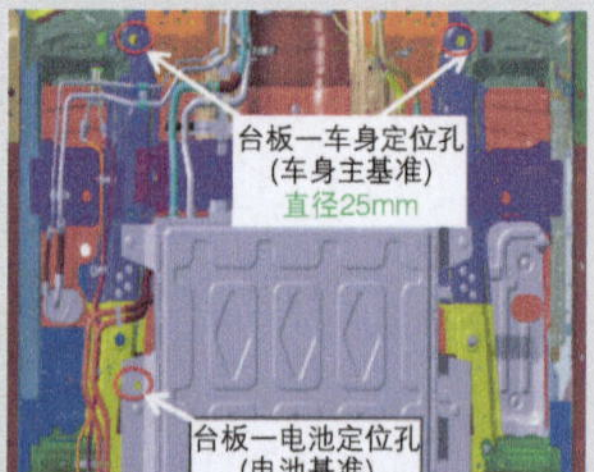 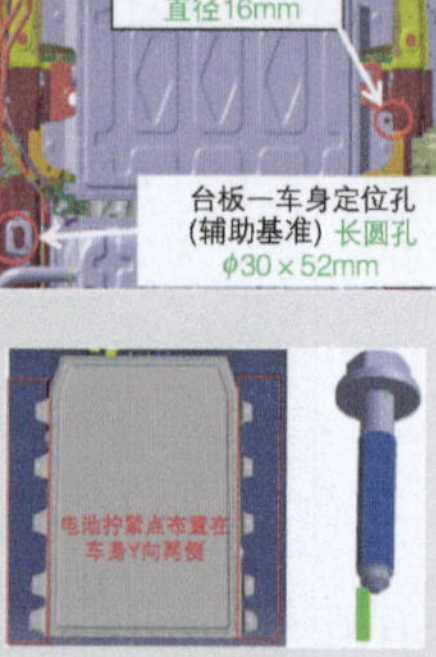

1）平台硬点约束，主要涉及产线通过性以及合车设备，多车型共线、变更会导致产线或车型设计出现重大调整。比如内饰滑板的支撑定位、底盘吊具的支撑定位、输送线的工位长度、输送线的载荷等。

2）模块化硬点约束，主要涉及各模块分装及合车接口，适当改造可满足多车型共线生产。比如各助力设备、加注设备、涂胶设备等。

3）其他非硬点约束，主要针对改造影响较小的工装设备，工装尽量做到通用。

工艺约束是对产品设计的期望，实际设计过程中，由于考虑的设计因素众多，新产品往往无法完全满足约束需求。在检证新车型通过性时，对于未能满足约束的项目，需要额外增加投资，加大周期，对产线设备进行适应性改造，以实现多车型混线生产。

6.4 总装常见设备

汽车的生产是车身在流动的过程中将数以万计的零部件按照规定的工艺流程和工艺要求安装到车身上完成的，车身的流动装配需要借助专门设备进行搭载和作业。根据设备形式划分，总装设备主要分为输送设备以及单机设备两种，详细分类如图 6-41 所示。

6.4.1 输送设备

汽车总装生产装配工艺环节，车身在线体和线体间的输送及转挂的全自动化，需要依靠总装输送设备及其控制系统的良好运行来保证。以下按不同工段分别说明主要输送设备的形式。

1. 内饰线

内饰线主要有滑板线、滑橇+板链及 AGV 输送线三种形式，其中又以滑板线为常用形式。

滑板线由多块滑板衔接而成，滑板在两侧电动机的摩擦驱动下前进，如图 6-42 所示。每块滑板整体为焊接结构，主要由框架、支撑柱、木板、导轮等构成。其中支撑柱用来支撑车身，支撑柱的高度直接决定了作业标高。为了使作业标高更有利于工程作业，许多工厂使用可升降滑板，升降机构可分为机械被动式升降与电动机控制主动升降。根据作业工位装配高度要求，滑板在不同工位可调整高度，以实现更好的人机需求，如图 6-43 所示。

2. 底盘线

底盘线主要有吊具线和可升降滑板两种形式，其中又以吊具线为常用形式，如图 6-44 所示。

吊具线一般由吊具、轨道、驱动电动机组成，吊具吊挂在轨道下方，通过线体顶部的动力驱动前行。吊具的驱动方式主要分为链条式驱动和摩擦轮驱动。链条式驱动对应单条线体，可布置一台高功率电动机，通过电动机驱动链条方式实现吊具前行，该方式成本低、噪声大、污迹多、维修不便。摩擦轮驱动通过布置在轨道两侧的电动机驱动摩擦轮，摩擦吊具前行，该方式需要的电动机数量较多，成本较高，但是调整灵活、噪声小、维修方便。

为了实现更灵活的车身高度变化，部分工厂设置可升降吊具，甚至部分欧美企业使用可翻转吊具，可同时调整高度及翻转车身，实现更好的人机工程，如图 6-45 所示。

3. 终装线

终装线主要有滑板线、板链线两种形式，如图 6-46 和图 6-47 所示。

滑板线与内饰线结构形式基本一致，但滑板上无需支撑柱。与滑板线由多块大的分体滑板组成线体不同，板链线由多块小的节距板拼接而成，主要包括上下层板链、驱动、轨道等，驱动布置在线头线尾。依据材料划分，板链线主要分为钢板链和塑料板链，两者差异主要体现在噪声、维护性以及成本。

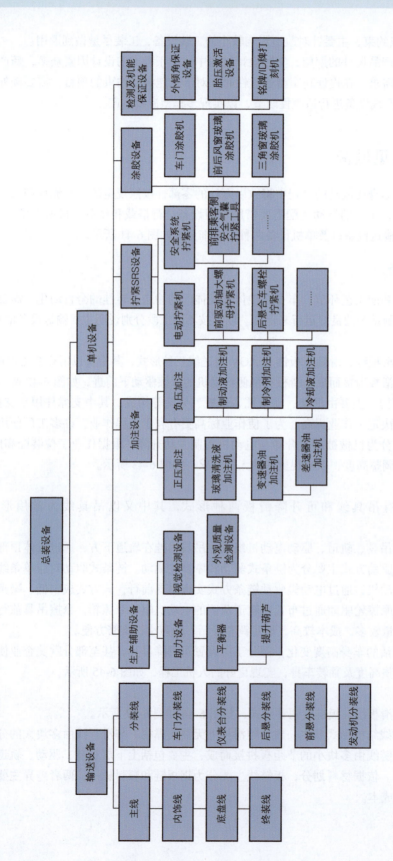

图 6-41 总装设备分类

图6-42 摩擦电动机驱动台板前进

图6-43 内饰线可升降滑板

图6-44 底盘吊具线

图6-45 底盘线可升降翻转吊具

图6-46 终装线滑板线

图6-47 终装线塑料板链线

4. 分装线

分装线根据输送线结构形式、工作原理不同，可分为悬挂输送线、辊筒线、倍速链、传动带线、AGV输送线等。各线体差异及划分见表6-4。

表 6-4　各线体差异及划分

线体	悬挂输送线	辊筒线	倍速链	传动带线	AGV 输送线
图示					
优点	运行稳定、维护性好	结构简单、成本低	结构简单、成本低	结构简单、维护性好	行走路线可灵活调整
缺点	价格较高	占地面积较大	占地面积较大	承载能力较弱	成本较高
适用线体	车门线 / 仪表线	轮胎线 / 座椅线	前后转向节线	保险杠线 / 油箱线	前端模块线 / 仪表线

除此之外，输送链设备还包含升降机、移行机、升降台等转挂设备，以保证车身在不同线体之间的过渡切换，此处不详细展开说明。

6.4.2　单机设备

单机设备指可以独立于输送线运行的设备，主要包含生产辅助设备、加注设备、涂胶设备、拧紧设备、检测及机能保证设备等。

1. 生产辅助设备

生产辅助设备主要指助力设备，用于辅助作业人员搬运重物。依据结构形式划分，主要有平衡器以及吊挂葫芦。依据搬运对象划分，一般有拆 / 装车门、座椅、仪表、天窗、前端模块、蓄电池、燃油箱平衡器，以及副车架、方向机吊挂葫芦等。依据自动化程度划分，可分为手动和自动，手动平衡器搬运重物的移动轨迹需要由员工自行控制。自动平衡器则通过预设的程序和传感器来精确控制，如图 6-48 所示。平衡器结构主要包含轨道系统、行走系统、平衡主机、电控系统、气控系统和夹具等。葫芦的平衡部件主要包括气动式、电动式、平衡吊，如图 6-49 所示。

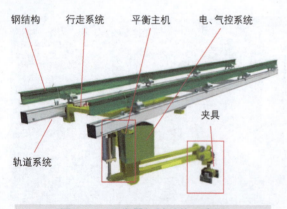

图 6-48　平衡器机械结构示意图

图 6-49　吊挂葫芦示意图

2. 加注设备

通常一辆整车，包括传动系统、空调系统、冷却系统、制动系统、洗涤系统等，这些系统的正常运转离不开特定介质。而加注机就是指将这些介质加入汽车相应管路系统的设备，确保相应的系统能够正常运行。

加注设备按照加注介质分类,分为变速器油加注设备、差速器油加注设备、制动液加注设备、制冷剂加注设备、冷却液加注设备、玻璃洗涤液加注设备;按照功能分类,分为正压加注和负压加注。正压加注是指通过加注泵,直接将介质充入的技术,如变速器油加注、差速器油加注、玻璃洗涤液加注,如图 6-50 所示。负压加注是指先对系统管路进行抽真空,使管路内部处于低真空状态,再进行加注的技术,如制动液加注、制冷剂加注、冷却液加注,如图 6-51 所示。

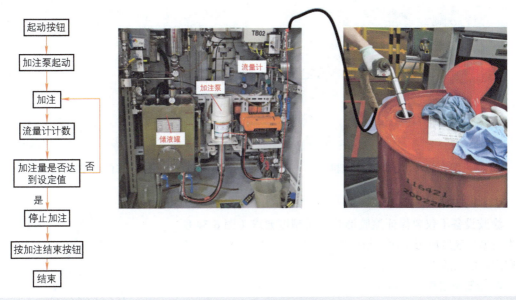

图 6-50　正压加注原理

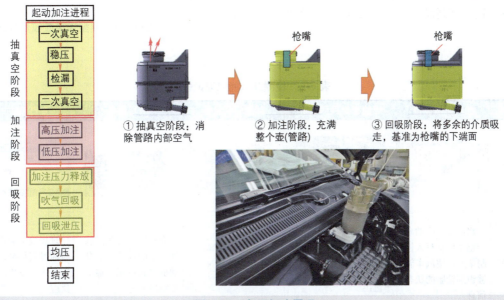

图 6-51　负压加注原理

3. 涂胶设备

汽车上部分开闭件需要利用密封胶确保良好的密封性和防水性，防止水分、灰尘和其他杂质进入汽车内部。总装的涂胶设备是指涂抹密封胶的设备，按涂胶对象的不同，常见的有风窗玻璃涂胶机（图6-52）、侧窗涂胶机、天窗涂胶机、车门涂胶机（图6-53）、动力电池涂胶机等。由于涂胶精度要求较高，基本通过视觉系统实现全自动涂胶。

图 6-52　风窗玻璃涂胶机

图 6-53　车门涂胶机

涂胶设备不仅要保证涂胶形状满足精度要求（图6-54所示为典型玻璃胶胶形截面，精度要求一般为 ±1mm），同时需要有准确的涂胶轨迹控制能力。

4. 检测及机能保证设备

为保证总装装配的零部件机能符合要求，还需要一些检测及机能保证设备，主要包括胎压激活设备、燃油密封检测设备、铭牌打刻设备、刷写设备、安灯系统等，见表6-5。

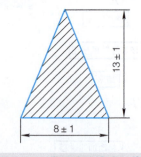

图 6-54　典型玻璃胶胶形截面

表 6-5　检测及机能保证设备

线体	胎压激活设备	燃油密封检测设备	铭牌打刻设备	刷写设备	安灯系统
图示					
作用	将汽车4个胎压传感器信息写入控制单元，使汽车能够识别轮胎的状态信息	对汽车燃油系统的密封性进行检测，防止燃油系统有泄漏风险的汽车流出	打刻车身铭牌，铭牌上包含VIN、整车型号等	向控制单元写入软件程序的设备，如发动机控制单元、整车控制单元等	现场故障异常时通过安灯系统实现停链及快速反应

6.5 总装通用工艺要素

总装的核心工作是组装零件，提升生产效率一直是企业追求持续发展的重要课题，为实现以上目的，总装主要围绕以下工艺要素开展工作。

6.5.1 工时

车辆在总装生产线通常需要按一定节拍时间流动下线，所以工序的作业时间的合理测定是总装工艺设计中一个重要的考虑因素，工序的作业时间既要在节拍时间内留有合理的生理宽放时间，同时为了兼顾制造效率，需要不断优化作业时间及减少上下工序作业等待的浪费。在总装工艺领域，工时技术的应用一般包括以下几个方面。

1. 车型标准时间的测定

标准时间是指拥有平均技术水平的作业人员，以规定的作业方法，用正常的速度完成一定单位量的工作所需要的时间，包括人所必需的宽放时间以及由于疲劳、延迟所需的宽放时间，由基本时间+宽放时间构成。测量标准时间的方法一般可分为经验评估、直接测量法、预定时间系统（Predetermined Time System，PTS）等。

1）经验评估法，方法一是参考过往实际样本、实际资料估测平均作业时间，如参考过往量产车型作业要素的作业时间。方法二是通过具有丰富行业经验、深厚相关知识功底人员的专业评估。

2）直接测量法是指使用测量仪器（秒表、摄像机等）分析作业方法的作业要素，记录观测时间，与普通速度进行比较，并做出主观性判断，以及附加宽放时间等。该方法需要结合作业者作业速度评比来测定，必须在实际作业阶段进行观测，因此适用于车型上线后设定标准时间。

3）预定时间系统是将标准时间数据汇总为通用的作业测定方法的系统。它是一项工时测量技术，不需要直接观察作业，但需要深入了解作业中所需要的动作及作业要素方法，例如方法时间衡量（Methods Time Measurement，MTM）及梅纳德操作系列技术（Maynard Operations Sequence Technique，MOST）等。PTS 可在新车型上线前设定标准时间。

MOST 测定系统可分为 Maxi MOST、Basic MOST 和 Mini MOST。各种模式有不同的指数表，每一个时间值称为 TMU（Time Measure Unit），1TMU=0.00001h=0.036s；总装作业可应用 Basic MOST 来测定标准时间，见表6-6。以下举例说明应用 PTS 进行时间分析的步骤。

以安装天窗排水管为例，用 Basic MOST 进行时间分析步骤如下。

1）对作业顺序进行要素描述：前行2步拿取天窗排水软管，返回至车身旁（2步），上车，将排水软管对准天窗排水口并将软管用力插入，下车。

2）决定使用 MOST 何种操作序列，该作业内容中使用如下两种序列：

普通移动：ABG ABP A　　　　限制移动：ABG MXI A

3）进行时间单位赋值：

普通移动：$A_3B_0G_1\ A_{10}B_0P_3\ A_0$　　限制移动：$A_0B_0G_0\ M_3X_0I_0\ A_6$

4）转换 TMU 值为秒、分钟、小时：$26 \times 10 \times 0.036s = 9.36s$（普通速度的标准时间）。

以上为预测安装天窗排水管整个作业过程的作业时间的过程，其他零件的装配工时也可依此方法测出,这样在车型上线前就可以得出各个零件的人工作业装配时间,进而得出车型的总时间,便于后续的生产线的工位规划。标准作业时间的确定是一个循序渐进的过程,需要结合实际作业情况进行完善及调整,以提升时间的精度。

表6-6 Basic MOST 操作序列/模式

活动	序列/模式	细分活动
普通移动	ABG ABP A	A- 动作距离
		B- 身体动作
		G- 置于控制之下
		P- 定位
限制移动	ABG MXI A	M- 控制移动
		X- 过程时间
		I- 对准
工具使用	ABG ABP(A*)ABP A	F- 拧紧
		L- 松脱
		C- 切割
		S- 表面处理
		M- 测定
		R- 记录
		T- 思考

2. 作业岗位的规划

结合车型标准工时,可在车型投产前进行总装生产线的工艺编排,确定工装夹具、设备位置及台数等,再结合共线车型及作业规划安排,根据节拍时间,进行作业单元分割,规划生产所需的作业人员数。

理论人数:在一个生产节拍周期内完成一台车的装配,理论上需要的作业人员数。

$$理论人数 = \frac{车型总标准时间}{生产节拍 \times 编成率}$$

以上计算出来的理论人数为总装工时管理的基准数据,实际作业编成中由于受生产线专用设备、零件构造、布置等的影响,每个岗位的工时会有所差异,实际所需的人数与理论人数也会有所差异,这些差异也是进行工艺改进的机会。

3. 优化作业流程，提高作业效率

作业岗位的时间构成可分为主作业时间、辅助作业时间、宽放时间及等待时间，如图 6-55 所示。其中作业要素包括紧固、组装、粘贴、加注、嵌合、涂抹、连接、检查等，即直接用于生产所需要的时间；辅助作业要素包括步行、零件搬运、预装等，即为完成生产所需的辅助性作业的时间；宽放时间一般包括生理宽放、疲劳宽放和生产组织的管理宽放时间；等待时间指等待上下工序间的作业等待、停线等待等。

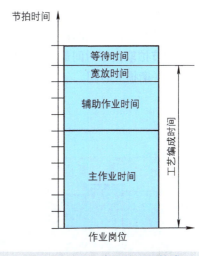

图 6-55 作业岗位的时间构成

1）主作业工时可在同步工艺中进行评审确认，通过对零件本体设计的改进来减少主作业时间，如简化安装方式，减少紧固点数量，提高零件集成度等。

2）辅助作业要素一般会作为工艺改进的机会，在物流及工位设计中考虑如何减少这些要素的产生。图 6-56 所示为某车型转向节总成分装工艺的改善案例。

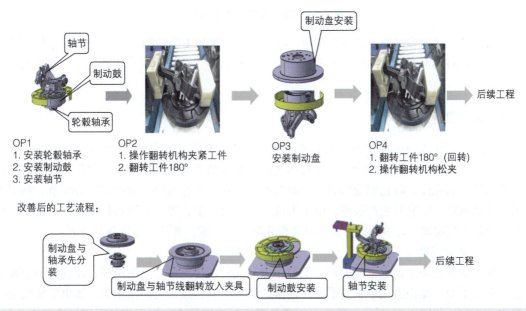

图 6-56 削减辅助作业时间改善案例

以上案例通过改进工艺流动的设计，取消了改善前 OP2 及 OP4 的操作翻转机构翻转的动作，提高了作业效率。

3）等待时间，即编成损失时间，除管理规定的等待时间外，还包括上下工序的作业时间的差异，即工序平衡损失、配置选装损失及共线车型间的工时偏差等。在工序平衡损失改善上，可以运用流程分析、动作分析、作业分析等方法进行改善，使各工序作业时间更为平均化，使生产线趋于平衡。

例如，某个零件总成的初始装配工位分为 OP1~OP6，每个工位的作业时间如图 6-57 所示，整条线流动节拍取决于时间最长的工位 OP6 的时间（35s），OP1~OP5 在这个节拍时间内的等待时间就是平衡损失时间。

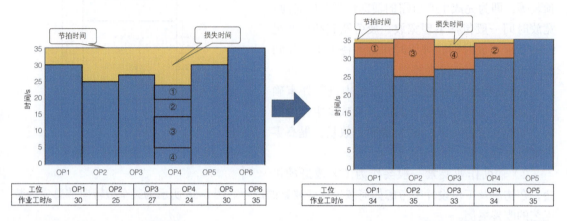

a) 线平衡改善前　　　　　　　　　　　　b) 工序优化平衡改善后

图 6-57　线平衡损失改善示意

通过对各工序内容的作业改善及重组，将原来时间短的工序 OP4 的作业分解、重组到其他工位，将原来 OP4 中的①②③④时间单元分别重组到其他工位中，将原来 6 个工位减少到 5 个工位。

6.5.2　人机工程

人机工程关注人与机器、环境的互动，旨在优化设计，使之适应人的生理心理特点，提高生产效率，保证安全、健康和舒适。优良的人机工程有助于提升工作效率、产品质量，降低成本，增强员工满意度，防止职业伤害。企业在产品开发、工艺编排、量产评价等环节，利用人机工程评估风险，以提升生产效率。由于人机工程比较复杂，评价范围和标准各异，企业往往根据自身需求制定相应评价标准。基于总装作业环境和要素，常见的评价项目如下。

1. 作业负荷评价

总装绝大部分作业通过上肢完成，上肢用力过大将加快操作者体能消耗，评价范围主要是操作力和负重力。操作力大小主要受零件连接的结构影响，最常见即按压力，如单手掌按压一般要求 ≤ 70N，如图 6-58 所示。负重力主要是搬运时使用的力，根据姿势不同标准各有差异，如图 6-59 所示。

2. 作业姿势评价

操作者需要在可接受的姿势下作业才能保持工作效率，避免职业伤害。图 6-60 所示作业姿势从左到右作业难度越来越大，应避免或减少最右侧动作保持的时间。

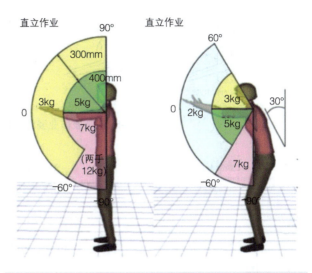

图 6-58 按压力示意　　　　　图 6-59 人体负重标准

3. 综合评价手段

由于人机工程的复杂性，考虑单一要素的评价方法往往不够全面，因此一般还需要综合的评价手段，以识别风险动作并进行改善。常见的 RULA（快速评估上肢工作姿势法）是通过对手臂、手腕、颈部、躯干等上肢姿势，以及负重、工作频率等因素进行加权评分的肌肉骨骼负荷分级工具，评分具体方法如图 6-61 所示。

RULA 评分的含义和合格性判断见表 6-7，对于存在风险的动作，可根据图 6-61 的评分弱项调整姿势或减少负重进行改善，也可以通过限制风险动作的持续时间进行改善。如全景天窗螺栓安装评分为 5，等级为 C，原因在于手臂上举过肩，举起的工具较重，头部后仰等不利因素叠加导致等级较高。可通过套筒加长减少上臂举升高度，工具降重减少手部载荷等。

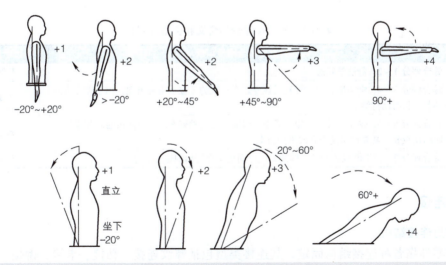

图 6-60 上肢作业姿势评价示意

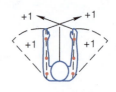

图 6-60　上肢作业姿势评价示意（续）

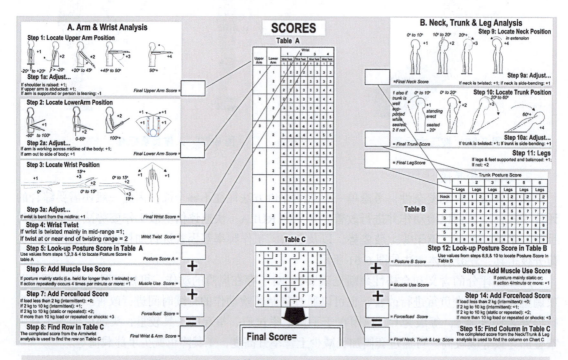

图 6-61　RULA（快速评估上肢工作姿势法）评分表

表 6-7　RULA 评分的含义和合格性判断

等级	评分的含义和合格性判断	持续时间限制
A	综合评分 1~2，舒适的状态	不限制
B	综合评分 3~4，舒适度一般，可接受该姿态在一般的工位上重复出现，但不能作为静止的状态长时间持续下去	≤ 45s
C	综合评分 5~6，这是一种不舒服的姿态，仅能接受这种姿态出现时间很短。如果持续的时间比较长，需要检讨是否有改进的方案	≤ 20s
D	综合评分 7，很不舒服的姿态，即使是短时间也不允许出现这种姿态	不允许

6.5.3　连接

1. 常见连接结构

总装零件靠各种连接结构固定，其连接类型包括螺纹连接、粘接、卡接、铆接、卡箍连接、线束插接、管路快速接口等。不同连接类型使用在不同场景，表 6-8 是常见连接方式的简介。

表 6-8　常见连接结构

连接方式	简介	图示
螺纹	采用紧固件连接两个或多个部件，在连接过程中，通过施加预紧力，使紧固件转动，最终紧固件拉深变形后将连接部件压在一起，形成夹紧力而达到部件连接的装配方式	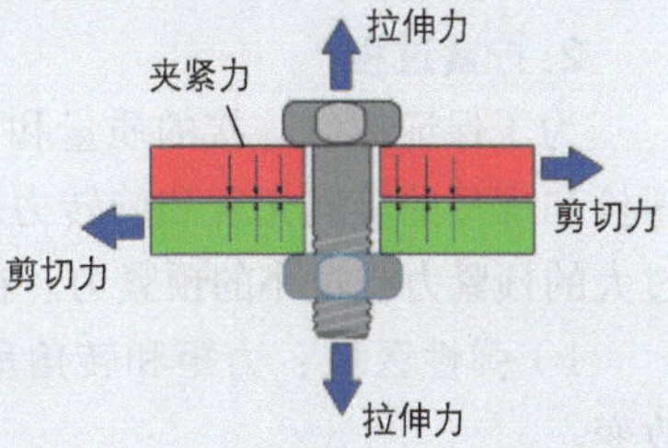
粘接	粘接主要是采用胶黏剂为介质，将部分零件粘接起来或直接粘接到车体上的装配方式，主要应用在风窗玻璃、防水膜上	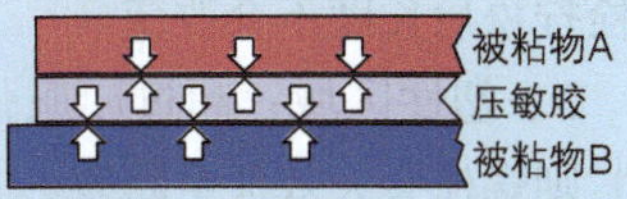
卡接连接	卡接组装是采用过盈配合使零部件达到固定的装配方式，大量应用于内饰件连接组装和线束连接等部位	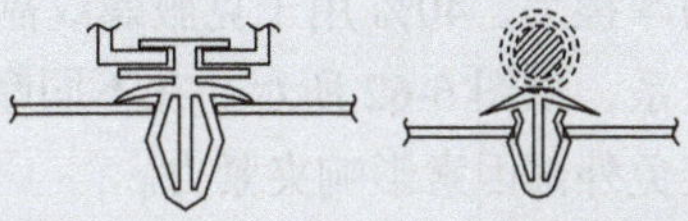
铆接	铆接就是运用拉力膨胀原理来紧密连接物体的装配方式，铆接具备永久连接、安装方便的优点，但是不易拆卸，因此不太常用	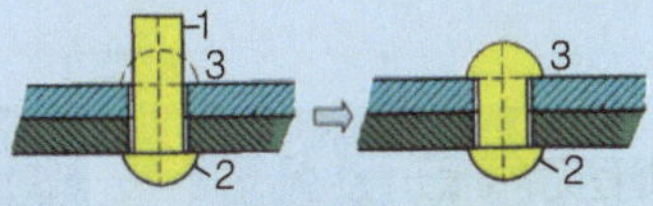
卡箍连接	卡箍连接就是用卡箍来束紧相关连接零件的装配方式。常用的有弹性卡箍和涡轮蜗杆卡箍、单耳无极卡箍	
线束插接	插接多用于电器线束的装配，以实现整车电路的接通。通常在线束之间、线束与汽车电器装置之间设计成公母两端的插接	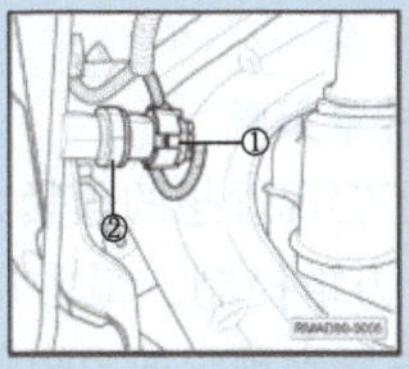
管路快速接口	管路快速接口多用于燃油管、冷却管的连接，管路快速接口的设计独特，结构紧凑，具有优良的密封性能，能有效防止泄漏	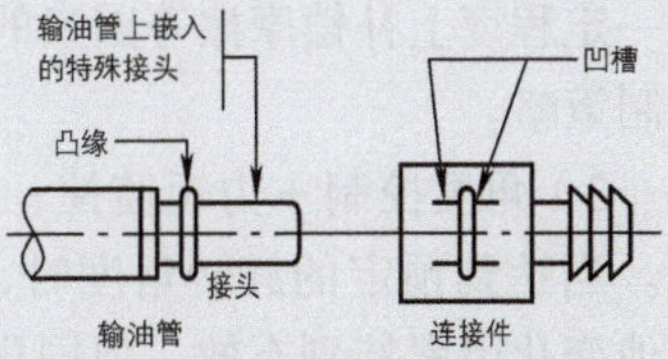

其中螺纹连接的应用频率最高，因为它具备操作简单、适用于批量生产、可快速拆解、成本低廉及具备高强度载荷能力等优点。基本原理是螺栓和螺母通过螺纹的配合，将螺栓的轴向力传递到被连接件上，从而实现固定或连接的目的。

2. 拧紧过程

为了保证螺纹连接的质量和可靠性，拧紧技术是非常关键的一环。拧紧过程中，需要控制螺栓和螺母的旋转角度和旋转力矩，以确保螺栓和螺母能够紧密地贴合在一起，并且不会出现过大的预紧力或过小的预紧力。在拧紧过程中，螺栓会经历如下几个不同的区域。

1）弹性区域：力矩和转角呈线性关系，力矩随转角的增加而上升，螺栓拧松后长度不会改变。

2）半弹性区域：也叫超弹性区域，以屈服强度为极限，力矩随转角上升的斜率逐渐变小，螺栓拧松后长度不会改变。

3）塑性区域：超过屈服强度后，螺栓被永久拉长，力矩随转角增加变化很小，如果继续拧紧则螺栓会失效甚至断裂。

螺栓在拧紧过程中，实际转化为螺栓夹紧力的力矩仅占10%，其余50%用于克服螺栓头下的摩擦力，40%用于克服螺纹副中的摩擦力，即5-4-1规则，它反映了夹紧力与摩擦力之间的关系，如图6-62所示。在不同摩擦力环境下，分配比例会有所变化。在制造过程需要时刻关注避免外部因素影响夹紧力。

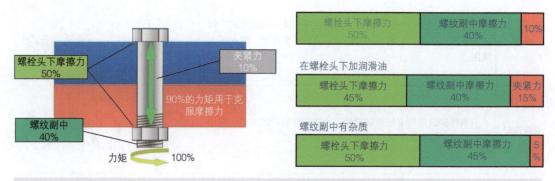

图6-62　螺纹连接5-4-1规则

3. 拧紧策略

为了实现理想的预紧力，有以下常见的拧紧策略。

1）力矩控制：最常用的一种拧紧方法，通过使用气动工具、扭力扳手或自动拧紧设备，将螺栓拧紧到预定的力矩值。这种方法简单易行，成本低廉，但受摩擦等因素影响大。

2）力矩控制＋角度监控：在达到预定力矩后，继续监控螺栓旋转的角度。这种方法可以在一定程度上补偿摩擦等因素的影响，提高预紧力的控制精度，但需要较复杂的设备和精确的控制策略。

3）角度控制＋力矩监控：首先设定一个目标旋转角度，然后在拧紧过程中监控力矩的变化。当达到预定的旋转角度时，或超过设定力矩，拧紧过程停止。这种方法对于补偿摩擦和其他变化因素特别有效，但同样需要高精度的设备和精确的初始条件设置。

4）屈服强度控制：它基于材料的力学特性来实现高精度的预紧力控制。在这种方法中，拧紧设备会监控螺栓在拧紧过程中的应力变化,当检测到材料的屈服强度时,拧紧过程停止。

一般企业会根据拧紧部位的材料特性、精度要求、成本效益等因素选取合适的拧紧策略。

4. 静态力矩

静态力矩是指在紧固件紧固完成之后,由力矩检定工具在规定的转动幅度下测得的力矩值。这种测量方式主要用于检验紧固件的紧固效果。静态力矩的概念与动态力矩相对应,动态力矩用于生产过程中的拧紧操作,而静态力矩则用于后续的检验和质量控制。静态力矩的测量有返松法、标记法、增紧法,常用的主要是增紧法。操作方法是向拧紧方向继续转动螺栓,测量在螺栓转动一瞬间产生微小的转角时的力矩值,如图 6-63 所示。

由于连接件本身的材料特性,在拧紧之后会发生形变或者工件和螺栓表面的粗糙度等原因,普遍会出现力矩衰减的现象,特别是软连接的应用,如图 6-64 所示。力矩衰减不能完全避免,只能通过对各种影响因素的控制和优化来改善衰减状况,确保力矩衰减后的夹紧力不低于设计夹紧力。

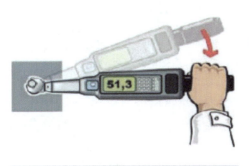

图 6-63 静态力矩测量增紧法

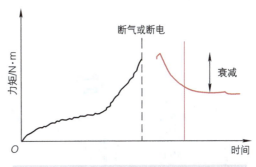

图 6-64 力矩衰减示意

为确保零件的连接质量,对力矩衰减幅度超过企业制定标准范围的情况,需要制定力矩衰减的优化策略。由于众多因素影响力矩衰减,需要从设计和工艺两方面出发综合考量。当然,实际操作中的优化手段不限于此。

(1)设计方面

1)表面粗糙度:较低的表面粗糙度意味着材料表面更为光滑,因此在紧固后力矩衰减相对较小。

2)材料硬度:提高材料硬度将使材料间嵌入难度增大,从而减小力矩衰减。

3)弹性材料:如塑料或橡胶等,应尽量避免使用,若必须使用,需制定全面的紧固策略,确保衰减后的夹紧力满足产品性能要求。

4)螺栓选择:相较于粗牙螺栓,细牙螺栓螺距较小,螺纹升角亦小,使用过程中不易松动,因此选用细牙螺栓可降低力矩衰减。

(2)工艺方面

1)紧固策略:调整紧固方式,采用两步或多步紧固,在紧固过程中暂停 50ms 以释放弹性应变,从而降低衰减。

2)紧固速度:当工件被压紧后,毛刺在较大夹紧力下发生变形,"缩短"夹紧力随之下降。紧固速度越快,毛刺初始变形越小,残余力矩降低越多。因此,降低紧固速度可减少力矩衰减。

3）紧固顺序：将单轴紧固改为多轴同时紧固，或采用单轴多步逐渐拧紧至目标力矩，均可降低力矩衰减。

5. 力矩的质量管理

在汽车制造过程中，力矩管理对于确保连接件的安全性能和整车质量至关重要。随着汽车企业对力矩管理的重视和技术条件的成熟，力矩的质量监控手段和工具不断发展和完善，高精度可追溯的电动拧紧工具已被大量使用，在此基础上，智能化力矩管理系统的出现，将力矩管理提升至一个新的高度。该系统能够根据实时数据自动调整拧紧参数，确保每一个连接件都达到预定的力矩要求。同时，智能化力矩管理系统还可以对历史数据进行追溯，为产品质量问题的排查和解决提供有力支持。图 6-65 显示了不同层次的力矩质量管理措施。

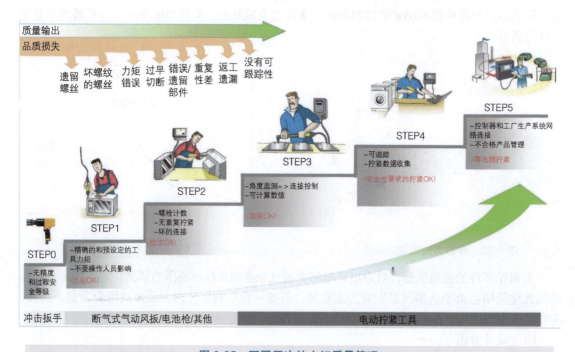

图 6-65　不同层次的力矩质量管理

6.6　整车质量检测

为了确保汽车产品质量，汽车制造公司除对汽车制造过程中每一道工序的作业内容、操作方法和工艺要求均做出了详细与严格的规定，以及使用大量现代化高精度的生产设备以保证其产品质量外，还要在汽车出厂前进行全面的下线检测和调试，以避免存在质量问题的汽车产品流入市场。

6.6.1　整车质量指标

部分质量指标和检测内容见表 6-9。

表 6-9 部分质量指标和检测内容

检测项目	检测内容	新能源汽车	传统燃油汽车	检测机能区	标准（企业标准/法规）
排放检测	尾气排放检测	√	√	尾气检测间	GB 18352.6—2016
防盗锁止检测	遥控钥匙解锁、锁止功能检查、机械钥匙解锁、锁止功能检查、尾门/掀背门钥匙开启功能检查	√	√	外观线	GB 15740—2006
侧滑检查	车辆前后轮侧滑量检测	√	√	检测线	GB 7258—2017
灯光检查	①小灯、远/近光灯、闪烁灯功能检查 ②前后雾灯、转向灯、制动灯功能检查 ③倒车灯、危险警告灯、日间行车灯功能检查	√	√	检测线	GB 11567—2017
制动检测	①前后轮阻滞力检测 ②驻车制动制动力检测 ③前、后轴制动力以及制动力左右差检测 ④车速传感器检测	√	√	检测线	GB/T 36986—2018
四轮定位调整	前后车轮前束、外倾检测与调整，车辆轴重数据检测	√	√	检测线	企业标准
淋雨密封检测	①前照灯、前雾灯及转向灯 ②车内地毯、风窗玻璃、天窗 ③尾灯、高位制动灯及行李箱内部	√	√	检测线	QC/T 476—2007
等电位检测	整车或各部件之间的电位差测试，确保它们之间不存在显著的电位差异	√		总装主线	GB 18384—2020
整车安规检测	①交、直流充电插座安全测试 ②整车级绝缘电阻测试 ③绝缘电阻监控功能验证测试	√		检测线	GB 18384—2020
EV 电检测试	对 BMS、MCU、VCU、DC-DC 等进行电检测试	√		安检区	GB 18384—2020
EV 动态检测	动态测试电量消耗、制动电量回收、整车能效等	√		检测线	GB 18384—2020
充电性能检测	①电动车快充、慢充功能完好测试 ②充电过程中实时检测 ③快充、慢充充电效率测试 ④直流/交流充电异常故障模拟测试	√		快慢充检测区	GB 18384—2020

除法规要求的质量指标检测外，由于整车产品需满足市场商品性要求，整车检测还包含内外饰检查、机舱检查、使用性能检测及相应科技标定项目，如前碰预警、车道偏移、盲区检测、抬头显示、虚拟钥匙、ETC 等。

6.6.2 整车终检流程及内容

根据整车质量指标要求,制造厂商会制定相应的检测流程,并以此为基础布置检测线体。图 6-66 所示为某制造厂商的整车检测流程。

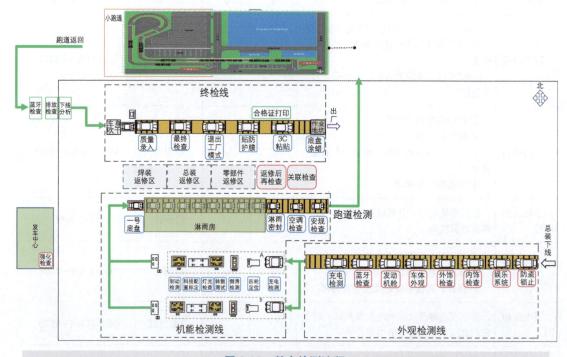

图 6-66 整车检测流程

1. 外观检测线

检查总装下线后整车的内外装部件外观、静态及操作机能,判断是否符合公司品质基准以及商品性要求;包含防盗锁止、娱乐系统、内饰检查、外饰检查、车体外观、发动机舱、蓝牙检查、充电检测。

2. 机能检测线

负责车辆通过机能检测,保证出厂车辆满足国家汽车机动性能技术标准;负责车辆底盘装配以及漏液检查,包含四轮定位调整(图 6-67)、灯光检查、多功能检测、转鼓台架检测(图 6-68)、科技功能标定、四驱功能检测、侧滑检查、制动检测、车底检查(图 6-69)、EV 电检测试、安规检测(图 6-70)、充电性能检测、空调性能检测、淋雨密封检测。

3. 跑道检测

模拟各路面环境行驶,检查常规驾驶操作,包含后视镜、方向盘调节、全景影像效果、起停功能、前照灯高度调节、座椅、安全带调节、特殊路面异响检查,如图 6-71 所示。

第6章 总装制造技术

图6-67 四轮定位调整

图6-68 转鼓台架检测

图6-69 车底检查

图6-70 整车安规测试

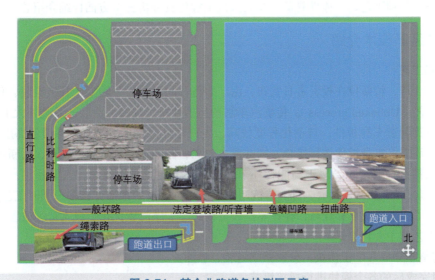

图6-71 某企业跑道各检测区示意

4. 尾气检测

清除故障码，完成排放检测，包含尾气排放检测、下线检测。

5. 最终检查

发车前最终确认，包含前照灯、翼子板、侧围与周边配合状态外观检查，车门内、外与周边配合状态外观检查，尾门、发动机罩与周边配合状态外观检查，退出工厂模式，保护膜粘贴、3C 粘贴、合格证打印。

6.7 总装新技术及发展趋势

6.7.1 总装技术发展趋势

总装新技术发展的驱动力可归结为市场需求、质量追求、生产效率及成本优化等企业核心需求，同时也受到技术进步及环保政策等外部因素的影响。这些因素共同推动着汽车总装技术朝着柔性化生产、模块化与平台化、自动化装配、人机协同化、数字化与智能化等方向发展，以满足不断变化的市场需求并提升企业的竞争力。

柔性化生产是指总装工艺能够适应不同车型、不同配置的生产需求，具有较高的生产灵活性。例如不同动力总成（燃油、插混、纯电）、不同平台的车型可以共线生产。

自动化装配是指通过引入自动化设备和机器人技术，实现关键工序的自动化操作，提高生产效率和质量，例如前后风窗玻璃自动化装配。

人机协同化将人和机器的优势结合起来，共同完成制造过程。通过机器能够帮助人进行工作、分析数据，实现智能协同，提高生产效率和质量，例如人体外骨骼技术。

数字化与智能化是指利用信息技术和人工智能技术，实现总装工艺的数字化管理和智能化操作。通过引入数字化仿真技术、智能化检测设备等，实现生产过程的可视化、可控制和可优化，例如总装人机工程仿真。

以下将从开箱工艺、人体外骨骼及总装人机工程仿真分析三个方面详细介绍总装新技术。

6.7.2 总装新技术介绍

1. 开箱工艺

2023 年 3 月，特斯拉在投资者日宣布，由"串行"向"并行"转型，升级涂装、总装工序，推出开箱工艺（Unboxed process）。传统汽车制造包括冲压、焊接、涂装、总装四大工艺，其中冲压环节负责制造车身板件，自动化程度较高，生产零件数量多，最终零件质量高度依赖模具工艺；焊接环节将车身板件进行接合，制造成本较高；涂装环节进行喷漆处理，对新风、烘房、除尘、环保都有极高要求，属于高能耗环节，总装环节负责拼接整车，人力密集，零部件多，工序流程复杂，如图 6-72 所示。目前传统四大工艺整体涉及的零部件较多，同时工艺流程也比较复杂，人工和制造成本都较高，存在零件数量精简、工序流程优化、成本持续改善的空间。

开箱工艺的主要特点是：

1）将整车分成几个子模块，分别独立组装、喷涂。

2）对完成后的各个模块进行拼接组装。

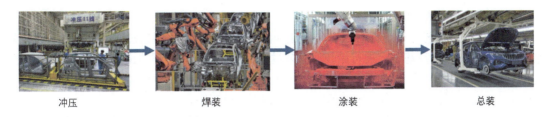

图 6-72 汽车制造传统生产流程

3）前排座椅和地板组装好后由下而上装入。

4）全流程车门仅组装一次。

总体而言，将零部件同步生产和喷涂，然后从上而下统一组装。与以往的汽车制造流程中仅对发动机使用模块化设计相比，子组件的范围以及尺寸都有所扩大，有更多预组装工作在生产线之外完成。同时，生产线组装模式也由原有的"串行"流水线变革为"并行"总装，如图 6-73 所示。

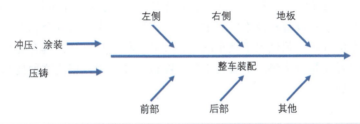

图 6-73 开箱工艺汽车制造模式

开箱工艺首先通过减少汽车零部件的数量来实现生产效率的提高。这可以通过采用一体化压铸等技术实现，即将多个零部件通过精密铸造的方式整合在一起，从而减少零部件的数量和复杂性。此外，开箱工艺还通过采用先进的制造工艺和技术来提高生产效率。例如，CTC 技术将电池和车辆底盘集成在一起，减少了零部件的数量和重量。由于各模块均可在开阔空间作业，减少了空间约束，可导入大量自动化设备协作。同时，开箱工艺可以将汽车的前部、后部、带座椅的电池底盘等模块预先组装好，然后一次性组装到车辆上，从而提高了生产效率，如图 6-74 所示。

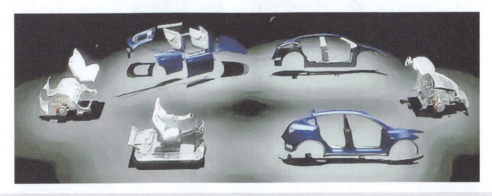

图 6-74 开箱工艺示意图

"并行"组装的核心优势在于：

1）简化生产工艺：子组件可以单独构建和测试，降低了整个制造过程的复杂性。传统制造过程中需要在白车身基础上进行涂装、总装过程，如果装配某一环节出现问题，直接阻塞整条生产线。而在"并行"模式下，子组件中出现错误，则可以在不中断生产线其余部分的情况下修复该错误，不会因为一道工序的延误，就影响下一道工序。

2）减少空间成本：采用开箱工艺之后，大部分汽车生产线可以缩小到半个车身大小，甚至是车门大小，只在最后组装成整车就行，大大节约了占地空间，同时也提高了车间装配效率，缩短装配线。

3）提高可扩展性：随着需求的变化，可以添加额外的模块来改进现有功能以适应新的需求，便于对系统功能进行扩展。根据特斯拉的预测，通过开箱工艺，能够提升44%的操作员密度，同时对汽车前、后各部分进行"并行"组装，提升空间/时间效率30%。未来，特斯拉只需"一次组装"就能完成传统烦琐的组装过程，预计将减少工厂空间40%，降低成本50%。

然而，汽车的开箱工艺也存在一些挑战。例如，由于所有的零部件和子系统都是一次性组装在一起的，因此如果任何一个零部件或子系统出现问题，整个汽车可能需要重新组装或修复。此外，汽车的开箱工艺对设备和技术的要求较高，需要投入大量的资金和人力资源进行研发和实施。总之，汽车的开箱工艺代表了汽车制造领域的一种创新思路，具有提高生产效率、降低制造成本和提升产品质量等优势。随着技术的不断进步和应用，相信这种技术将会在未来得到更广泛的应用和发展。

2. 人体外骨骼

外骨骼是一种可穿戴于人体上的智能化生机电控制系统，如图6-75所示。它通过外骨骼与人体肢体间力-位移的交互实现人机动作的耦合，可辅助人体实现某些特定功能。外骨骼机器人作为一种穿戴式产品，通过高功率密度的驱动装置和非刚性连接套装在人体外，能够辅助人类肢体运动。它利用机械传动放大人体肢体的力量，通过力矩放大原理增强肢体推动能力，并通过负荷分担原理减轻肌肉和关节的负荷压力。这些技术手段不仅增强了人体的力量与运动潜能，减轻身体负担，更实现了人机协作的新境界，极大地提高了工作效率。外骨骼的优势远不止于此，它还具有提供防护、舒适度高、降低使用成本、提高安全性等多元化优势，真正实现了科技与生活的完美融合。

a）军用外骨骼

b）救援外骨骼

图6-75 外骨骼示意图

外骨骼可以根据不同的维度进行分类，具体见表 6-10。

表 6-10 外骨骼分类

分类维度	类型	说明
应用领域	军事机械外骨骼	主要用于提高士兵的单兵作战能力，为士兵提供高效的负载能力和运动速度，并集成大量武器装备、通信系统、生命维持系统
	民用机械外骨骼	主要用于助老助残、助力搬运重物等
	医疗机械外骨骼	主要用于康复训练、助力行走等
能源利用方式	有源外骨骼（电驱动）	使用电力或其他能源来驱动其运动
	无源外骨骼（纯机械结构）	主要依赖纯机械结构来实现运动
结构	上肢外骨骼	主要应用于上肢部位，提供助力及运动支持
	下肢外骨骼	主要应用于下肢部位，提供助力及运动支持
	腰部外骨骼	主要应用于腰部部位，提供腰部支撑和运动保护
	软体外骨骼机器人	采用柔软材料制造，适应性强，可与人体紧密贴合
	手指外骨骼	主要是辅助手指运动、保护手指和增强手指功能

在高度自动化的汽车制造领域，前端流水线工位已基本实现自动化，但末端总装线仍需人工装配。长时间弯腰和负重作业给工人带来腰部和手臂的酸痛问题。外骨骼机器人成为解决这些问题的关键工具，它们能减轻工人负担，提高效率和安全性，增强操作稳定性，促进人机协作。

在汽车总装领域，腰部和上肢外骨骼的应用尤为突出。它们为工人提供了稳定的支撑和力量，使他们在面对重型任务时能更加轻松应对。

腰部和上肢外骨骼在汽车总装领域中效果尤为明显。腰部外骨骼通过电动机驱动，为工人提供腰椎牵引力，显著减少腰部压力和腰肌劳损风险，如图 6-76 所示。上肢外骨骼则作为辅助支撑装置，帮助完成托举动作，提高生产效率，减轻肩部和上臂压力，如图 6-77 所示。

图 6-76 腰部外骨骼示意图

综上所述，外骨骼机器人在汽车总装领域的应用具有广泛的前景和重要的实用价值。它不仅能够提高生产效率，还能有效减轻员工的劳动负荷。随着技术的不断进步，外骨骼的应用范围还将进一步扩大，为更多领域带来实质性的便利和福祉。未来，可穿戴式外骨骼机器人的发展趋势主要包括技术创新、应用拓展、智能化发展、绿色环保以及人机融合。随着科技的进步，外骨骼机器人将更加精准、灵活和高效，应用领域也将不断扩大。

图 6-77　上肢外骨骼示意图

3. 总装人机工程仿真分析

总装车间由于装配零件数量大、形状多、装配路径复杂等特点，导致作业性问题多发，包括干涉、难作业、盲作业、劳动负荷高等问题。人机仿真技术能够构建虚拟的生产环境，模拟真实的制造过程，帮助工程师在实际生产前预测潜在问题，优化生产流程，减少不必要的浪费和成本支出。通过仿真技术，企业能够实现更高效、更经济的生产模式，提升市场竞争力。图 6-78 所示是常见的人机仿真分析模块内容。

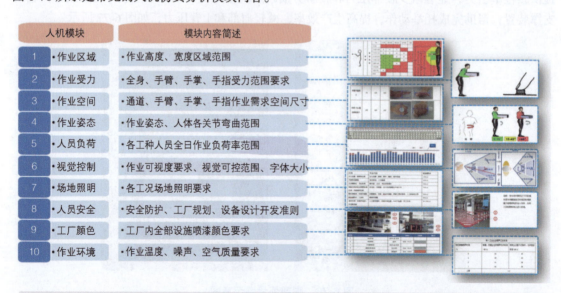

图 6-78　人机仿真分析模块

随着科技的不断发展，人机仿真技术也在不断进步。未来的人机仿真将更加注重与虚拟现实（VR）和增强现实（AR）技术的结合。

通过 VR 技术，工程师能够身临其境地体验仿真环境，进行更为直观的流程设计和优化。VR 技术在人机仿真应用中带来了显著的优势。它能够提供沉浸式体验，使工程师身临其境地探索虚拟环境，从而更直观地理解产品性能和潜在问题，如图 6-79 所示。同时，VR 技术的高度真实模拟确保了仿真结果的准确性和可信度，增强了工程师对产品设计的信心。此外，VR 技术的灵活性和便捷性大大提升了仿真测试的效率和效果，使得场景构建、环境调整等变得轻而易举。最重要的是，VR 技术的应用还能显著降低实际原型制造和测试的成本，并在高风险或危险环境中确保工程师的安全。

图 6-79 结合 VR 的人机仿真

而 AR 技术则能够将仿真数据实时叠加到真实环境中，为现场操作提供即时指导和反馈，如图 6-80 所示。

图 6-80 结合 AR 的虚拟装配

未来的人机工程学将更加关注如何在虚拟和真实之间创造出自然流畅的交互体验，以及如何解决虚拟现实设备对用户的舒适性和便捷性的影响。

本章小结

汽车总装制造是汽车生产中的重要环节，涉及众多工艺流程和专业技术。本章从总装制造技术概述、工艺流程、产线规划、通用工艺技术以及新技术及发展趋势等方面进行了详细介绍。

汽车总装制造是将各种零部件按照一定的工艺要求组装起来，形成完整的汽车产品的过程。这一过程具有高度的复杂性和技术性，需要严格的质量控制和精细的工艺管理。

汽车总装工艺流程包括内饰线、底盘线、终装线和分装线等多个环节。每个环节都有其特定的工艺要求和操作规范，需严格遵守以确保产品质量。

合理的产线规划对于提高生产效率和产品质量至关重要。总装产线布局需充分考虑生产流程、物料流动、设备配置等因素，以实现高效、有序的生产组织。

工时技术、人机工程和连接与拧紧技术等是汽车总装制造中的关键技术。工时技术的应用有助于合理安排生产计划和控制生产成本；人机工程关注作业的舒适性和安全性；连接与拧紧技术优劣则直接影响产品质量和性能。

随着科技的进步，汽车总装制造技术也在不断创新和发展。新的工艺、材料和设备不断涌现，如机器人装配、智能物流等，这些将推动汽车总装制造向更高水平发展。同时，新能源汽车的兴起为传统汽车制造工艺带来了新的挑战和机遇，未来汽车总装制造将更加注重环保、节能和智能化。

综上所述，汽车总装制造技术是汽车产业的核心竞争力之一。通过不断改进和创新，提高生产效率、产品质量和降低成本，是汽车制造企业持续发展的重要保障。同时，适应市场需求和新能源汽车的发展趋势，积极探索新的制造技术和工艺，将有助于企业在激烈的市场竞争中立于不败之地。

练习题

一、选择题

1. 总装制造过程中，最常见的连接方式是什么？（　　）
   A. 粘接　　　　　　　B. 螺纹连接　　　　　C. 卡扣连接　　　　　D. 卡箍连接
2. 以下哪些选项是汽车总装的特点？（　　）
   A. 涉及零部件多　　　　　　　　　　　B. 生产周期短
   C. 传统四大工艺中自动化程度较高　　　D. 对工人技能要求低
3. 总装工艺流程设定的原则是（　　）。
   A. 零部件总成集中装配　　　　　　　　B. 分散工序工位原则
   C. 模块化装配　　　　　　　　　　　　D. 人机工程装配
4. 总装产线布局规划的主要考虑因素是什么？（　　）
   A. 生产效率　　　　　　B. 设备成本　　　　　C. 工人技能　　　　　D. 产品需求
5. 在汽车总装中，哪个设备是最关键的？（　　）
   A. 输送设备　　　　　　B. 检测设备　　　　　C. 装配设备　　　　　D. 包装设备
6. 以下工艺流程匹配正确的是（　　）。
   A. 车身线束在底盘线开始安装　　　　　　B. 前后悬架在内饰线进行合装
   C. 制动液在终装线进行加注　　　　　　　D. 动力电池在前悬-动力总成分装线安装
7. 关于汽车总装产线规划，以下哪项描述的是正确的？（　　）
   A. 总装产线布局规划需要考虑生产效率、工艺流程和设备布局等因素
   B. 总装设备导入需确保设备性能稳定、生产效率高且符合生产需求
   C. 工艺规划对产品设计需求的影响较小，可以忽略不计
   D. 在进行总装产线规划时，需要充分考虑生产线的扩展性和灵活性

8. 以下输送线设备类型与适用线体匹配正确的是（　　）。
A. 吊具线适用在前悬 - 动力总成分装线　　B. 滑板线适用在仪表分装线
C. 传动带线适用在前端模块分装线　　D. AGV 线适用在动力电池合装线

9. 不属于总装工艺约束的是（　　）。
A. 车身尺寸，如长宽高　　B. 车轮螺栓的数量
C. 制冷剂加注口形式和尺寸　　D. 动力电池线束插头的数量

10. 以下哪个质量指标是新能源车特有的？（　　）
A. 排放标准　　B. 停车制动性能标准　　C. 整车安规　　D. 防盗锁止标准

二、填空题

1. 现代化的总装车间通常设置若干工段，如_____、_____、_____，还有仪表分装线、车门分装线、前悬分装线、后悬分装线等分装线。

2. 总装产线布局规划主要包括获取_____，实施布局原则，设计工艺流程，设计_____。

3. 目前常见的总装工艺布局形式主要有_____、_____、_____三种。

4. 在总装过程中，通常先采用分装的方式，将一些小型的零部件预先组装成大的总成或模块，然后再进行总装，这种方式被称为_____装配，有利于提高装配效率和质量。

5. 作业岗位的时间构成可分为_____、辅助作业时间、_____及等待时间。

6. 静态力矩的概念与动态力矩相对应，_____用于生产过程中的拧紧操作，而_____则用于后续的检验和质量控制。

7. 在整车终检流程的机能检测线中，确保车辆满足_____的技术标准是一项重要任务。此外，该检测线还涵盖了对车辆底盘装配的检查、_____的调整、灯光检查、多功能检测、科技功能标定、四驱功能检测、侧滑检查、制动检测等多项内容。

8. 整车检测流程一般有外观检测、_____、_____、尾气检测、最终检测。

9. 在总装过程中，_____设备用于自动化拧紧螺栓，提高装配效率。

10. 螺栓的拧紧过程中，实际转化为螺栓夹紧力的力矩仅占_____，其余_____用于克服螺栓头下的摩擦力，_____用于克服螺纹副中的摩擦力。

三、简答题

1. 阐述在总装过程中如何应用人机工程学原理来优化工作环境。
2. 简述内饰线、底盘线、终装线主要装配的零件及设置目的。
3. 简述提高汽车总装生产效率的措施。
4. 列举几种提高总装线平衡率的方法。
5. 分析未来汽车总装工艺可能的发展趋势。

拓展阅读

人形机器人"进厂"颠覆总装制造

DF 汽车公司与某科技公司签署了战略合作协议，旨在促进人形机器人在汽车制造领域的

新能源汽车制造技术

应用,以提升汽车工业的生产质量和效率。在 DF 汽车的总装车间,一款工业用人形机器人将进行实际工作测试,探索其在汽车检测和配置编程等方面的应用潜力。

这款人形机器人此前已在某知名汽车制造厂成功应用。通过合作,机器人将在 DF 汽车的生产线上执行多项任务,包括安全检查、部件装配、质量检测等,目的是减轻员工负担,让他们专注于更有价值的工作。同时,人形机器人与传统自动化设备协同工作,以应对复杂生产环境下的挑战。合作的科技公司在人形机器人领域处于领先地位,拥有众多相关技术专利,并积极推动机器人技术在多个领域的商业化应用。

此次合作标志着人形机器人在汽车制造领域应用的深化,有望推动整个行业的技术进步和产业升级。DF 汽车的高层表示,这次合作将极大提升公司的智能制造水平,并成为汽车行业智能制造的新标杆,为人形机器人在汽车产业的广泛应用提供新动力。

随着人工智能和机器人技术的不断进步,人形机器人作为新型生产力的代表,正在推动制造业向更智能、更灵活的生产方式转变。某科技公司专注于汽车和电子产品制造等重点领域,致力于提升人形机器人的操作能力和执行复杂任务的能力,以实现在典型制造场景的深入应用。

在签约仪式上,人形机器人还参与了某新车型的发布活动,展现了其在实际工作场景中的应用潜力。某科技公司的高层表示,与 DF 汽车的合作将促进人形机器人在汽车制造领域的规模化应用,为汽车产业的绿色发展和转型升级提供新动力,为经济社会的高质量发展贡献力量。

想一想 1:动力电池能否在终装线安装,需要符合什么条件?

想一想 2:那些零件已经可以采用自动化安装?

想一想 3:20 万产能的工厂生产节拍是多少秒一台车(开动率按 97% 计算)?

综合实践实验项目

通过实车安装拆解,利用 RULA 评价方法对安装姿势进行评价。

目的:通过识别潜在的人机工程问题,为改善工作环境、提高工作效率和操作安全性提供依据。通过本实践项目,学生可以了解 RULA 评价方法的原理和应用,掌握实车安装拆解的基本技能,培养分析和解决问题的能力。

背景说明:在汽车装配过程中,工人需要长时间保持特定的安装姿势,这可能导致肌肉骨骼问题、疲劳和操作错误。因此,对安装姿势进行评估和改善具有重要意义。

要求:

1. 学生需要详细记录实车安装拆解过程中的关键数据,包括安装时间、操作步骤、工具使用等。同时,利用 RULA 评价方法对安装姿势进行评估,并记录评估结果。通过对数据的分析、识别潜在的人机工程问题,提出改进建议。

2. 学生需要分组进行实践,每组四五人。团队成员之间需要相互协作,分工明确,确保实践项目的顺利进行。

3. 学生需要根据实践项目的要求撰写实践报告,包括实践目的、背景、过程、结果分析和改进建议等。报告要求条理清晰、数据准确、分析深入。

第 7 章 动力电池制造技术

👉 本章导学

随着全球能源危机的加剧和环境污染的日益严重，新能源汽车已经成为汽车产业的发展趋势。在新能源汽车中，动力电池作为核心部件之一，其性能直接影响到整车的性能和使用寿命。因此，新能源汽车动力电池制造技术的发展和完善显得尤为重要。本章将对新能源汽车动力电池制造技术进行详细介绍，帮助大家更好地理解和掌握这一领域的知识。

👉 学习目标

序号	学习目标	知识点	学习要求
1	掌握电芯工作原理和制备技术	1. 电芯工作原理 2. 电芯生产流程	掌握
2	掌握电池模组主要构成及装配工艺	1. 电池模组分类和结构 2. 模组生产主要工序	掌握
3	掌握动力电池包主要结构件特点	电池包结构件组成及功能	掌握
4	掌握动力电池包构造和关键生产工序	1. 电池包结构组成 2. 电池包装配工序	掌握
5	了解动力电池的前沿发展技术	新技术特点，研发路线	了解

👉 课前小讨论

"十五"期间，国家863计划"电动汽车"重大科技专项确立了以混合动力汽车、纯电动汽车、燃料电池汽车为"三纵"，以多能源动力总成控制系统、驱动电机和动力电池为"三横"的电动汽车"三纵三横"研发布局，全面组织启动大规模电动汽车技术研发。2023年，全球新能源汽车（包含纯电动汽车、插电混合式电动汽车、氢燃料电池汽车）销售量约1428万辆，年增长35.4%。其中，2023年我国新能源汽车持续爆发式增长，产销分别完成958.7万辆和949.5万辆，同比分别增长35.8%和37.9%，连续9年保持全球第一。提到新能源汽车就不得不提动力电池，2023年全球动力电池和储能电池的总出货量达1192GW·h，同比增长24.9%。2023年我国锂离子电池产量达940GW·h，同比增长25%，行业总产值突破1.4万亿元。在2023年全球动力电池装机前十阵营中，中国企业依然稳固占据六席，中国在全球电动汽车动力电池市场继续保持领先水平。

那么请思考一下，动力电池为什么能够得到支持与发展？新能源汽车爆发式增长背后的推动因素是什么？

新能源汽车制造技术

7.1 动力电池概述

为实现向可再生能源转型和车用能源的可持续发展战略，我国与世界主要发达国家均将新能源汽车确立为汽车行业发展的核心方向之一。利用储存电能的电池逐步替代石油等化工燃料，已成为未来交通领域的长远规划。相较于传统的消费类电池，动力电池在技术上有着更高的要求。为了满足复杂多变的交通环境，它必须具备更高的能量密度、功率密度、温度耐受性、结构强度以及体积空间利用效率，同时还需强调安全保护机制。

动力电池堪称一个高度复杂且精密的系统，其核心由多个结构单元构成，旨在实现高效的能量转换与储存。从整体架构来看，动力电池主要由电芯、结构防护系统、热管理系统以及电池管理系统等关键部分组成。电芯作为动力电池的基本单元，由正极、负极、电解质和隔膜等核心组件精密组合而成。其中，正极和负极是电池能量储存的主要场所，通过电解质实现离子的高效传导，隔膜能够起到隔离正负极、预防短路的作用。多个电芯通过巧妙的串联或并联方式组合成电池模块，从而大幅提升电池的能量密度和输出功率。电池模块的设计不仅精密考虑电芯间的连接方式与稳定性，还融入冷却系统等辅助部件，确保电池在工作时能够维持最佳温度。而电池包作为动力电池的最终输出单元，由多个电池模块组成，其设计需综合考量整车的空间布局、重量分配及安全性等因素，确保在各种工况下都能稳定、高效地工作。

值得注意的是，动力电池与消费类电池在制造工艺设备上存在显著区别。首先，其生产工艺流程更为复杂，因为电动汽车对动力电池的能量密度、功率密度、循环寿命及安全性等方面有着更为严格的要求，因此生产工艺不仅繁多而且严格。其次，生产线设备更为先进和大型化，以满足电动汽车对动力电池的高需求，实现高度自动化和智能化的生产，进而提升生产效率和产品质量。此外，原材料处理方面也有所不同，动力电池对原材料的选择更为严格，需经过多道筛选和处理工序，确保原材料的质量和性能达到最佳状态。最后，安全生产和环保要求更为严格，因为动力电池在使用过程中可能面临高温、高压等恶劣环境，因此制造过程中需特别注重安全问题，并采取相应的措施，确保制造过程既安全又环保。

7.1.1 动力电池的定义及发展历程

动力电池作为新能源汽车的"心脏"，直接决定整车的续驶里程、动力性能和充电时间等重要指标。随着技术的进步，动力电池发展历经了几个重要阶段。

19世纪末的铅酸蓄电池阶段，这是最早用于汽车的动力电池类型之一。它的优点包括资源丰富、价格低廉等，但缺点是能量密度低且铅对环境有污染。继铅酸蓄电池之后，20世纪70—90年代出现了镍镉电池和镍氢电池。这些电池在当时因其较好的性能而受到关注，但由于环保问题（如镉的毒性），它们的使用逐渐受到限制。随着技术的不断进步，20世纪90年代，锂离子电池因其高能量密度、长循环寿命和较低的自放电率成为目前主流的动力电池类型，广泛应用于便携式电子设备和电动汽车中。

锂离子电池在能量密度和充放电性能等方面相比其他电池具有显著优势，其工作电压高（3.2～4.2V）、质量轻、比能量高、无记忆效应、无污染、自放电小、循环寿命长，因此几乎占据了动力电池整个市场的半壁江山。比能量是电池的输出能量与其质量之比，决定了整车的续驶能力，对于锂离子电池而言，目前能够达到的能量密度水平在200～300W·h/kg，能够使得电动汽车具有几百千米的续驶里程。功率密度则关乎电池的充/放电速度,为了使整车充/放电时间进一步缩短,需要在电池材料耐受能力以及电热管理方面做出改良。此外,锂离子电池的寿命和安全性也是重要的考虑因素,这取决于电池的材料、结构、使用条件、电池热失控管理防护等问题。随着磷酸铁锂电池与三元锂电池的发展,热稳定性好、循环寿命较长和安全性好的锂离子电池不断优化。

近年来,动力电池技术取得了不小的进步,其主要技术指标对比见表7-1。目前看来,铅酸蓄电池价格较低,能量密度不高,适合低电量需求,难以满足整车的长续驶需求。镍氢电池绿色环保、功率密度高、充电快速,但其高温充电受限、低温性能差、电池间容量和电压差大、自放电率高、制造质量不稳定和难以回收等问题影响其在电动汽车上的广泛使用。锂离子电池有着较好的性能,成为普遍的电动车用动力电池。而空气电池目前仍然处在研究阶段。如果能研制出性能与经济性兼得的动力电池,并能生产出被消费者接受的电动汽车,将大大缓解我国的环境和能源压力。

表 7-1 动力电池技术指标对比

技术指标	铅酸蓄电池	镍氢电池	锂离子电池	锌空气电池
质量能量密度	30~50W·h/kg	60~120W·h/kg	200~300W·h/kg	100~150W·h/kg
循环寿命	300~700次	500~1000次	1000~3500次	数百次
安全性	高	高	较高	较高
相对成本	较低	较高	较高	较低

7.1.2 动力电池与分类

目前商业化锂离子电池都是采用含锂正极材料与石墨匹配的电化学体系,正极材料如钴酸锂、锰酸锂、磷酸铁锂和三元材料等,其性能参数见表7-2。尽管钴酸锂电池于2008年在特斯拉 Roadster 上应用,但其受到钴矿资源的限制及安全性不佳等影响,不能满足新能源汽车大规模推广的需要;锰酸锂电池也在日产 LEAF 的早期车型上应用,但其高温环境下寿命衰减的问题仍制约其在新能源汽车上的发展。如今,经过新能源汽车实际运营的市场化选择后,锂离子动力电池仅剩下磷酸铁锂和三元材料(NCM)两种主流体系。

表 7-2 商业化锂离子电池的主要技术指标对比

正极材料	钴酸锂(LCO)	锰酸锂(LMO)	磷酸铁锂(LEP)	三元材料	
				镍钴锰酸锂(NCM)	镍钴铝酸锂(NCA)
化学式	$LiCoO_2$	$LiMn_2O_4$	$LiFePO_4$	$Li(Ni_xCo_yMn_z)O_2$	$Li(Ni_xCo_yAl_z)O_2$
晶体结构	层状	尖晶石	橄榄石	层状	层状
理论放电容量密度/(mA·h/g)	274	148	170	273~285	275
实际放电容量密度/(mA·h/g)	135~150	100~130	130~150	150~220	180~220
压实密度/(g/cm³)	3.6~4.2	>3.0	2.2~2.3	3.2~3.7	
平均能量密度/(W·h/kg)	180~240	100~150	100~150	180~300	
平均电压/V	3.7	3.8	3.4	3.6	3.7

（续）

正极材料	钴酸锂（LCO）	锰酸锂（LMO）	磷酸铁锂（LEP）	三元材料	
				镍钴锰酸锂（NCM）	镍钴铝酸锂（NCA）
循环寿命/次	500~1000	500~1000	>2000	800~2000	500~2000
安全性能	适中	良好	好	镍含量增大而下降	较差
成本	高	低	低	镍含量增大而下降	较低
主要应用领域	消费电子产品	电动工具、储能	汽车、储能	消费电子产品、电动工具、自行车、汽车	

当前使用动力电池的汽车主要有纯电动汽车（BEV）、插电式混合动力汽车（PHEV）、增程式混合动力汽车（REEV）、油电混合动力汽车（HEV）、燃料电池汽车（FCEV），其中前三种的发展最为迅速。在电池技术路线的选择上，纯电动汽车和混合动力汽车各有不同，其架构如图7-1所示。

图7-1 BEV、PHEV/REEV、HEV电池包架构示意图

纯电动汽车用动力电池的主要路线有磷酸铁锂电池、钴酸锂电池、三元锂电池等。磷酸铁锂电池因其安全性高、长寿命、低成本等特点，成为当前众多车企的主要选择；钴酸锂电池则具备高能量密度以及快速充电的优势，适用于高速纯电动车市场，但是钴酸锂电池材料中含有较多昂贵的金属元素钴，因此成本相对较高，并且在极端条件下可能存在安全隐患；三元锂电池相对于钴酸锂电池的能量密度更高，低温时电池性能更加稳定，适合低温天气，但高温时的安全性仍然比磷酸铁锂电池差。

混合动力汽车的动力电池路线分别为：HEV采用的主要是镍氢电池、三元锂电池；PHEV和REEV采用的主要是磷酸铁锂电池或三元锂电池。产生上述差异的主要原因是HEV车型的特点决定，因为混合动力系统的工作方式，必须不停地对电池进行快速充放电，镍氢电池、三元锂电池在快速充放电性能方面较磷酸铁锂电池更具优势，以丰田为代表的车企采用了镍氢电池作为HEV车型的动力电池；本田、广汽、长城等车企采用了三元锂电池作为HEV车型的动力电池。

磷酸铁锂电池的安全性和成本较为优秀，但能量密度较低；钴酸锂电池的能量密度较高，由于成本因素不适合特大规模应用；三元锂电池在能量密度和循环寿命方面表现较好，但安全性能有待提高。综合安全、成本、使用寿命等因素，磷酸铁锂和三元锂电池基本上占据了电动汽车市场动力电池的主要份额。

根据封装方式以及适配不同的应用场景，从外形上划分，动力电池的电芯可分为圆柱电芯、方形电芯、软包电芯3种，各有其独特的优缺点，如图7-2所示。

 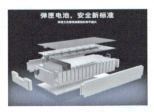 

a) 圆柱电芯　　　　　　　　b) 方形电芯　　　　　　　　c) 软包电芯

图 7-2　常见动力电池的电芯分类

圆柱形锂离子电池具有外形上的首发优势,最早商业化的锂离子电池便是圆柱形,其形状在应用场景方面比较灵活,小到灯具、玩具、小型电动工具,大到乘用车、物流车、轮船、飞机等,例如我们熟知的 14650、18650、21700 以及大圆柱的 4680、4695 等型号。然而,它的局限性在于重量相对较高和能量密度相对较低。圆柱电池的优势在于生产效率高和生产成本相对较低,并且其工艺成熟,电芯一致性较好。此外,圆柱电池的成组工艺相对简单,散热效果好,自动化程度也相对较高。然而,由于极耳工艺的限制,圆柱电池的倍率放电性能不如方形多极耳方便,并且其放电平台可能会略低。当制作大容量锂电池时,其组装串并数量多,工艺较为复杂。

方形锂离子电池可塑性更强,可根据产品需求进行定制化设计,制造工艺上不受圆柱电池标准的多种限制,除了在电子产品比如手机、笔记本计算机等中有应用,在很多电动汽车中也得到了应用。方形电池以其单体电池容量大、组装简单的优势而著称,可采用叠片工艺,内阻较低,可以持续大电流放电。不过,方形电池也存在一些缺点,例如电芯尺寸较大时内部温度可能较高;极片边缘部分活性可能较差,长期使用可能导致电池性能下降。

软包电池同样可以像方形电池一样进行定制,质量更轻的铝塑膜搭配叠片制造工艺,能量密度进一步得到提升,这也与新能源汽车对电池的需要相契合。与圆柱电池相比,软包电芯采用铝塑膜作为外壳,尺寸变化灵活,成本低。但是,由于软包电芯的机械强度较弱,封口工艺较难,特别是成组困难。后期成组散热设计也相对复杂,防爆装置在软包电芯上的应用也会面临一定的困难。

因此,在电芯的制造过程中,需要根据实际需求设计工艺,严格控制原材料的质量和配比,以确保电芯的性能和稳定性。同时,电芯的设计也需要考虑到安全、环保和成本等因素。

7.2　电芯的原理及制备技术

电芯是动力电池的基本能量存储单元,在充放电过程中,锂离子利用电势差在正负极间迁移,通过嵌入与脱出过程完成电能的存储与释放。其制造过程通常涉及物理过程与化学过程,设计方式与制造的精度会直接影响电芯的性能与安全。

视频7-1
电芯制造过程

7.2.1　电芯的构造与基本原理

电芯是电池包的核心组成部分,它决定了电池包的电压、容量和使用寿命等重要参数。电芯主要由四个主要部分组成,包括电池正极、负极、隔膜和电解质,如图 7-3 所示。正极是具

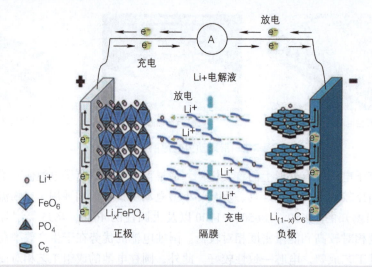

图 7-3 锂离子电池结构与工作原理示意图

有稳定结构和高电位的含锂过渡金属氧化物,通常涂布在集流体铝箔上。负极是一种低电位、高容量的材料,目前商用的负极主要由石墨制成,通常涂布在集流体铜箔上。隔膜是一种高强度的薄膜聚烯烃多孔膜,常用聚丙烯微孔膜置于负极和正极之间,在电池中,隔膜不参与能量转化反应,主要是为了通过离子,阻隔电子来避免电极间接触短路。所用的电解质主要功能是传递锂离子,是一种离子导体和电子绝缘体,通常在电解液中添加锂盐以保证电池的容量稳定、较高的离子电导率、较低的界面阻抗等,常见的锂盐有六氟磷酸锂($LiPF_6$)、双氟磺酰亚胺锂(LiFSI)和双三氟甲基磺酰亚胺锂(LiTFSI)等。液态电解液中溶剂主要为酯类或醚类物质,包括碳酸乙烯酯(EC)、碳酸二甲酯(DMC)和碳酸二乙酯(DEC)等。基于上述条件,锂离子可以通过电解质在正负极之间自由穿梭,以实现能量转换的反复充电和放电过程。

以磷酸铁锂电池为例,充电时,来自外部电路的电子流向负极,正极 $LiFePO_4$ 失去电子,电位变高。锂离子从正极出来,在电位差的作用下,穿过隔膜到达石墨负极,在那里接收来自外部电路的电子并发生还原反应,然后电荷得到平衡。其充放电的反应机理为

充电: $LiFePO_4 \rightarrow Li_{(1-x)}FePO_4 + xLi^+ + xe^-$(正极)

$6C + xLi^+ + xe^- \rightarrow Li_xC_6$(负极)

放电: $Li_{(1-x)}FePO_4 + xLi^+ + xe^- \rightarrow LiFePO_4$(正极)

$Li_xC_6 \rightarrow 6C + xLi^+ + xe^-$(负极)

放电过程则相反,锂离子从负极(石墨)脱离出来,通过隔膜到达正极并实现嵌入,电子通过外部电路从负极跑到正极。锂离子在电池内移动,电子在电极和外部电路上移动,产生电流为外部设备提供电能。

电芯结构件能够起到传输能量、承载电解液、保护安全性、固定支承电池、外观装饰等作用,如图 7-4 所示,并根据应用环境的不同,具备可连接性、抗振性、散热性、防腐蚀性、防干扰性、抗静电性等特定功能,对锂电池的安全性、密闭性、能源使用效率等都具有直接影响。

以方形电池为例,如图 7-5 所示,除了裸电芯之外,电芯的外部结构件主要由顶盖、裸电芯绝缘膜(Mylar 膜)、壳体、顶/底贴片、正负极转接片、壳体绝缘膜、密封钉构成;电芯构件的主要功能是保护电芯,维持充放电过程稳定运行。以下是这些构件及功能的详细介绍。

第7章 动力电池制造技术

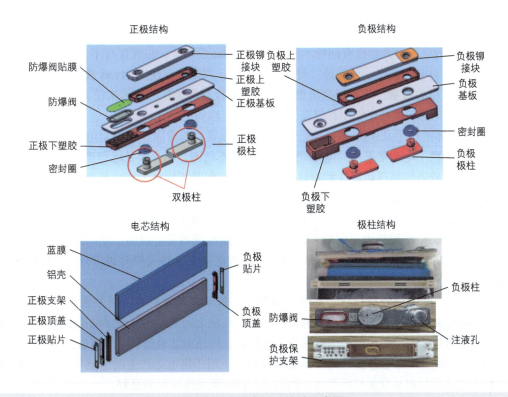

图7-4 方形电芯结构件示意图

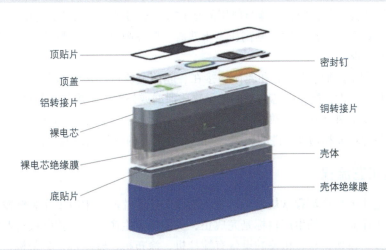

图7-5 方形锂离子电芯结构示意图

1）顶盖是电芯顶部的一部分，通常与电芯的负极连接。它的主要功能是保护电芯的顶部，防止电池内部受到外部环境的影响，如水分、灰尘等。顶盖上通常会有一个安全阀，用于在电芯内部压力过高时打开，以防止电芯爆炸或破裂。

2）Mylar膜在锂电池中起着至关重要的作用。首先，Mylar膜能够保护裸电芯，它包覆在电芯外部，起到物理隔离正负极之间、控制锂离子传输和防止短路等作用，避免因内部物质泄漏或外部刺激引发的不良反应。此外，Mylar膜具有高纯度、高绝缘性、高耐蚀性的特点，能够有效防止过热和电化学反应，从而提高电池的安全性。其粗糙面能够增加胶带与膜的接触面

新能源汽车制造技术

积，使胶带的黏性得到最佳发挥，避免胶带脱落、Mylar 膜无法固定的情况，使电池更加稳定。然而，Mylar 膜的应用也并非没有问题。例如，当 Mylar 膜尺寸、位置配合不当或焊接不良时，可能会导致入壳时电芯刮伤、顶盖焊接时爆点等问题。因此，在使用 Mylar 膜时，需要对其尺寸和位置进行严格的控制，并对焊接质量进行不断的检查和优化。总体来说，Mylar 膜在锂电池中起到了关键的保护和稳定作用，提高了电池的安全性和稳定性。

3）电池壳体的作用是保护电芯不受外来载荷的损害，起着固定和密封电池内部的电化学系统的作用。锂离子电池常采用的电池壳材料主要有不锈钢、铝合金及铝塑膜三种。不锈钢的优点在于它有着较强的物理稳定性和较好的力学性能。但是正因如此，一旦电池内部发生短路和热失控时，产生的大量来不及排出的热量使电池极易发生爆炸，此外不锈钢材质的电池在充放电过程中的散热能力差。采用铝合金的优点是它的密度较小、导热能力和延伸性能较好。对于软包电池而言，铝塑膜是由尼龙层 - 铝箔层 - 热封层构成的复合材料，层间通过胶黏剂压合黏结。它的优点是质量轻、延展性极好，这使得它在电池发生热失控时通常只发生鼓包现象，而不像不锈钢壳一样发生爆炸。

4）顶贴片、底贴片分别是附着在电芯顶部和底部的薄片状材料，通常由绝缘材料制成。它们的主要功能是提供电芯内部的电气隔离，防止正负极之间的短路，确保电池使用的安全性。此外，它们还可以结合电芯内部的温度和压力传感器，传递电芯运行状态的信息。

5）正负极转接片是电芯极耳向外连通的金属片，用于将电芯产生的电能导出到外部电路中。它们的设计和材料必须能够承受电流的通过，同时保证电接触的良好。

6）壳体绝缘膜（蓝膜）是一种附加的保护层，用于增强壳体的绝缘性能。壳体绝缘膜是一种锂电池铝壳表面的保护膜，主流材料用的是 PET（聚对苯二甲酸乙二醇酯），具有优异的物理、化学性能，耐酸碱、耐腐蚀、耐高压、不残胶、防爆阻燃等。其特性能够保护电芯在箱体内不发生干涉与短路。

7）密封钉是用于将电芯顶盖和壳体连接在一起的金属钉。它们的设计必须能够确保电芯内部的密封性和安全性，防止电芯内部的化学物质泄漏或外部的杂质与空气进入电芯内部。

综上所述，电芯外部构件是确保电芯安全、稳定运行的关键组成部分。它们的设计和材料必须能够承受各种环境和物理条件的影响，同时保证电芯内部的电性能和化学性能的稳定安全。

7.2.2 制造工艺流程

锂离子电池主要生产流程常规地可以分为前段工序制片段、中段工序装配段和后段测试工序三段。前段工序制片段的生产目标是完成正、负极极片生产。其工艺路线有制浆、涂布、辊压、分切、制片、模切，与之相关的设备有搅拌机、涂布机、辊压机、分条机、制片机、模切机等。中段工序装配段的生产目标是完成电芯的制造，不同类型锂电池的中段工序技术路线、产线设备存在差异。中段工序的本质是装配工序，具体来说是将前段工序制成的（正、负）极片，与隔膜、电解质进行有序装配。由于方形（卷绕 / 叠片）、圆柱（卷绕）与软包（叠片）电池结构不同，导致不同类别锂电池在中段工序的技术路线、产线设备存在明显差异。具体来说，方形、圆柱电池的中段工序主要流程有卷绕、注液、封装，所涉及的设备主要包括卷绕机、注液机、封装设备（入壳机、滚槽机、封口机、焊接机）等；软包电池的中段工序主要流程有叠片、注液、封装，所涉及的设备主要包括叠片机、注液机、封装设备等。

后段工序的生产目标是完成化成封装。截至中段工序，电芯的功能结构已经形成，后段工序的意义在于将其激活，经过检测、分选、组装，形成使用安全、性能稳定的锂电池成品。主要流程有化成、分容、检测、分选等，所涉及的设备主要包括充放电机、检测设备等。方形电芯工序按照相应的工艺顺序绘制成流程图，具体如图7-6所示。

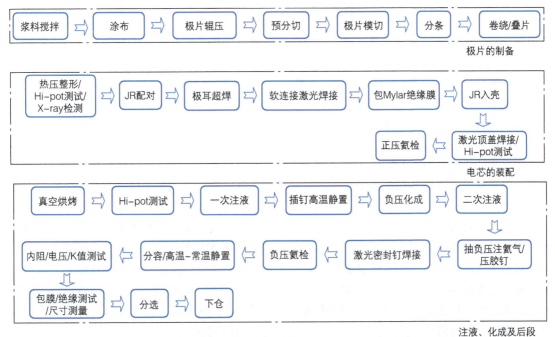

图7-6 方形电芯工序流程图

1. 极片的制备工段

在极片制备工段主要为匀浆、涂覆（布）、干燥、辊压，如图7-7所示。前期的物料匀浆、涂覆（布）、干燥3道工序直接决定了浆料的品质。物料干燥主要针对正极材料、负极材料、导

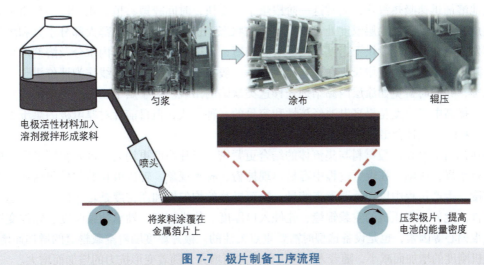

图7-7 极片制备工序流程

电剂和黏结剂等细小粉末材料，通过升温抽真空的方式，去除材料中吸附的水分，防止材料团聚结块，提高后续溶胶和搅浆工序的分散效率，确保浆料与涂覆极片质量。搅拌的目的是将不同的物料混合充分，使它们均匀且稳定地分散。目前，生产中多是几类搅拌桨配合使用，分别起到径向搅拌、轴向分散和刮壁等作用。在实际生产过程中，需要控制搅拌机的搅拌速度、分散速度、真空度、搅拌时间和温度等条件，设置与配方相匹配的工艺参数，以保证浆料制作的高质量和高效率。在实验阶段可以通过扫描电子显微镜分析来衡量浆料的分散均匀性，批量生产时，一般用黏度计来监控浆料黏度，保证各批次质量一致。将合格的浆料转移到中转桶中备用，中转桶配有搅拌桨和除铁装置，避免浆料沉降，并除掉浆料中的金属杂质离子。

  涂覆是将分散均匀的浆料涂覆在集流体上，再经过烘道加热将溶剂除去，得到极片。涂覆机可选择刮刀式、转移式或挤压式。刮刀式涂覆机多用于实验室研究，设备简单、采购成本低，但极片均匀性相对较差；转移式涂覆机和挤压式涂覆机多用于规模生产。挤压式涂覆机是近几年发展起来的涂覆设备，与转移式涂覆机相比，生产效率高、极片一致性好，目前在动力电池行业应用较多，但价格是同等体量转移式涂覆机的 5 倍以上。挤压式涂覆机由放卷、喷头（配备上料系统）、烘道、收卷和其他驱动系统组成。喷头的制造精度、喷嘴宽度、运行速度、动态张力控制、平稳性、干燥方式、风压大小、送风位置、送风方向和温度曲线设定等，都是设备选型需要考虑的指标因素。在实际生产时，主要需要控制喷嘴开口宽窄、温度梯度分布、风量大小和走带速度等，并通过观察表面状态和测试面密度来进行监控，以保证极片厚度一致、干燥充分，且无龟裂、卷曲等现象。集流体也会影响涂覆的质量。传统的集流体为铝箔和铜箔，为解决实际生产中出现的涂布掉粉、脱皮等问题，近年来，腐蚀箔、涂炭箔等复合集流体投入市场，锂离子电池的功率特性、安全可靠性和环境适应性得到提高。

  涂覆工艺结束后，需要将涂布好的正负极片以一定的烘干速度去除湿涂层中的溶剂，使液态浆料经烘干后表面固化形成多孔、多组分涂层结构，这部分一般被称为烘干工艺。在锂离子电池制造过程中还有很多环节需要烘干技术，如原材料烘干、注液前电芯烘干、空气中水分的除湿等。烘干工艺一般采用烘道式烘干方式，以空气作为热载体，利用对流加热涂层，使涂层中水分或其他溶剂汽化并被空气带走。通常可以将电极烘干过程分为 3 个典型阶段，即过渡段、恒速烘干段和降速烘干段。过渡段时，涂层进入烘道前段，涂层温度小幅上升，其中的小部分水和其他溶剂迅速吸热汽化，通常这一阶段烘干速度快，时间较短；恒速烘干段一般由多个恒温段组成，通常烘道使涂层温度处于恒定不变的状态，这一阶段涂层内部大部分水分和溶剂被汽化蒸发，通常这一阶段烘干速度较快，时间较短；降速烘干段，涂层内水分及溶剂汽化速度逐渐下降，烘干时间明显增长。在工业实践中，一般将对流烘干速率曲线作为评价烘干工艺品质的标准，并同时避免如涂层内黏结剂迁移这类缺陷的出现。对于烘干工艺，目前仍有问题无法解决。提高电极厚度是提高电池经济性和容量的一种方式，但目前针对厚电极的烘干工艺表现不佳，耗时较长且会出现极片开裂等问题。

  辊压的目的是让涂覆材料与集流体的结合更紧密，极片厚度更均匀。进入辊压工序的极片必须进行干燥，否则，在辊压过程中容易出现掉粉、脱落现象。辊压极片的质量包括均匀性和压实密度，生产过程中以极片厚度来衡量。涂覆极片的均匀性和面密度是辊压极片质量达标的必要条件。此外，辊压机的空载辊缝、轧件入口厚度、轧机刚度、轴承油膜厚度、轧件变形抗力和轧辊偏心等因素，也是设备选型时需要重点关注的。极片厚度随着空载辊缝的增加而增大，随着轧机刚度的增加而减小，随着入口厚度的增加而增大，随着变形抗力的增加而增大。

2. 电芯装配工段

动力电池卷绕与叠片工艺各有其特点和适用场景。在选择工艺时，需要根据具体的电池类型、性能要求、生产成本等因素进行综合考虑。随着技术的不断进步和工艺的不断优化，未来动力电池的生产工艺将更加高效、安全、可靠。卷绕与叠片电芯各有长处，其中卷绕工艺容易高效率制造电芯，裁切次数少、产生毛刺不良率少，因此多数动力电池厂商一般采用卷绕工艺；叠片工艺能够提高电芯空间利用率，在高倍率电池中则多采用。两者在极片制备工段基本一致，在电芯装配工段，虽然电芯的呈现形式不同，但制造过程中的控制本质仍然是一致的，装配工序如图 7-8 所示。

图 7-8　方壳电芯装配工序流程

叠片电芯采用模切的方式获得极片，卷绕电芯则采用分条机完成极片的裁切。除极片裁切长宽尺寸精度外，毛刺是极片裁切品质最重要的控制指标。可用二次元检测毛刺程度，一般控制在 20μm 内为宜。极片裁切通常使用的模具为激光刀，但是磨损快、使用寿命短且兼容性差。近年来广泛应用的激光裁切技术，可提高极片裁切效率和质量，型号兼容性也强，但成本相对较高。叠片工序和卷绕工序是将正、负极片和隔膜组装成电芯的核心工序，对电池的电性能和安全性起决定性作用。控制的核心是极片的对齐程度及毛刺异物，否则在充电过程中容易产生锂枝晶的堆积，造成电池内部短路，形成安全隐患。

在卷绕或叠片操作时，要严格控制质量，做到正、负极由隔膜完全隔离。为了防止短路，需要设计隔膜的长、宽均大于负极，负极的长、宽均大于正极。卷绕时，负极包裹正极；叠片时，负极比正极多一层。通常会采用 X 射线（X-ray）测试来筛选出负极包裹正极质量不合格的电芯。在卷绕机和叠片机选型时，正极片、负极片和隔膜要具备稳定的放卷纠偏、行程纠偏和入片纠偏功能等，叠片机要具备红外定位功能，确保极片居中匹配，获得合格的卷绕和叠片电芯。极片与隔膜之间的紧贴程度会影响电芯的内阻，因此，卷绕机的张力控制也是一个重要的指标。而叠片结构，则通过热压工序的温度和压力控制，来调节电芯的松紧度。

在电芯制造过程中，与焊接有关的工序很多，包括极耳焊接、极耳转接、点底焊和焊盖帽等，但焊接的核心要求相同，即牢固程度。在设备选型时，焊接功率、焊接电流需要重点考虑，焊接面积和焊点数量也需要精确设计；在工艺标准制定时，极耳焊接、极耳转接工序，可通过破坏性的拉力测试来控制；点底焊和焊盖帽工序，可通过拉力测试对焊接的牢固程度进行定量控制。对于叠片工艺的软包电芯而言，极耳转接完成后，进入入壳和顶侧封工序。该过程中所用的外壳由铝塑膜冲坑获得，当前市况下的铝塑膜通常分为 3 种厚度类型：88μm 的消费类超薄型、113μm 的消费类普通型和 152μm 的动力储能型，分别具有高可塑性、高阻隔性和高耐蚀性的特点，可根据不同的使用领域选择选用。铝塑膜冲坑时，根据电芯厚度要求，可选择冲单坑或冲双坑，以控制铝塑膜的变形量不会过大，提高外壳的使用可靠性。顶封是通过高温熔解极耳上的极耳胶，将正负极耳牢固结合在铝塑膜中间。顶侧封为软封、侧封为硬封，根据电池的尺寸，封边宽度可选工艺控制参数的上下封头温度和封边时间，通过测试拉力衡量封边可靠性。

对于辊槽密封式圆柱电池，点底焊后的卷绕电芯放上盖片后，进入滚槽工序。该工序由滚槽机设备完成，精度要求极高。滚刀形状及尺寸，辊槽时壳体、滚刀的相互运动，以及进给设计是决定辊槽质量的根本因素，须重点考虑。辊槽工序获得的过程产品不具备维修性，若出现质量问题，只能报废处理。滚槽机型号兼容性较差，为保证辊槽精度和稳定的成品率，最好与型号一对一匹配使用。

侧封工序和辊槽完成后的半成品电芯，需要先烘烤才能进行注液。电芯烘烤的目的是进一步去除极片中的水分。极片涂覆体系不同，电芯烘烤的参数要求也不一样。有实验表明，油系涂覆和水系涂覆获得的极片，含水量不同，水分子与其他分子结合的牢固程度也不相同。含水量低的极片，仅延长烘烤时间对减少水分含量的作用有限，烘烤过程还要增加真空度，以降低水的沸点，来提高水的挥发程度；含水量高、水分子结合相对牢固的极片，延长烘烤时间的除水效果较好。

完成烘烤的电芯需要转移到露点＜－40℃的注液间，进行电解液灌注。电解液是电池中 Li^+ 迁移和电荷传递的介质，在电芯的各个区域和空隙中充满电解液，才能保证活性物质的容量得到充分发挥。其中注液量是最关键的控制参数，注液泵的精度是设备选型时重点考察的指标。电池电解液不足，容量发挥不完全，还影响电池的循环性能；电解液过量，会造成浪费、增加成本、污染环境并腐蚀设备；同时游离态的电解液还会增大极片间距离、增加内阻，在充放电过程中分解产气，带来安全隐患。另外，电解液在锂离子电池中的浸润过程也需要考虑。与常压注液相比，真空注液能够提高注液质量和效率，注液真空度高低、封口前抽真空次数的多少，与电芯的最终浸润效果成正比。注液机的真空功能，包括抽真空时间、抽真空次数、真空度和加压时间等，也应作为设备管控的重要关注指标。

注液完成后进行封口，使壳体内的电芯体处于完全密封的状态，与外界环境隔离，避免物质交换。圆柱电池注液后完成焊盖帽，再进入封口工序。封口包括上料、成形和出料等 3 个过程，其中成形是最关键的步骤。软包装电池则是注液后直接进行封口，封口原理同侧封一致；送入料槽的电池经过一封、二封、三封和墩封，完成封口成形。封口设备的选择时，要着重考量封头的适配性、设备精度和稳定性；制定工艺标准时，温度、时间、压力等控制点的参数设置要科学合理，既要满足电池的密封要求，又要保持设备的最佳工作状态。

3. 注液、化成后工段

注液后的工段工序烦琐，但最核心的工序是活化、化成、老化。电池活化的目的是让电解液充分浸润极片和隔膜，防止因电解液浸润不充分、不均匀而引起的析锂现象。活化需要设置合理的搁置时间和温度，通过研究发现，与常温活化相比，85℃活化 8h 可使电极的界面充分反应。化成工序不是简单的充放电过程，需要多次充放电，并对温度、压力等外部条件进行人为的调整。化成工序是电芯实际应用前很重要的一道工艺，是必要的激活过程。电池在化成后，才能体现真实稳定的电性能；没有经过化成的电池，无法进行正常充放电。对电芯进行充电，将内部电极物质激活，同时，电解液中的溶剂将与锂盐发生反应，在负极表面形成一层稳定的固体电解质相界面（SEI）膜。SEI 膜不溶于有机溶剂，可以防止电解液进一步侵蚀电极，使电池的性能更稳定。SEI 膜具有较高的 Li$^+$ 电导率和电子隔绝特性，可利用扫描电镜（SEM）、透射电子显微镜（TEM）、原子力显微镜（AFM）、拉曼光谱和 XRD 分析等，了解形成的 SEI 膜的微观形态。

化成的充电方法包括恒流、恒压充电等，不同充电方法各有优劣。实际应用中主要采用恒流恒压相结合的充电方式，先恒流充电到一定的电压，再恒压充至满电，如图 7-9 所示。化成工序最关键的控制参数是充电电流、化成温度和截止电压。小电流化成方式有助于形成稳定的 SEI 膜，但耗时长、效率低，且小电流化成会增大 SEI 膜阻抗；而大电流不利于形成稳定完整的 SEI 膜。化成温度会影响成膜反应速度和产物种类，温度过高，会导致 SEI 膜分解破裂，增加 Li$^+$ 的消耗，降低电池容量。截止电压主要指恒流充电时的截止电压。首次充电过程的电压升高伴随气体的产生，气体在电芯内的聚集，造成极片间接触不均匀，会导致锂在负极表面沉积；同时，电压越高，电解液越不稳定，将进一步增加锂的消耗。在化成过程中，适当降低截止电压，可降低电池内阻，改善电池的循环性能。老化是将化成后某一荷电状态的电芯在一定温度环境下搁置一段时间，并测试搁置前后电池的电压，根据电压下降情况筛选、分类，排除外界因素的影响。压降大的电池内部多存在微短路或剧烈的副反应，会给电池贮存、安全使用带来风险，应及时处理。二封工序主要针对软包装电池。电池化成时会产气，通过将气体抽走，再在二封机上进行封装，保证电芯的气密性，原理与侧封工序一样。二封是软包装电池最后一道封装工序，之后进行裁切、折边和烫边等一系列整形动作，就可获得外形美观的成品单体电池。整形完成的软包装电池和老化结束的圆柱/方形电池在充放电后，就可剔除不合格品，并按容量分档入库。老化和分容过程需要严格监控环境温度。有研究表明，同一只电池，测量的环境温度不同，电压、内阻和容量有较大的差异。对于出货的电池，压降、内阻和容量是筛选的重要指标，尤其是模组用电池，性能指标的一致性至关重要。

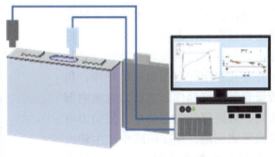

图 7-9 电芯化成使用充放电设备

7.2.3 关键工序与主要设备

极耳焊接、包裹绝缘膜和入壳、顶盖激光焊接、注液与预充化成以及注液口焊接工序在电芯制造过程中各自扮演着至关重要的角色，这些工序相互关联，共同确保电芯的性能、安全性和生产效率。首先，极耳焊接工序的重要性在于确保电池正负极与电池极耳之间的连接质量。焊接质量直接影响电池的性能和可靠性，因此采用激光焊接或电阻焊接等高精度、高效率的焊接方法至关重要。通过优化焊接工艺和参数,可以确保焊接过程的稳定性和一致性,从而提高电池的整体性能。其次,包裹绝缘膜和入壳工序对于电芯的绝缘性能和结构稳定性至关重要。绝缘膜可以有效防止电芯内部发生电位差和微短路,从而保障电池的安全性和稳定性。同时,入壳工序将电芯固定在外壳中,确保其结构紧凑、稳定,为后续的顶盖激光焊接等工序奠定基础。顶盖激光焊接工序则是确保电芯密封性和安全性的关键步骤。激光焊接具有高精度、高效率的特点,能够实现顶盖与电芯之间的无缝连接,防止电解液泄漏和外界杂质进入电芯内部。通过优化激光焊接工艺参数和设备性能,可以进一步提高焊接质量和生产效率。注液与预充化成工序是电芯制造过程中的核心环节。注液工序需要确保电解液充分且均匀地浸润到电芯内部,直接影响电池的性能。预充化成则是通过首次充放电激活电芯性能,为后续使用做好准备。这些工序的精确控制对于提高电池性能、延长使用寿命具有重要意义。最后,注液口焊接工序是确保电芯密封性和安全性的最后一道屏障。焊接质量的好坏直接影响电芯的密封性能和长期使用的稳定性。因此,这些关键工序的管控对电芯的制造品质十分重要。

1. 极耳焊接

组装好顶盖,利用激光焊接或电阻焊的方式将正极留出集流体的部分(正极耳)与正极汇流排焊接在一起,将负极留出集流体的部分(负极耳)与负极汇流排焊接在一起,当设计容量比较大时,可以将两个卷芯并联在一起。焊接时,可以先将多只卷芯并联在一起焊接,或者每个卷芯分别焊接(如两个卷芯分别焊接在232汇流片上),在激光焊之后将多只卷芯并联在一起。焊接工艺需要根据集流体材料、形状、厚度、拉力要求等选择合适的激光器和焊接工艺参数,包括焊接速度、波形、峰值、焊头压力等,以保证最终的焊接效果满足动力电池的要求。

顶盖如图7-10所示,其结构主要由顶盖板、正/负极柱、防爆装置、注液孔等组成,通常极柱部分包含翻转片装置(OSD)、电流切断结构(CID)和短路装置(Fuse)等结构。一般电池顶盖上对应正极极柱和负极极柱处有两个极柱穿孔,正极极柱从一个极柱穿孔中穿出并与顶盖片电导通,负极极柱从另一个极柱穿孔穿出并与顶盖片电绝缘,负极柱附近设置有短路部件,当动力电池内部压力增大时,短路部件向上动作,使动力电池的正负极形成回路,并在回路中产生较大的电流,使得连接部件熔断,从而切断主回路。

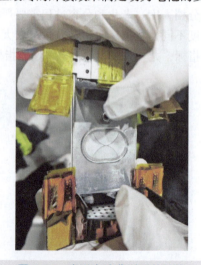

图7-10 方形电池典型顶盖结构

2. 包裹绝缘膜和入壳

在激光焊接和入壳工序之间需要包绝缘膜,采用绝缘膜包覆焊接极耳的卷芯,通常:

1)与正极汇流排和负极汇流排接触的绝缘膜,其厚度要更大一些,比如厚度不低于0.1mm。

2)卷芯其余绝缘膜,厚度可薄一些,比如0.05mm。然后,将卷芯放入壳体中,如图7-11所示。

3. 顶盖激光焊接

采用激光方式将顶盖和壳体焊接在一起，如图 7-12 所示。激光焊接具有能量密度高、功率稳定性好、焊接精度高、易于系统化集成等诸多优点。顶盖封口焊接焊缝是方形铝壳电池中尺寸最长的焊缝，也是焊接耗时最长的焊缝。焊接速度相对较低，焊缝热循环时间相对较长，熔池有足够的时间流动和凝固，且保护气体能较好地覆盖熔池，易获得表面光滑饱满、一致性好的焊缝。提高焊接速度会使得焊接热循环时间缩短，金属的熔化过程更剧烈、飞溅加大、对杂质的适应会更差，更易形成飞溅孔洞，同时熔池凝固时间的缩短，会导致焊缝容易表面粗糙、一致性降低。当激光光斑较小时，热输入量不大，飞溅可以减少，但焊缝深宽比较大，焊缝熔宽不够；当激光光斑较大时，需要输入较大的激光功率，使焊缝宽度增大，但同时又会导致焊接飞溅增加，焊缝表面成形质量差。

图 7-11 卷芯包裹绝缘膜和入壳

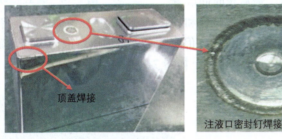
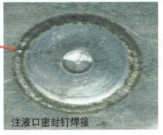

图 7-12 焊接焊缝

目前，电池壳和顶盖主要是铝合金材料，其焊接的难点在于铝合金对激光的反射率极高，焊接过程中气孔敏感性高，焊接时不可避免地会出现一些缺陷，最主要的是气孔、热裂纹和炸火。焊接实验中，一般检查焊缝外观、焊接强度（拉伸法）、熔池尺寸和形貌（金相观察）、密封性等。另外，焊接之后，采用 X 射线对电池内部各部分进行检查。

4. 注液与预充化成

电池干燥之后进行注液和预充化成，注液预充工艺如图 7-13 所示。

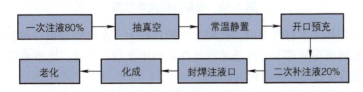

图 7-13 电池注液预充工艺

典型的工艺包括：

1）一次注液：第一次注液，注液量通常为全部电解液的 80%。注液机首先对电解液抽真空脱气泡，再对放置电池腔室抽真空，然后氮气加压注入电池内部，全自动分两次注入电解液。

2）抽真空：注液完成后，对电池抽真空 3min，让电解液充分浸润。

3）常温静置：电解液继续浸润极片孔隙。

4）预充电：充放电设备放置在环境露点 -60℃ 的预充室，室内抽风机排风，另外不断补充干燥空气。预充电程序为 $0.2C$ 充电 60min，SOC 约 20%。

5）二次补注液：注入总电解液量的 20%，再次抽真空 2min。

锂电池电解液的作用就是在正负极之间导通离子，充当充放电的介质，就如人体的血液。如何让电解液充分而均匀地浸润到锂电池内部，成为重要的课题。因此，注液工艺是非常重要的过程，直接影响电池的性能。

如图 7-14 所示，电解液通过定量泵注入密封腔室内，将电池放入注液室，然后真空泵对注液室抽真空，电池内部也形成了真空环境。将注液嘴插入电池注液口，打开电解液注入阀，同时用氮气加压电解液腔室至 0.2～1.0MPa，保压一定时间，注液室再放气到常压，最后长时间静置

图 7-14　真空 - 加压注液

（2～36h），从而让电解液与电池正负极材料和隔膜充分浸润。注液完成后，将电池密封，电解液理论上会从电池顶部渗入隔膜和电极中，但实际上大量的电解液向下流动聚集在电池底部，再通过毛细压力渗透到隔膜和电极的孔隙中，如图 7-15 所示。

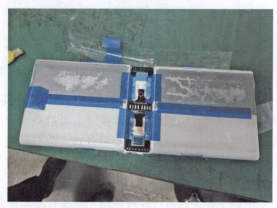

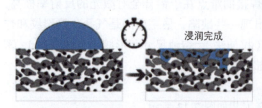

图 7-15　电解液浸润电芯图

通常，隔膜由多孔亲水材料组成，孔隙率一般比较大，而电极是由各种颗粒组成的多孔介质。普遍认为，电解液在隔膜中的渗透速度比在电极中更快，因此，电解液的流动过程应该是先渗透到隔膜，随后穿过隔膜渗透到电极中。

电解质在电极孔隙中扩散的机理可看作是三种力之间的相互作用：来自电解质流动的压力、由于表面张力而产生的毛细管力，以及孔中空气产生的阻力。注液时，对电池抽真空可以降低空气产生的阻力，而对电解液加压注入则可以增加液体流动的驱动力。因此，抽真空 - 加压注液有利于电解液的浸润，如图 7-16 所示。

第7章 动力电池制造技术

在锂离子电池首次充放电（预充）过程中，电解液在负极表面还原，不溶性的还原产物在负极材料表面沉积，形成一层钝化层，即固体电解质界面（SEI）膜，这层钝化膜具有固体电解质的特性，是电子的绝缘体却是Li^+的优良导体，Li^+可以自由地通过钝化层嵌入和脱出。SEI膜开始形成的电压并不是固定的，有可能是2V、1V或者0.8V；而且，随着电池的老化，SEI膜在电池的充放电循环中会不断形成，这与很多因素有关，例如，负极材料、电解液成分、添加剂、充电倍率、温度等。同时，预充反应产生乙烯、氢气、一氧化碳等部分气体。

方形电池内部残存气体对厚度有较大影响，因此必须将预充产生的气体排出。预充排气方式一般有两种：一种方式是在预充过

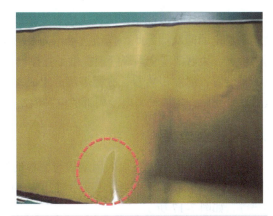

图 7-16 电解液在极片表面浸润图

程中用胶纸、胶套棉花将注液孔贴住，负压封口时将气体一次排出；另一种方式是在预充过程中将注液孔敞开，让气体自由排出，此种方式对环境温湿度要求较高，投资较大，但工艺较为简单。闭口工艺在封口时有一股较大的气流，会将电解液冲出，并且冲出的量不可控制。但开口工艺预充时气体缓慢排出，不会带出电解液，封口时也无电解液排出，注液量一致性好。将电芯充至满电，解剖电芯后观察极片外观，发现：闭口工艺极片表面有很多斑迹，开口工艺极片表面很干净，这是由于闭口工艺预充时电芯内部密布气泡，锂离子不能穿过气泡，在负极片表面发生不均匀的电化学反应。开口工艺预充过程中，气泡被排出，锂离子在负极片表面均匀反应，极片表面颜色表现出很好的一致性，SEI膜形成得较为致密。为了提高锂离子电池的生产效率，需要优化电池预充电流和时间，从而在最短的时间内充分地将电池内的气体排出来。

5. 注液口焊接

将开口化成后的电池注液口封好胶钉，覆盖铝质注液栓，之后将注液栓焊接在电池顶盖上进行封口，使电芯内部完全被密封起来，焊接质量关系电池的密封程度，焊接不良会导致电池漏液、析锂、电池外观不良等。需要注意以下几点。

1）保护气的种类和保护气参数合理设定可以提升焊缝均匀一致性及宽度一致性。
2）保证焊接区域的清洁度，减少杂质异物引入，可有效降低焊渣产生的概率。
3）机械配合方式上，间隙配合优于过盈配合，先点焊后连续焊的方式能够在很大程度上解决间隙配合时翘起的问题。
4）增加注液孔凹台倾角的尺寸管控能够提升焊接熔深的一致性。
5）焊接速度、输出功率及光斑直径是影响焊接强度的主要工艺参数。

最后，电池经历化成（电池进行几次完整的充放电程序）与老化（在4.0V荷电状态下45℃保存7天，25℃保存2天，再分选），完成制造过程。

综上所述，极耳焊接、包裹绝缘膜和入壳、顶盖激光焊接、注液与预充化成以及注液口焊接工序在电芯制造过程中各自发挥着不可或缺的作用。这些工序的精确执行和质量控制对于提高电芯性能、保障电池安全以及提高生产效率具有重要意义。

7.3 模组构成及装配

过去由于动力电池生产的技术成熟度较低,电芯的一致性和稳定性相对较差,带来了安全性能不稳定的问题。为此,模组技术作为一项关键技术被发展起来。模组是连接电芯和系统之间的桥梁,为电池安全系统管理提供了支撑。电池模组主要由电芯、固定框架、电压检测控制、电连接装置、温度传感器、冷板等部分组成,电芯之间通过串并联的方式连接,加上保护线路板以及外壳后,构成动力电池内部的电芯模组,电芯模组配上模组管理与系统连接。

7.3.1 模组的构造

方形电池模组结构一般采用端板与侧板的形式。方形电池模组包括电芯、端板、侧板、端板绝缘片、线束板总成、绝缘上盖、输出极 Busbar、极耳罩盖、极耳支撑件、硅胶框、硅胶隔热垫等,如图 7-17 所示。

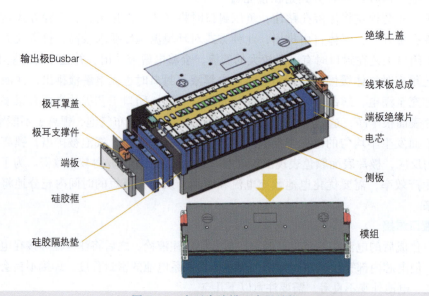

图 7-17 方形电池模组产品结构

通常情况下,电芯之间会有隔热垫,隔热垫材质通常为气凝胶、陶瓷化橡胶、云母板、云母纸等,气凝胶主要有预氧丝气凝胶、玻璃纤维气凝胶、陶瓷气凝胶等,根据电芯热失控时所散发出来的热量和冲击力,需要合理选择适配的隔热材料来吸收。对于不同体系的电芯,对隔热材料需求也不一样。通过加速量热法(ARC)、差示扫描量热法(DSC)等试验,可以得到材料的峰值温度、最大发热功率、热失控起始温度、热失控最高温度等,对合理选择隔热材料十分有帮助。电池模组能够吸收电芯产气而引起的鼓胀力,通常情况下,电芯之间会有缓冲垫,缓冲垫可以是回字形的橡胶框、高发泡倍率的塑料 PP 板、PU 泡棉、CR 泡棉等。可根据缓冲垫的压缩曲线、电芯的膨胀率等,来选择缓冲垫的厚度。

电芯与框架间的连接通常采用结构胶和压敏胶。结构胶的类型包括聚氨酯类、环氧树脂类、丙烯酸类等。通常情况下,都是选择聚氨酯类结构胶,主要是因为该结构胶固化后,硬度比较小，具有一定的弹性，断裂延伸率大。针对结构强度要求，需要考虑胶的粘接性能，如抗拉拔强度、抗剪切强度、剥离强度等，进而设计不同的粘接面积以及不同涂胶轨迹。

通常低压采集通过柔性电路板（FPC）来采集电芯的电压、电流、温度等。电芯电压采集线要有熔丝设计和可恢复保险设计，熔丝是在低压采集回路短路时，快速熔断，从而保护BMS和电池模组；可恢复保险设计是在低压采集回路短路时，保险电阻会增大，从而使采集回路短路电流变小，起到保护模组的作用。温度采集采用NTC（负温度系数传感器），在使用过程中，要保证NTC半导体表面不会发生银迁移现象，从而导致BMS报高温异常，所以NTC半导体表面要涂有低吸水率的UV胶。在使用过程中，要保证NTC半导体不会开裂，从而导致BMS不会报低温异常，所以在NTC背面要有FR4补强板。目前，NTC有两种，分别为10kΩ（常温下）和100kΩ（常温下），BMS从板上会串联一个相同的定电阻，从板有5V电源，通过监测NTC两端的电压变化，得知电池的温度变化。在电池温度过高时，热管理系统会启动降温机制，同时BMS向整车发出降功率指令以保护电池安全；反之，若电池温度偏低，热管理系统会启动加热功能，并且BMS也会要求整车降低功率。此外，当电池电压处于高位，且正在进行回充或充电时，BMS会指示整车降低充电功率以防止过充；而当电池电压较低，特别是在行驶或放电过程中，BMS则会请求整车减少放电功率，以确保电池的稳定性和安全性。通常要考虑模组的绝缘设计需满足GB/T 16935、GB 18384—2020等要求，电芯层级通过包覆蓝膜或者喷涂绝缘漆等实现绝缘设计；模组层级通过侧板热压绝缘膜、端板粘贴PC膜或者PET膜等实现带电体与模组框架的绝缘设计，同时模组要满足相应的电气间隙与爬电距离的要求。

7.3.2 装配工艺流程

模组段工艺如图7-18所示，主要包括电芯上线、电芯OCV/ACR测试、电芯翻转/电芯清洗、缓冲棉/气凝胶粘贴、电芯涂胶、模组堆叠、模组钢带/捆扎、条码打印绑定、模组线上静置、极柱清洗/拍照定位、摆放Busbar、激光焊接、EOL测试、绝缘耐压测试、模组下线。

不论何种电芯，在电芯的模组组装工艺流程中，由电芯到模组的组装工艺流程都分为五个部分，这五段包括电芯上料及处理段、模组组装段、模组焊接与装配段、模组总装段以及下线测试段。为方便描述和介绍，将模组组装、模组焊接与装配、模组总装及下线测试统称为模组组装段。电芯上料及处理段电池通过自动化物流从仓库传输至上料口，由机器人自动抓取电池上料，进行条码扫描、开路电压（OCV）测试、电池处理（软包电池为极耳裁切，铝壳电池为表面清洗以及贴绝缘片等工序），同时剔除不合格电池。

模组组装段首先通过机械手或者工业机器人抓取合格电池，按装配工艺顺序依次将电池、辅料、缓冲材料等经处理后组合为电池模组（软包模组组装包括涂胶等工序），在组装时利用视觉定位系统定位模组装配位置。

模块组装完成后，需要对模组的尺寸进行测量，并对模组内各个电芯的位置进行固定，确保电芯的位置平行性、垂直度、稳固性等方面性能稳定，并下料传输至焊接设备相应工位进行焊接组装。若为圆柱电池模组，则需要对电芯进行点胶固化，软包电芯则需要对电芯进行捆扎，方形铝壳电芯则需要对端板侧板进行激光焊接或者冷金属过渡焊接。在模组组装完成后需对模组汇流排进行焊接，之后模组自动传输至检测区进行焊接前检测，筛分合格的模组传输至焊接机进行自动焊接，焊接时采用CCD拍照定位技术，确保焊接位置的精确性，并根据焊接程序自动调节焊接功率，对电池正、负极采用不同焊接功率进行焊接，保证焊接效果。

新能源汽车制造技术

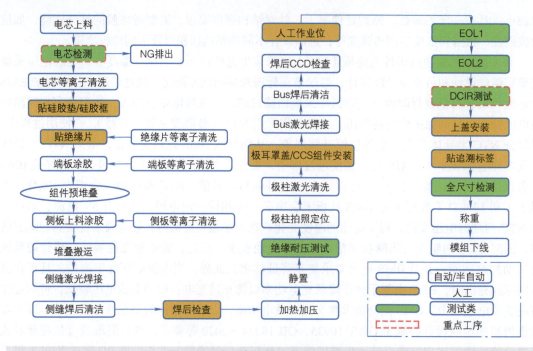

图 7-18 方形电池模组装配工艺流程图

下线测试段是模组完成焊接后进行的下线测试，即模组的 EOL 测试，合格电池模组转运至自动化物流小车上，即可将模组转运至测试房，或者转运至老化车间进行老化测试，根据工艺流程需要，也可将其转运至电池箱体组装段进行电池箱体的安装及总正、总负、气密性检测等工作。通常情况下，软包电池可以采用卷绕或叠片的工艺，方形铝壳电池可以采用卷绕或者叠片的工艺，圆柱电池只能采用卷绕的工艺进行电芯的生产。电池结构千差万别，在后续的发展中方形铝壳电池处于主流地位，因此本章选择方形铝壳动力电池，对其模组的组装自动化装备系统进行介绍。

近年来随着技术的改进和创新，锂离子动力电池的性能有了很大的发展和变化，但这仅仅是针对电池作为单体进行单独使用的情况。动力电池在汽车上是以模组或者电池包的方式进行使用的，在模组组装的过程中，电芯的稳定性、寿命、衰减率等性能会在一定程度上降低。比如锂电池单体使用寿命是循环 6000 次，也就是每天都进行一次完整的充放电过程，可以至少使用 15～20 年，不过这只是理想状态，成组使用时电池包的使用寿命相比于电芯会出现一定程度的减损。所以想让电动汽车真正跑起来，就要提高电池的模组及电池包的使用性能。

7.4 电池包关键组件特点

视频7-2
动力电池模组

7.4.1 BMS 技术特征

BMS 是动力电池的一个重要组成部分，主要负责对电芯组进行监控、保护和控制，硬件如图 7-19 所示。BMS 具有以下特征：

首先，BMS 具备数据采集功能。它可以实时采集电芯的各项参数数据，包括每个电芯的电压、电流、温度等信息。这些数据对于评估电芯的状态和健康状况至关重要。其次，BMS能够进行状态估计。通过对采集到的数据进行分析和处理，BMS可以估算出电芯的剩余容量（SOC）和健康状况（SOH）。SOC指的是电芯中可用能量的百分比，而SOH则表示电芯的健康程度。这些信息对于制定合理的充放电策略和预测电池寿命非常重要。此外，BMS还具备充放电控制功能。根据电芯的状态和整车需求，BMS可以控制充电机和逆变器的功率输出，实现对电芯的充放电管理。它可以根据需要调整充电速度和深度，以确保电池包在合适的状态下工作，并最大限度地延长电池包的使用寿命。另外，BMS还具备故障诊断与保护功能。当电芯出现异常情况时，如过电压、过电流、短路等，BMS能够及时进行故障诊断，并采取相应的保护措施。例如，当某个电芯电压超过阈值时，BMS可以切断充放电回路，防止电芯损坏；当电芯温度过高时，BMS可以降低充放电功率，增加散热设备的工作频率，以降低温度。最后，BMS还具备通信功能。它可以与其他车载控制器进行通信，实现整车的能量管理和协调控制。通过与其他系统的交互，BMS可以更好地适应不同的驾驶模式和需求，提高整车的性能和效率。

图 7-19　BMS 硬件产品图

根据不同的应用场景和需求，BMS可以采用不同的结构类型。

1）主从式：主从式BMS将整个电芯组划分为若干个子电芯组，每个子电芯组由一个从控制器进行管理。从控制器之间通过CAN总线或RS485总线进行通信，主控制器负责对从控制器进行统一管理和协调。主从式BMS结构较为简单，适用于中小型电芯组。

2）集中式：集中式BMS采用一个集中控制器来管理整个电芯组。集中式BMS具有较高的集成度和处理能力，适用于大型电芯组。它可以实时监测电池组的各项参数，并对其进行状态估计和故障诊断。同时，集中式BMS还可以与其他车载控制器进行通信，实现整车的能量管理和协调控制。

3）分布式：分布式BMS将电芯组划分为多个区域，每个区域由一个独立的控制器进行管理。每个控制器负责监测和管理其所在区域的电芯或模块。分布式BMS可以提高系统的可靠性和灵活性，适用于复杂的电芯组结构。

4）混合式：混合式BMS结合了主从式和集中式的特点，它采用一个主控制器和多个从控制器的结构。主控制器负责对从控制器进行统一管理和协调，而从控制器则负责具体区域的电池管理。混合式BMS可以根据实际需要进行灵活的配置和扩展，适用于一些特殊应用场景。

无论采用何种结构类型的 BMS，其核心功能都是相似的，包括数据采集、状态估计、充放电控制、故障诊断与保护以及通信等。不同的结构类型只是在实现方式上有所差异，以适应不同的应用需求。随着技术的不断发展和进步，BMS 的结构类型也将不断演进和完善，为电动汽车的发展提供更好的支持和服务。

7.4.2 箱体技术及设计特点

电池箱体是电池包的重要组成部分，其基本结构包括外壳、隔离层、连接件和绝缘件等组件。这些组件相互配合，共同构成了一个安全、可靠的电池箱体，用于保障在整车使用工况下电芯储存和释放电能，如图 7-20 所示。在选材上，轻质合金箱体是目前电池包箱体轻量化的主要用材；在结构设计上，箱体的耐撞结构、加强筋和内部模组隔板是设计时考虑的重要因素。电池箱体技术及设计特点主要包括以下几个方面。

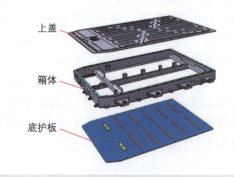

图 7-20 箱体结构示意图

1）结构强度和防护性能：电池箱体应具备足够的结构强度，能够承受外部冲击和振动，并能有效防止水分、灰尘等对电池的影响。常见的材料包括铝合金、不锈钢等高强度材料，并且需要进行密封处理以提高防护性能。

2）散热性能：电池在充放电过程中会产生热量，如果热量无法有效散发，会导致电池温度升高，影响电池寿命和安全性。因此，电池箱体需要具备良好的散热性能，可以通过设置散热孔、散热器等方式提高散热效果。

3）空间利用率：电池箱体的设计应充分考虑空间的利用率，尽量减少占用空间，提高能量密度。可以采用层叠式设计、折叠式设计等方式来增加电池容量。

4）维护和检修方便性：电池箱体应具备便于维护和检修的特点，方便更换电池、连接线等部件。常见的设计包括可拆卸式盖板、易于拆卸的结构等。

5）系统集成性：电池箱体应与整个系统集成良好，方便与其他组件进行连接和通信。可以设置插接器、接口等装置，以实现电池与其他设备的无缝对接。

6）安全性能：电池箱体应具备一定的安全性能，能够防止电池过充电、过放电、短路等异常情况的发生。常见的安全设计包括保护电路、防爆阀等。

综上所述，电池箱体技术及设计特点主要包括结构强度和防护性能、散热性能、空间利用率、维护和检修方便性、系统集成性以及安全性能等方面。这些特点能够满足电池的使用需求，保证电池的安全运行和寿命。

电池箱体材质选择如下：

1）金属材质：金属材质是常见的电池箱体材料，如铝合金、不锈钢等。金属材质具有强度高、耐磨损、耐腐蚀等特点，能够提供良好的防护性能和散热性能。此外，金属材质还具有良好的可塑性和可加工性，便于制造复杂的电池箱体结构。

2）塑料材质：塑料材质是另一种常见的电池箱体材料，如聚丙烯、聚碳酸酯等。塑料材质具有轻质、绝缘性能好、成本低等特点，适用于一些低功率和低安全性要求的电池箱体。然而，塑料材质的强度相对较低，容易受到外力损坏，且耐热性能较差。

3）复合材料：复合材料是由两种或多种不同材料组合而成的新型材料，常用于高性能电池箱体的制造。复合材料可以根据需要调整各种材料的比例，以获得最佳的强度、轻量化和防护性能。常见的复合材料包括碳纤维增强复合材料、玻璃纤维增强复合材料等。

4）玻璃材质：玻璃材质在电池箱体中的应用较少，主要用于封装一些特殊类型的电池，如锂离子电池。玻璃材质具有良好的化学稳定性和热稳定性，能够有效防止电池内部的化学反应和外界环境的影响。然而，玻璃材质的脆性较大，容易破裂。

综上所述，选择电池箱体材质需要考虑其强度、防护性能、散热性能、成本等因素。金属材质适用于高功率和高安全性要求的电池箱体；塑料材质适用于低功率和低安全性要求的电池箱体；复合材料可以平衡强度和轻量化的需求；玻璃材质适用于特殊类型的电池封装。

7.4.3 水冷板设计选型

电池水冷板是一种用于降低电池温度的技术方案，它通过将冷却介质引入电池内部来实现降温效果，其结构如图 7-21 所示。这种技术在电动汽车、储能系统等领域广泛应用，可以提高电池的安全性能和寿命。水冷板及其设计特点通常要考虑以下因素。

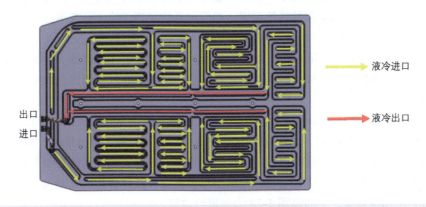

图 7-21 水冷板设计结构示意图

1）高效散热：电池在高负载或高温环境下工作时容易过热，导致性能下降甚至损坏。通过将电池直接放置在充有冷却液的水冷板上，能够快速将热量传导到冷却液中，实现高效散热。

2）精确温度控制：水冷板可以结合温度传感器和控制系统，实时监测和调节电池的温度。通过精确控制温度，可以确保电池在最佳工作温度范围内运行，提高电池的性能和寿命。

3）低噪声设计：传统风冷系统中的风扇会产生噪声，影响用户的体验。而水冷板采用液体流动代替风扇，大大降低了噪声水平，提供更加安静的使用环境。

4）紧凑轻巧：相比传统的风冷系统，水冷板技术更加紧凑轻巧。由于不需要大型散热器和风扇，整个系统的体积和重量都得到了减小，便于设备的携带和安装。

5）可维护性：水冷板使得冷却液的更换和维护变得更加简单方便。用户可以根据需要定期更换冷却液，保证系统的正常运行。

水冷板通过高效的散热、精确的温度控制、低噪声设计、紧凑轻巧的结构和易于维护等特点，为电子设备中的电池提供了更好的散热解决方案，提高了电池的性能和寿命。

7.5 电池包构成及装配技术

7.5.1 PACK 构造及组成

视频7-3
动力电池包组成

动力电池包（PACK）主要包括电池模块、防护模块、电气模块和热管理模块等几个部分。

1）电池模块：如果把 PACK 比作一个人体，那么该模块就是"心脏"，负责储存和释放能量，为汽车提供动力。

2）防护模块：主要由 PACK 上盖、托盘、各种金属支架、端板和螺栓组成，可以看作是 PACK 的"骨骼"，起到支撑、抗机械冲击、抗机械振动和环境保护（防水防尘）的作用。

3）电气模块：主要由高压跨接片或高压线束、低压线束和继电器组成。高压线束可以看作是电池 PACK 的"大动脉血管"，将动力电池系统心脏的动力不断输送到各个需要的部件中，低压线束则可以看作电池 PACK 的"神经网络"，实时传输检测信号和控制信号。

4）热管理模块：主要包括风冷、水冷、制冷剂直冷。以水冷系统为例，热管理系统主要由冷却板、冷却水管、隔热垫和导热垫组成。热管理系统相当于给 PACK 装了一个空调。

BMS 可以看作是电池的"大脑"，主要由 CMU 和 BMU 组成。

1）CMU（Cell Monitor Unit）：电芯监控单元，负责测量电池的电压、电流和温度等参数，同时还具有均衡等功能。当 CMU 测量到这些数据后，将数据通过前面讲到的电池"神经网络"传送给 BMU。

2）BMU（Battery Management Unit）：电池管理单元，负责评估 CMU 传送的数据，如果数据异常，则对电池进行保护，发出降低电流的要求，或者切断充放电通路，以避免电池超出许可的使用条件，同时还对电池的电量、温度进行管理。根据先前设计的控制策略，BMU 判断需要警示的参数和状态，并且将警示信息发给整车控制器，最终传达给驾驶员。

为了进一步加深理解，下面以图 7-22 为例进行讲解。

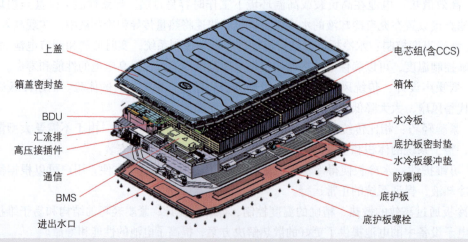

图 7-22 动力电池包产品结构

电芯组是电池包的核心部件,通常由多个锂离子电芯通过串并联组成。电芯组的主要作用是储存和释放能量,提供动力给电动汽车或其他设备使用。CCS(Cells Contact System,集成母排)主要由信号采集组件(FPC、PCB、FFC 等)、塑胶结构件、铜铝排等组成,通过热压合或铆接等工艺连接成一个整体,实现电芯串并联,以及电池的温度采样、电压采样功能,通过 FPC/PCB 和插接器组件提供温度和电压信号给 BMS。BMS 负责监控和管理电池包的运行状态,能够实时监测电池的电压、电流、温度等参数,并根据需要进行充放电控制、故障诊断和保护等功能。BDU(Battery Distribution Unit,电池配电单元)负责电池组的电能分配、保护和管理。它由电流传感器、继电器、熔断器等部件组成。高低压线束是电池包中的电气连接部件,用于传输电能和信号;高压线束主要用于电池包与电机之间的连接,而低压线束则用于电池包内部的电路连接。防爆阀是电池包中的安全装置,用于防止电池内部压力过高导致爆炸;当电池内部压力超过设定值时,防爆阀会自动打开,释放压力,保护电池包的安全。上下壳体是电池包的外部结构件,用于保护电池包内部的电芯和其他组件,它们通常由高强度材料制成,具有防水、防尘和防振等功能。箱体是电池包的外部容器,用于容纳电芯、CCS、BMS、BDU、高低压线束、防爆阀和上下壳体等组件;箱体通常由金属材料制成,具有较高的强度和防护性能。水冷板是一种散热装置,用于降低电池包的温度,它通过循环冷却液将热量传导到外部,保持电池包的工作温度在合适的范围内,提高电池的性能和寿命。

7.5.2 制造工艺流程

PACK 装配段工艺如图 7-23 所示,主要包括模组入箱体、模组紧固、绝缘耐压测试、低压/高压连接、线束通断测试/安装上盖、EOL 测试、成品下线。

视频7-4
电池生产设备

图 7-23 PACK 装配段工艺

1）电芯上线：机器人将来料电芯摆放至料框中，由 AGV 拉至现场上料部位进行上料。每个有料框的位置都会受到自动检测。如有缺料，检测系统会通过安灯系统以及生产信息化管理系统（MES）显示预警。

2）电芯 OCV/ACR 测试：机器人从料框中抓取电芯往下运转，自动实现扫码、确认电芯极性、OCV 检测、K 值比较等功能。此外，该工艺还有电芯极性防差错检测功能和电芯重码防差错功能。所以，如果存在异常，就会发出警报，并把电芯放置到 NG 台上。

3）电芯翻转/电芯清洗：机器人对模组所需极性的电芯排列顺序，对电芯进行翻转操作。机器人根据模组中电芯极性按位置摆放，给电芯涂胶，贴绝缘罩、隔热片，同时可以对多个电芯进行翻转操作。等离子清洗机会对电芯进行相关清洗。等离子表面处理是一种干式处理方法，只对材料表面进行处理，是比较安全的清洗锂电池的方法。

4）缓冲棉/气凝胶粘贴：对每个电芯所使用的缓冲棉，使用气凝胶进行粘贴。缓冲棉可以起到隔热、缓冲、阻燃、密封、支撑、减振等功能。

5）电芯涂胶：三轴伺服涂胶机构根据模组中电芯数量和涂胶位置，分别安置电芯涂胶夹具进行涂胶。涂胶位置有铝端板、铝侧板、缓冲垫、端板绝缘片。

6）电芯堆叠：由六轴机器人将电芯抓取至堆叠台上进行堆叠。在堆叠过程中对单组件均有对中、整形功能，使模组保持在一个平面上。堆叠模组成形后，需将模组中电芯的摆放位置等信息录入系统，实现模组码和电芯之间的绑定，并在后道工序中打印编码。

7）模组钢带/捆扎：电芯模组堆叠完成后，被六轴机器人自动抓取至成组台，由人工套钢带。

8）条码打印绑定：在堆叠过程中对电芯扫码。堆叠完成后自动生成模组二维码，与电芯进行绑定。

9）模组线上静置：将模组存放在静置位，保证模组从完成套钢带到模组下线之间的时间间隔在 30min。

10）极柱清洗/拍照定位：模组被输送到视觉定位和极柱激光清洗工位后，自动扫模组码，采用 2D 相机拍照定位，并将数据上传至下道工序进行数据对比。采用激光器对极柱进行激光清洗，清洗极柱表面的杂质和氧化层。清洗后极柱表面在目视下呈乳白色，无金属光泽。

11）摆放汇流排（Busbar）：人工安装铝排，而且要保证在焊接过程中铝排不会由于发生变化而造成短路等现象。安装完成后，手动放行，让模组自动流入焊接工位。

12）激光焊接：首先，完成柔性线路板（FPC）与汇流排的预装配。接着，进行扫码，将电池组件随同小推车及焊接夹具送入焊房内。然后，关闭焊房门，启动设备，给定位机构加压，使焊接保护气自动对接，把除尘机构下降至抽尘位，让三轴系统携带测距、电荷耦合器件图像传感器（Charge coupled device，CCD）定位和振镜依次完成对模组汇流排上镍片的焊接。最后，焊接完成后松开压紧装置等机构，自动打开焊房门，将模组及夹具小推车移出焊房。

13）绝缘耐压测试：绝缘测试就是将电池模块的正、负极与外部装置断开，选择 DC 1000V 电压等级测量仪测量电池模块正极与外部裸露可导电部分之间、电池模块负极与外部裸露可导电部分之间的绝缘电阻。按要求，电阻值应 ≥1GΩ。耐压测试就是测量电池模块的正极与外部裸露可导电部分之间、电池模块负极与外部裸露可导电部分之间的漏电流。

14）模组下线：用六轴机器人使模组下线，然后通过 AGV 把模组搬运至 PACK 装配存储区。

15）模组入箱体：用吊架配合智能平衡吊装系统将模组安放到预先设置好的位置。

16）模组紧固：采用手动方式拧紧模组，使之固定。扭力枪在一定范围内可实现自由设置扭力。扭力枪能实现扭力数据追溯、角度和扭力防呆（防差错）、扭力不达标等警告功能。

17）低压/高压连接：该工艺通过扭力枪进行拧紧。

18）线束通断测试/安装上盖：通过线束多功能测试机能实现开路、短路、错接、连续等错误查找。最后，安装上盖。

19）EOL 测试（PACK 下线前的综合功能检测）：检查通信功能是否正常。通过上位机软件控制输入/输出卡切换检测线路，检测各单体的电压、温度、电流等参数信息，对内阻、绝缘耐压、压差、总压等进行常规测试。测试数据可生成报告并存储，既可保存在本地，也可上传至 MES。

20）成品下线：将成品吊装下线，放置于卡板或其他周转托盘/箱子内，然后通过 AGV 存放于成品库存区。

7.5.3 关键工序说明

PACK 组装关键工序在锂电池制造过程中具有极其重要的地位。这些工序直接决定了锂电池包的性能、安全性以及最终产品的质量，进而影响产品的市场竞争力。通过优化工序的工艺参数和操作流程，可以确保锂电池包具有优异的性能、安全性和可靠性，从而满足市场需求并提升产品的竞争力。

1. 分选配组

电池分选是指选取合适的变量，如电池的欧姆内阻、极化内阻、开路电压、额定容量、充放电效率、自放电率等，将电池分类，将电池参数一致性较好的电池分为同一类。电池分选可提高电池成组后内部特性一致性，实现提高模组的使用效率和延长其使用寿命的目的。电池分选方法主要有单因素法、多因素法、动态分选法，如图 7-24 所示，包括如下步骤。

1）测试电芯容量：将要分容的电芯安装到检测设备上，按要求的电流进行充放电循环 3 次，第 4 次将电芯的电压充电至额定容量设定的百分比范围内。

2）获取配组参考基准：记录第 3 次电芯的放电容量、恒流充电时间和恒压充电时间等参数。

3）电芯容量分选：按照第 3 次循环的电芯的放电容量为标准，设定下限容量，取大于下限容量的电芯为合格电芯。

4）电芯初步配组：以所得恒流充电时间和恒压充电时间为基准，将容量合格且具有相同或相近的恒流和恒压充电时间参数的电芯进行配组。

5）电芯电压降：将配组好的电芯，在设定的环境中储存一段时间测量其电压降，确定电压降合格标准后，分选出合格的电芯。

6）电芯最终配组：挑选出电压降合格的电芯，进行最终配组。

2. 电芯装夹具，上自动电焊机

电芯装夹具时，需要按照 PE 工程师 SOP 中的电芯正负极顺序进行装配，顺序颠倒会造成电芯短路。设置好自动电焊机程序后，将夹具电芯放进，开始自动点焊。完成自动点焊后，需要对自动点焊的电池组进行点检，漏点炸点处需要补焊。

3. 锂电池组焊接 PCM/BMS

PCM 或 PCB（保护电路模块或电路板）是电池组的核心。它可以保护电池避免过充电、过放电和短路等，以免锂电池组爆炸、火灾和损坏。对于低压锂电池组（< 20 个电芯），应选择

具有平衡功能的 PCM，以保持每个电池的平衡和良好的使用寿命。对于高压电池组（> 20 个电芯），应考虑使用先进的 BMS 来监控每个电池的性能，以确保电池更安全地运行。

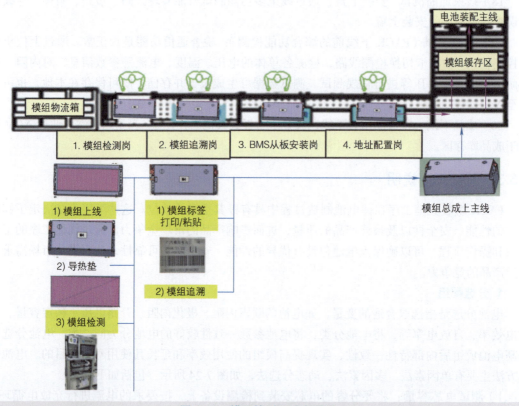

图 7-24　模组检测区域布置图

装配过程必须戴静电手环，避免 PCM/BMS 受到静电损坏。不同电池组设计有不同的步骤。如果设计为 PCM 点焊上电池组，则不需要焊锡，但需要对电池组进行点焊点检。若 PCM/BMS 需要焊锡，对焊点、螺钉连接点也需要进行点检，以保证品质。电压采集线需要按照顺序 B-，B1…依次到 B+；或拔下电压采集线排插后焊接，焊接完成后对采集排插进行检测，确认无误后再连接 BMS。

4. 半成品绝缘

对电压采集线、导线、正负极输出线进行必要的固定与绝缘。辅料常规为高温胶布、青稞纸、环氧板、扎带等。需要有安全意识，不可对电池组电压采集线或输出导线进行叠放、压迫，这样容易导致挤压破损造成短路。

5. 半成品测试

电池组加上 BMS 后，可以进行一次半成品测试，常规测试包括简单充放电测试、整组内阻测试、整组容量测试、整组过充电测试、整组过放电测试、短路测试、过电流测试。如有特殊要求，需进行高温低温测试、针刺测试、跌落测试、盐雾测试等，这些测试有破坏性，建议抽检。需要注意电池组的承受能力，如整组短路测试时 BMS 是否可以承受瞬间高压、高电流，过充电测试时 BMS 是否可以耐高压、耐脉冲电流等。

PACK 生产区域布置图如图 7-25 所示。

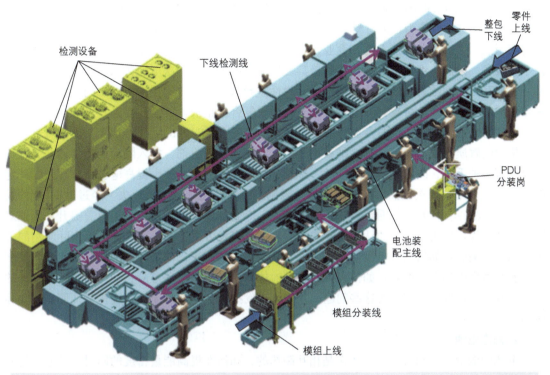

图 7-25　PACK 生产区域布置图

7.6 动力电池新技术路线

7.6.1 电芯新技术

新能源汽车的快速发展对锂离子电池提出了更高要求：一方面希望它的能量密度越来越高，由目前的一般不足 230W·h/kg 提升到 300W·h/kg、400W·h/kg 甚至 500W·h/kg，以解决"里程焦虑"难题；另一方面要求它的安全性能越来越好、寿命越来越长、成本越来越低，实现电池综合性能质的飞跃。特别是安全性能，频繁发生的电动汽车安全事故在一定程度上制约着其健康发展，也导致推广应用难度不断增加。这些问题都是现阶段电池领域所面临的巨大挑战。经过近 30 年的发展，锂离子电池的能量密度虽然有了较大幅度的增加，但对于基于液态电解液和脱嵌机制的传统锂离子电池而言，现有电极材料体系能量密度有其理论极限，即使采用比容量很高的高镍三元、富锂锰基正极材料和硅碳、金属锂负极材料，工艺参数优化到极致，能量密度也很难超过 500W·h/kg，况且在实现过程中还面临着诸多科学难题和技术瓶颈。这也使得近些年来人们不断尝试突破传统锂离子电池的脱嵌反应机制或液态体系，利用理论容量更高的转化反应机制，开发新型高能量密度的下一代电池体系；或者采用固态体系，开发兼具高能量密度和高安全的新型动力电池。

1. 锂硫电池

锂硫电池基于硫和锂两种轻元素的电子转化反应（$S + 2Li^+ + 2e^- \rightarrow Li_2S$），具有极高的理论质量能量密度（2600W·h/kg）和体积能量密度（2800W·h/L）。硫的地壳储量丰富、成本低廉且环境友好，以硫为正极材料，有利于大幅度降低电池成本。同时，锂硫电池在电极结构、电解液组成、生产制备工艺上均与商业化锂离子电池类似，可借鉴甚至借用现有生产、研发的技术和设备。因此，锂硫电池被认为是极具发展潜力的下一代二次电池体系。锂硫电池研究初期，主要存在的问题是硫及硫化锂的电子绝缘性差导致活性物质利用率低，中间产物的溶解流失导致循环稳定性差。将硫和导电聚合物复合形成复合硫正极，可显著提升其可逆循环；利用高度有序的介孔碳可提高硫的容量利用率，硫的比容量达到1100mA·h/g以上。研究者进一步通过优化电解质组成、构筑正极微纳结构、引入多硫离子吸附剂、插入隔离层、修饰金属锂负极界面等多种手段，改善硫的反应活性，抑制中间产物的溶解流失，提高电极反应界面的稳定性。例如，采用一种正极插层结构，可有效限制正极多硫化锂的溶解流失。经过近10年的发展，锂硫电池在容量发挥、循环寿命、倍率性能、库仑效率等方面均得到了显著提升。当前对锂硫电池工程化应用可行性的认识也越来越深刻，其研发方向逐渐瞄准在更贴近实际应用的关键指标上，例如：如何提升电极的压实密度，减少电解液容量，使实际电芯的质量能量密度和体积能量密度得到有效提升；如何在大容量电池体系中获得长循环寿命；如何提升锂硫电池的安全性和可靠性等。只有解决这些问题，才能真正发挥锂硫电池的能量密度优势从而实现实际应用。

2. 固态电池

电池的能量密度和安全性能通常是相互制约的，如何在提高能量密度的同时提升电池的安全性能是业界关注的焦点。采用高锂离子电导率的固态电解质取代传统非水系有机溶剂的固态锂电池被认为是一种很有潜力的技术方案，理论上其技术迭代路线如图7-26所示。固态电解质具有高的热稳定性，有望从根本上提升电池安全；另外，电极材料与固态电解质界面的副反应少，可以使固态电池的寿命更长。发展固态电池的关键在于固态电解质，常见的固态电解质包括氧化物、硫化物、聚合物以及多种复合电解质，它们都各有优势又各有不足，其中复合电解质可以取长补短。锂镧锆氧固态电解质（$Li_7La_3Zr_2O_{12}$）具有高的锂离子电导率、宽的电化学窗口，且与金属锂接触化学稳定以及环境稳定性优异，被认为是很有潜力实现高安全和高能量密度的电解质材料。

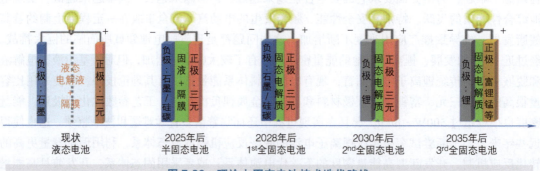

图7-26　理论上固态电池技术迭代路线

但固态电解质的不可流动性,导致其与电极材料之间的离子传导难度加大,界面阻抗增加;另外电极极片内如何实现锂离子的良好传导,尤其是对于厚电极,锂离子的传导阻力将会严重影响电池的整体性能;充放电过程中电极材料会产生一定的体积变化,长期持续的体积变化会导致电极内部的活性材料和离子导体之间的界面接触遭到破坏,影响其长期的循环稳定性。传统液态锂离子电池的正极材料均可用于固态电池;对于一些稳定性更好的固态电解质,可采用金属锂作为负极,以实现电池高的能量密度,这不同于20世纪70年代Whittingham采用金属锂作为负极,如今锂负极的制备与保护技术,特别是在安全性提升方面已取得了长足的进步。虽然全固态锂电池面临着诸多挑战,离实际的应用还有一定的距离,但固态化技术无疑具有实用价值并且是锂电池发展的方向,需要我们不断去探索。

3. 锂空气电池

锂空气电池是另一类具有超高能量密度的二次电池体系,它基于锂与空气中的氧气发生可逆电化学反应来释放或存储电能。一个典型的锂氧气电池通常由金属锂负极、有机电解质隔膜以及多孔正极催化材料组成。在其放电过程中,负极的金属被氧化为锂离子,锂离子穿过有机电解质到达正极,在催化剂的作用下与氧气以及外电路传递来的电子结合生成固态放电产物,如锂的氧化物Li_2O_2;而充电过程则相反,正极的放电产物在催化剂作用下被氧化分解,产生氧气与锂离子,并释放电子。其理论能量密度为3460W·h/kg,10倍于目前的锂离子电池。但是其发展面临着巨大的挑战,主要表现在:①正极电化学反应过电位高、可逆性不佳;②电解质分解严重;③锂负极氧化现象严重;④氧气传输困难;⑤开放体系导致外界污染以及电解液挥发等。为了应对这些挑战,人们开发了新型的催化剂体系、更稳定的电解质以及锂负极保护技术,一定程度上改善了锂空气电池的充放电性能,但距离实际应用仍较为遥远,特别是循环寿命很难取得实质性的突破。值得注意的是,与传统体系完全不同的封闭体系锂氧电池,抛弃了气态氧分子参与的电化学反应过程,转而利用Li_2O、Li_2O_2、LiO_2等不同固态锂的氧化物的相互转化来实现充放电,完全避免了开放体系带来的污染与挥发问题,同时保持了高的比容量与循环稳定性,这应该是下一步锂空气电池发展的一个重要趋势。

4. 钠离子电池

随着锂离子电池的广泛应用,锂资源的储量将成为一大瓶颈。采用储量丰富、成本更低的钠、镁、铝等替代锂,制备其他金属离子体系的二次电池,是近些年研发的热点,特别是室温钠离子电池。钠离子电池的研发早在20世纪七八十年代就已开展,与锂离子电池开始研发的时间相近。Newman和Delmas早在1980年和1981年就分别研究了钠离子在层状结构的TiS_2和Na_xMO_2(M = Co,Mn等)中的脱嵌行为。钠离子电池的工作原理与锂离子电池一样,本质上都是一种"摇椅式"的电池,在充放电过程中,钠离子可逆地在正极与负极之间来回穿梭并在正负极上发生电化学反应而储存能量。得益于锂离子电池在材料和电池研发方面的积累,研究者常常借鉴并用于钠离子电池研发,通过直接用钠源替换锂离子电池材料中的锂而制备钠离子电池电极材料,并且取得了一定的进展。但是,人们发现仅仅是将钠取代锂,往往得不到与锂离子电池材料相媲美的性能。例如,石墨是锂离子电池商用负极材料,但很难用作钠离子电池负极。钠离子半径(0.102nm)比锂离子半径(0.076nm)大很多,导致钠离子在大部分电池材料中的嵌入与脱出更难,钠离子电池的循环和倍率性能难以与锂离子电池相媲美;另一方面,Na^+/Na的标准电极电位比Li^+/Li高,导致钠离子电池的能量密度和电压均无法与锂离子电池相比。钠离子电池的电极材料有其特殊的结构要求,需要研究人员因地制宜地进行针对性的材料设计。第一性原理计算表明，较大的离子半径使得钠离子在嵌入材料的晶体结构时更倾向于进入那些可容纳较大离子的层状结构或高度开放的阴离子框架结构，而钠离子在晶格内部的迁移能与晶体结构密切相关，因此在某些晶体结构中，钠离子的迁移能比锂离子更低。钠离子电池正极材料主要包括层状过渡金属氧化物、聚阴离子化合物、普鲁士蓝类似物这三大类，负极则集中在无烟煤基软碳、硬碳等材料。目前钠离子电池的能量密度可达到120W·h/kg，约为铅酸蓄电池的3倍，有望在低速电动车、家庭储能、电网储能等领域获得应用。但由于技术成熟度还不足，整个产业链尚未形成，钠离子电池的产业化应用之路还在艰难前行。

5. 镁离子电池

镁离子电池作为动力电池的一种，具有多方面的优势。首先，镁资源储量丰富，这为镁离子电池的大规模生产和应用提供了可能。与金属锂相比，金属镁具有提纯工艺简单、成本更低廉等优点。同时，镁离子的二价特性使得其可以携带和存储更多的电荷，具有更高体积比容量（3833mA·h/cm^3）和理论能量密度（150~200W·h/kg）。枝晶生长对于离子电池而言是影响其安全性和稳定性的重要因素。在充电过程中不均匀的离子还原会在负极侧形成树枝状金属，破坏生成的SEI膜或断裂脱离极片，不断消耗电解液并导致电池容量下降；枝晶的形成甚至还会刺穿隔膜导致电池内部短接，造成电池的热失控引发燃烧爆炸。然而，镁离子电池不会出现枝晶，安全性能更好。得益于镁良好的沉积性能，在充放电循环过程中负极表面不会出现镁枝晶，不会出现类似于锂电池中的锂枝晶生长刺穿隔膜并导致电池短路起火、爆炸等现象。镁离子电池的发展有利于构建安全性高、可持续发展的新能源二次电池体系。然而，镁离子电池也面临一些技术挑战。例如，镁离子较高的电荷密度和较强的溶剂化作用导致其在正极材料中的可逆脱嵌和固-液界面上的离子扩散相当困难。为了解决这些问题，科学家们正在不断探索和研究相匹配的电池材料和工艺设计。

7.6.2 电池集成新技术

模组技术虽然能够很好地对电池包内部的多个独立模块进行集成管理，降低维修和维护成本，但是，模组带来的结构件、零部件增加，使得电池包的成组效率降低、制造成本增加，同时降低了电池包的空间利用率，影响了电池包的能量密度。目前行业内，一般动力电池的成本中，电芯的成本占比约为80%，模组成本占比约为20%。早期动力电池通常采用典型的"电芯-模组-电池系统"集成方式，其显著的特点是结构件数量多、集成效率低、能量密度低。为适应车辆和用户的需求，提高动力电池系统集成效率和能量密度，行业陆续推出无模组式集成技术，如电池无模组（Cell To PACK，CTP）技术；一体化集成技术，如电池车身一体化（Cell To Body，CTB）技术和电池底盘一体化（Cell To Chassis，CTC）技术，实现动力电池系统集成技术创新。当下无模组式集成电池应用较为广泛，一体化集成电池应用较少。

目前动力电池行业通过持续技术创新与实践，涌现出大量电池系统集成创新方案及成果，其中在电池内部集成设计方面主要是基于"少件化"的理念，减少或取消动力电池内部模组和其他结构件，进而提升电芯整体的可用空间、提升电池系统能量密度和降低成本。

1. CTP集成技术

电池无模组（CTP）是将典型式集成电池成组方式中的模组环节取消，直接将电芯集成在电池包内所形成的创新式方案，其显著特征是大幅度减少电池包内结构件数量（如典型式集成电池内的模组端板、侧板、模组之间高压连接排、低压采样线束、用于固定模组的结构），从而提升可用于放置电芯的空间，减轻电池包质量。一般采用具有超强黏结性、高导热性的混合型结构导热胶，将所有电芯端部与电池包箱体进行黏结，同时节省了大量固定螺栓标准件，电池包两端电芯相邻端板不再承受螺栓拧紧作用，也可采用轻量化的非金属材质替代，进一步减轻电池包质量。此外，电池包内部没有标准模组限制，可以广泛应用在不同车型上。广汽自主设计研发的CTP电池包如图7-27所示，电芯排列于电池箱体内部，各电芯与电池箱体之间通过结构胶黏结固定，结构胶能够起到固定作用，同时又能省掉典型式集成电池中模组的框架结构，电池箱体内零部件数量较少，电芯可用布置空间大，节省了工艺流程，提高了装配效率并降低了制造成本。

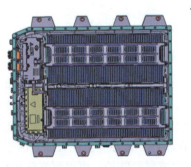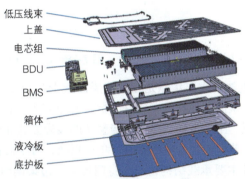

图 7-27　CTP 电池包结构示意图

CTP电池的主要优点是电池包内部集成效率高、能量密度高和少件化带来的电池包整体成本降低，从而在同等整车边界下CTP电池具有更高电量，能够提升整车续驶里程。其零部件数量相比典型式集成电池减少40%、能量密度提升10%～15%、体积利用率提升15%～20%。电池包内部电芯主要固定方式为黏结，而结构导热胶固化后一般难以进行非破坏性拆解，若电池包内部电芯发生故障，无法更换局部电芯，导致电池包整体可维修性差。电池包内部的成组方式决定各电芯之间高压连接排的焊接需要采用更复杂、尺寸更大的工艺设备，其制造投入成本相对较高。总体上，CTP电池能够更好适应和满足电动汽车对于高续驶里程的需求，逐渐成为目前新能源汽车行业高续驶里程车型的主流选择。

2. CTB 集成技术

电池车身一体化（CTB）在CTP电池或刀片电池基础上优化电池包上盖结构，使电池包上盖替代车辆乘员舱地板，从而实现电池包与车身的一体化集成。采用CTB电池的车辆相对于传统车辆可减少乘员舱地板，取消传统车辆动力电池包与乘员舱地板之间间隙，减轻车辆整体质量。同时，在车辆高度方向上获得至少10mm以上可用布置空间，一方面可用于提升电池布置空间以增加电池装载量、提高车辆续驶里程，另一方面可降低车辆整体高度尺寸以优化空气动力学性能、降低车辆能耗。电池包上盖替代车辆乘员舱地板，需加强结构设计以保证上盖与电池下箱体之间密封、上盖与车身边梁和框架之间密封，因此可靠性要求高。通常CTB电池以独立结构单元形式存在，可以单独进行装配、测试和强检认证，一般适用于承载式车身形式的车辆，其整车装配工艺与传统车辆类似。比亚迪设计的CTB电池包结构如图7-28所示，电池包上盖作为车辆乘员舱地板的同时还集成乘员舱座椅支撑结构，可以取消和简化车身结构件，从而降低车辆质量，提升续驶里程。另一种CTB电池方案是电池包上盖同时作为电池液冷板和乘员舱地板,电池在冷却或加热过程中,同时与乘员舱内部进行热交换,可以改善乘坐舒适性、降低车辆能耗、提高续驶里程。该方案中电池与车身边梁设置2道密封垫,可以实现防尘、降噪、保温和密封功能。

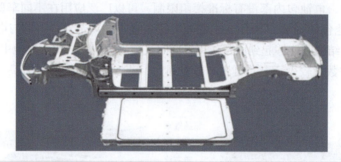

图 7-28　CTB 电池包结构

CTB电池的主要优点是在整车层面减少结构件数量、提高电池或车辆可用空间或优化空气动力学,从而实现减轻车辆总质量、增加电池装载量、降低车辆能耗,保证车辆能够实现更高续驶里程;工艺方面,电池包与整车的装配方式相较传统车辆保持一致,装配工艺成熟;维修性方面,若电池包发生故障时可单独更换,可维修性较好;碰撞安全性方面,由于电池包保留下箱体等主要承载结构,与车身门槛梁、边梁同时构成双层防护,可以更好防护内部电芯。CTB电池由于对电池包上盖的密封、承载要求较高,可靠性开发、可靠性验证方面还存在技术难题需要突破。

由于减少了一层车身地板防护,这种形式在电池热失控方面需要加强设计以保证乘员舱的安全性,尤其是电芯极柱顶出电池方案的安全性设计是新能源汽车行业难点。总体上,CTB电池作为一体化集成方案之一,目前新能源汽车行业部分车企已开始试点应用,并将逐渐成为行业的重要发展趋势。

3. CTC 集成技术

电池底盘一体化(CTC)是将动力电池与车辆进行高度集成形成的一体化电动智能底盘技术,电池包取消了自身下箱体主要承载电芯的部件,其电芯直接在车体边梁与横梁之间进行布置与集成,如图 7-29 所示。采用 CTC 电池的车辆一般将车架与底盘部件同时进行一体化集成,相对于传统车辆或采用 CTB 电池的车辆更进一步减少了整车结构件数量,从而减轻整车质量并

图 7-29　CTC 电池架构

降低整车能耗。电池作为一体化集成技术的组成部分，不再以单独的电池包形式存在，这也决定了电池自身的装配、测试、强检认证均无法独立开展，电池与整车的装配工艺也需要进行大幅度改变，通常适用于非承载式车身的车辆。集成CTC电池的一体化底盘同时具有平整和紧凑的特点，某些企业形象地称之为"滑板底盘"，"滑板底盘"有利于实现模块化车型开发应用。除电池与车辆、底盘之间在结构方面集成外，一体化集成技术也可实现电池控制单元等控制器与整车域控制器的集成统一，从而在电子电气架构方面实现集成和创新。目前行业内缺少相关的法规及标准要求，CTC电池技术开发仍处于预研阶段，国内并未实现量产。基于非承载式车身的技术特性，车辆乘员舱可以单独进行设计开发，因此集成CTC电池的一体化底盘平台也会带来整车商业模式上的变化。

CTC电池的主要优点是能够进一步实现整车层面结构件数量减少，从而减轻整车质量，增加车辆续驶里程。CTC电池的非独立性是其与其他种类电池的显著区别，相对于其他集成方式存在以下3方面不足。

1）制造与装配工艺：CTC的制造与装配工艺会改变整车制造装备、制造工艺、制造环境，导致制造投入成本增加。

2）维修：由于无法单独更换电池包导致可维修性较差、维修成本增加。

3）碰撞安全：由于减少了电池自身箱体结构件导致碰撞安全性降低。

总体上，CTC电池是目前行业内热点的技术研究方向，国内外厂商都在积极探索研究解决方案。综合上述分析，表7-3列出了不同类型动力电池各维度的综合对比情况，可以看出随着动力电池能量密度的提高，会带来制造工艺复杂性增加、维修成本增加、技术成熟度低的不利影响。

表7-3 不同类型动力电池集成技术综合对比

技术类型		结构件种类	能量密度	技术成熟度	制造工艺	维修成本
典型式集成		多	低	高	简单	低
无模组式集成	CTP电池	中等	中等	中等	中等	中等
一体化集成	CTB电池	中等	中等	中等	中等	中等
	CTC电池	少	高	低	复杂	高

综上所述，动力电池系统逐渐向少件化、一体化集成趋势发展，逐步由典型式集成方案向无模组式集成、一体化集成方向发展，实现了动力电池能量密度的大幅提升，从而助力整车降低能耗、提高续驶里程，如图7-30所示。动力电池逐渐由内部的结构创新集成转变为动力电池外部与整车层级部件创新集成和深度融合，动力电池由独立系统逐渐转变为整车一体化部件，如CTB电池上盖代替传统车辆地板。动力电池集成技术的进步在提升整车续驶里程的同时，也给整车开发验证带来诸多挑战，如电池上部承载、与车身之间密封、电池与整车装配工艺、电池维修方便性等，需要进一步研究以提升技术成熟度和可靠性。作为新能源汽车的关键组成部分，动力电池系统集成技术的创新突破会给整车带来更好的动力性和经济性、更高的续驶里程、更优的用户驾乘体验，动力电池关键集成技术也将伴随着市场需求的变化而不断发展和进步。掌握电池的关键集成技术有助于企业提升其产品核心竞争力、打造卓越产品，以更好迎接新能源智能化电动汽车的新时代。

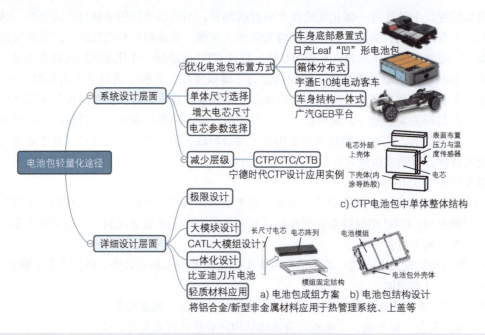

图 7-30 动力电池未来发展路线示意图

7.7 氢燃料电池及组件技术

7.7.1 概述

氢能是氢与氧进行化学反应所释放出的化学能，是一种来源广泛、清洁无碳、应用场景丰富的可再生能源。作为新型能源之一，氢能拓展程度相对较低，但是环保效果极佳，具备热值高、零碳排放等多重优点，可用于储能、发电、交通工具燃料驱动、家用燃料等。因此，氢能也成为支撑可再生能源大规模发展、推动传统能源结构转型的理想媒介，是能源安全的一道重要保障，将成为交通、工业、电力、建筑等多领域实现大规模、深度脱碳的重要方式，有助于拉动产业链上下游多环节的共同发展，协同多产业共同进步，提供经济发展的崭新驱动力。

燃料电池最早可以追溯到 19 世纪。1839 年英国科学家威廉·格罗夫发明了第一个燃料电池。进入 20 世纪 60 年代，燃料电池首次应用在美国航空航天管理局（NASA）的阿波罗登月飞船上作为辅助电源，这也标志着燃料电池的应用由实验室阶段开始转入军用阶段。1966 年，通用汽车推出了全球第一款燃料电池汽车 Electrovan，完美诠释了燃料电池技术车用的可行性潜力。之后各大车厂均纷纷展开燃料电池汽车的研究，如图 7-31 所示。燃料电池的整个发展可以分为四个阶段：第一个阶段是燃料电池汽车产业发展概念设计及原理性认证阶段，以概念车形式推出氢燃料电池汽车；第二个阶段是燃料电池汽车示范运行验证、技术攻关研究阶段；第三个阶段是燃料电池汽车性能提升阶段，这一阶段燃料电池汽车的功率密度、寿命取得进步，在特定领域商业化取得成功，在物流运输等领域率先使用，初步实现特定领域用车商业化；第四个阶段是燃料电池汽车进入商业化推广阶段。

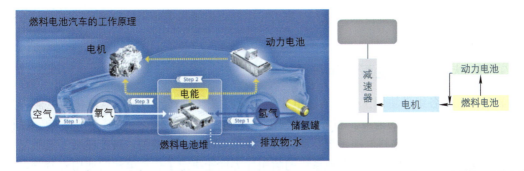

图 7-31 氢燃料电池汽车工作原理图

氢燃料电池是以氢为燃料,通过电化学反应,将氢燃料中的化学能转化为电能的装置。与传统的化石燃料发动机相比,氢燃料电池具有能量转换效率高、无污染排放、噪声很低的优点。另外,氢燃料电池的技术进步将以点带面,带动氢的制取、储存、运输等多方面的技术进步,极大地加快氢能产业整体技术升级。

7.7.2 氢燃料电池原理

氢燃料电池发电的基本原理是电解水的逆反应,燃料电池的产物是电和水。具体反应过程为:电池阳极上的氢在催化剂作用下分解为质子和电子,带正电荷的质子穿过隔膜到达阴极,带负电荷的电子则在外部电路运行,从而产生电能;在阴极上的氧离子在催化剂作用下和电子、质子发生化合反应生成水。大量串联的燃料电池形成电池组,就可以产生足够的电能来驱动汽车。氢燃料电池不受传统汽车发动机采用卡诺循环 42% 上下的热效率限制,效率能够超过 60%。氢燃料电池原理如图 7-32 所示。

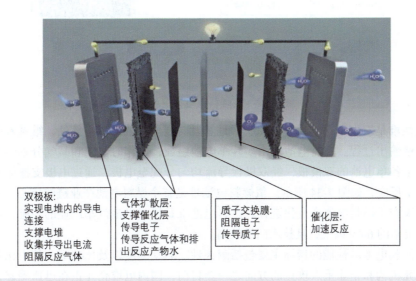

图 7-32 氢燃料电池原理

氢燃料电池与普通电池的区别主要在于:干电池、蓄电池是一种储能装置,可把电能贮存起来,需要时再释放出来;而氢燃料电池严格地说是一种发电装置,像发电厂一样,是把化学能直接转化为电能的电化学发电装置。另外,氢燃料电池的电极采用特制的多孔性材料制成,这是氢燃料电池的一项关键技术，它不仅要为气体和电解质提供较大的接触面，还要对电池的化学反应起催化作用。

7.7.3 氢燃料电池的主要组件

氢燃料电池各组件协同工作，通过电化学反应将氢气和氧气的化学能转化为电能，为各种应用提供清洁、高效的能源。与常规的锂电池不同，氢燃料电池的系统更为复杂。燃料电池主要由燃料电池堆和燃料电池系统其他部分（包括空压机、增湿器、氢循环泵、氢瓶等多个组件）构成。燃料电池堆及燃料电池系统的耐用性等性能决定了燃料电池的使用寿命等多个指标。近年来，氢燃料电池技术方面的研究主要集中于电堆、双极板以及燃料电池系统等方面，如图 7-33 所示。对于完整的燃料电池系统来说，发电的全过程除了发电和供热，还包括燃料重整，反应气体的输送，电极的加热、冷却，电力调节和转换等，这些过程的效率都影响燃料电池系统的效率，其中影响效率的因素主要有电流密度、极化、温度、燃料利用率。

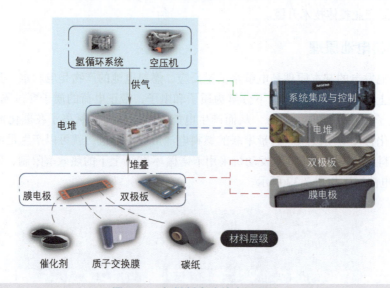

图 7-33　氢燃料电池的主要组件

燃料电池堆是发生电化学反应的场所，是氢燃料电池系统的核心部件，维系着整个燃料电池系统的能量输出过程。燃料电池堆由多片单电池组成，工作时氢气和氧气分别经电堆气体主通道，分配至各单电池的双极板，经双极板导流均匀分配至电极，通过电极支撑体与催化剂接触进行电化学反应，如图 7-34 所示。氢燃料电池堆是整个燃料电池产业链的核心部分，其性能和成本直接决定了燃料电池产业化进程。燃料电池堆是燃料电池汽车产业的心脏，成本占据燃料电池系统成本的 60% 以上，且技术门槛较高。

评价氢燃料电池堆性能的指标主要包括耐久性、启动温度以及比功率，其中比功率是近两年国内外研究机构和企业重点攻克的方向之一。目前，国内电堆企业正在迅速崛起，无论是膜电极、双极板等核心零部件技术还是整堆功率等级，以及功率密度方面都有了长足的进步。燃料电池堆由多个燃料电池单体以串联方式层叠组合构成。双极板与膜电极（MEA）交替叠合，各单体之间嵌入密封件，经前、后端板压紧后用螺杆紧固拴牢，即构成燃料电池堆。燃料电池堆是发生电化学反应的场所，为燃料电池系统的核心部分。

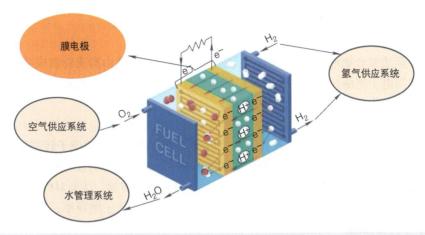

图 7-34 氢燃料电池堆单元构造图

1. 膜电极

膜电极（MEA）是氢燃料电池的最核心部件，直接决定了氢燃料电池的功率密度、耐久性和使用寿命。膜电极承担燃料电池内的多相物质传输（包括液态水、氢气、氧气、质子和电子传输），通过电化学反应将燃料氢气的化学能转换成电能。其主要性能指标包括单位表面积的输出功率（功率密度）、贵金属用量（单位功率输出的铂用量）、寿命和成本。在构成方面，膜电极是将质子交换膜、催化层电极、扩散层在浸润全氟磺酸隔膜液后，在一定温度和压力下，热压而成的三合一组件，与双极板组成燃料电池堆。膜电极是三种核心材料的合成组件，且由超过 12 种不同的核心材料组成，其产业化的难点之一就是核心材料的筛选，其次是制成工艺连续化以及工程验证，技术难度不亚于质子交换膜。具备高效多相传输能力的膜电极，能减少电堆的辅机消耗，从而降低电堆成本，提高电堆可靠性。

2. 催化剂

在氢燃料电池堆中，电极上氢的氧化反应和氧的还原反应过程主要受催化剂控制。催化剂是影响氢燃料电池活化极化的主要因素，被视为氢燃料电池的关键材料，决定着氢燃料电池汽车的整车性能和使用经济性。

催化剂选用需要考虑工作条件下的耐高温和抗腐蚀问题，常用的负载型催化剂是 Pt/C（Pt 纳米颗粒分散到碳粉载体上），但是 Pt/C 催化剂随着使用时间的延长存在 Pt 颗粒溶解、迁移、团聚现象，活性比表面积降低，难以满足碳载体的负载强度要求。Pt 是贵金属，从商业化的角度看不宜继续作为常用催化剂成分，为了提高性能、减少用量，一般采取小粒径的 Pt 纳米化分散制备技术。然而，纳米 Pt 颗粒表面自由能高，碳载体与 Pt 纳米粒子之间是弱的物理相互作用；小粒径 Pt 颗粒会摆脱载体的束缚，迁移到较大的颗粒上被兼并而消失，大颗粒得以生存并继续增长；小粒径 Pt 颗粒更易发生氧化反应，以铂离子的形式扩散到大粒径铂颗粒表面而沉积，进而导致团聚。为此，人们研制出了 Pt 与过渡金属合金催化剂、Pt 核壳催化剂、Pt 单原子层催化剂，这些催化剂最显著的变化是利用 Pt 纳米颗粒在几何空间分布上的调整来减少 Pt 用量、提高 Pt 利用率，提高了质量比活性、面积比活性，增强了抗 Pt 溶解能力。通过碳载体掺杂氮、氧、硼等杂质原子，增强 Pt 颗粒与多种过渡金属（如 Co、Ni、Mn、Fe、Cu 等）的表面附着力，在提升耐久性的同时也利于增强含 Pt 催化剂的抗迁移及团聚能力。针对这些问题，研究新型高稳定、高活性的低 Pt 或非 Pt 催化剂是目前热点问题之一。目前，已经研发出的催化剂种类主要有铂基催化剂、低铂催化剂与非铂催化剂。

3. 质子交换膜

质子交换膜或聚合物电解质膜（PEM）是一种半透膜，通常由离聚物制成并设计用于传导质子，同时充当电子绝缘体和反应物屏障，例如氧气和氢气。质子交换膜可以由纯聚合物膜或复合膜制成，其中其他材料嵌入聚合物基质中。

质子交换膜作为氢燃料电池的核心部件，其质量好坏直接影响电池的使用寿命。质子交换膜处在膜电极最中心的位置，作为质子传递载体将阳极催化层产生的质子转移至阴极催化层，与氧气反应生成水。同时，质子交换膜作为物理屏障将阳极燃料与阴极燃料分开，避免二者直接接触。此外，质子交换膜不导通电子，迫使电子通过外电路传导，达到对外提供能量的目的。为实现氢燃料电池高效、稳定的工作，要求质子交换膜具有高质子电导率、良好的热稳定性和化学稳定性、高机械强度以及耐久性。

4. 其他组件

除燃料电池堆这一至关重要的部件之外，维持燃料电池系统的正常工作还需要包括氢气供应系统、水管理系统、空气系统等辅助子系统的协同配合，对应系统部件包括氢瓶、氢循环泵、增湿器以及空气压缩机等重要部件。通过研究发现，氢循环系统具有负责控制燃料电池系统中水的平衡、实现气体吹扫以及氢气重复利用、将氢气加湿等重要功能，因此氢循环系统的性能将在很大程度上决定氢燃料电池的性能。

另一个重要的辅助系统部件是氢燃料循环系统中的空气压缩机。空气压缩机需提供与燃料电池堆功率密度相匹配的氧化剂（空气），优良的空气压缩机还需具备压比高、体积小、噪声低、功率大、无油、结构紧凑等优点。

综上所述，目前氢能产业尚处于发展早期，商业化应用规模还不是很大。但随着燃料电池需求量逐步扩大以及相应的技术进步而导致的成本下降，氢燃料电池将更具竞争力。另外，我国不断出台政策对氢能产业进行大力扶持，也将进一步提升氢燃料电池产业的发展动力。当前，影响燃料电池商业化的重要原因之一是燃料电池整体的成本较高。由于氢燃料电池行业正处于快速发展期，燃料电池产业规模扩大带来的氢燃料电池系统的多个部件成本下降将导致氢燃料电池整体成本下降，从而增强燃料电池产业的竞争力。

本章小结

本章深入探讨了当前新能源汽车领域的两项核心技术：锂离子动力电池技术和氢燃料电池技术。这些技术的发展是推动新能源汽车产业进步的重要动力，对于实现交通运输的电气化、减少碳排放和促进环境可持续发展具有重要意义。在锂离子动力电池技术方面，我们详细讨论了其工作原理、关键组成部分以及制造过程。锂离子电池通过在充电和放电周期中，锂离子在正负极材料之间的移动来存储能量，具备高能量密度、较小的体积重量比以及较长的循环寿命等优点，使其成为当前电动汽车行业的首选能源解决方案。然而，安全性问题、成本效益、原材料供应稳定性以及对环境的影响仍是该技术面临的主要挑战。未来的研发重点包括改进电池设计、寻找替代材料、提高能量密度和安全性以及发展更高效的回收和再生利用策略。随着材料科学的进步，锂离子电池的性能不断提升，成本也在逐渐降低，使得电动汽车更加亲民和可靠。

氢燃料电池则提供了另一种清洁能源解决方案，其工作原理是通过氢气和氧气在电催化剂作用下反应生成电能和水。这种电池技术的优势在于高能效比和零排放，尤其适合于长途运输和大规模储能系统。氢燃料电池的发展面临一些挑战，包括提高耐用性、降低成本以及建立广泛的氢气供应网络。

两种技术均对减少温室气体排放、降低化石燃料依赖具有重要作用。尽管目前都面临一定的挑战，比如成本、安全性、耐久性和基础设施建设等，但它们在未来能源解决方案中扮演着关键角色，特别是在推动低碳经济和实现可持续发展目标方面。随着技术的不断进步和政策的支持，预计动力电池和氢燃料电池将在各个领域得到更广泛的应用。

练习题

一、选择题

1. 为什么锂离子电池能够被选为动力电池？（　　）
   A. 具有高能量密度　　B. 无记忆效应　　C. 功率密度高　　D. 所有以上
2. 动力电池制造中，哪个关键环节最关键影响电池性能？（　　）
   A. 正极材料制备　　B. 负极材料制备　　C. 电解液配方　　D. 电池组装工艺
3. 动力电池的质量能量密度是指什么？（　　）
   A. 电池的储存能量
   B. 电池的储存能量除以电池的重量
   C. 电池的储存能量除以电池的体积
   D. 电池的储存能量除以电池的面积
4. 以下哪种材料是动力电池中最常用的正极材料？（　　）
   A. 石墨　　B. 锂铁磷酸盐　　C. 硅碳复合材料　　D. 镍钴锰酸锂
5. 动力电池的寿命主要受哪些因素影响？（　　）
   A. 充放电次数　　B. 温度　　C. 充放电倍率　　D. 所有以上
6. 电芯的主要组成部分包括？（　　）
   A. 正极材料　　B. 负极材料　　C. 电解液　　D. 所有以上
7. 以下哪种是动力电池的主要挑战？（　　）
   A. 提高能量密度　　B. 提高功率密度　　C. 提高循环寿命　　D. 所有以上
8. 在动力电池制造中，如何有效提高电池的循环寿命？（　　）
   A. 增加电池厚度　　B. 优化电解液配方　　C. 提高充电速度　　D. 增大电池容量
9. 动力电池的放电过程是指什么？（　　）
   A. 电池释放电能的过程
   B. 电池吸收电能的过程
   C. 电池储存电能的过程
   D. 电池产生电能的过程
10. 关于氢燃料电池的特点，以下描述错误的是（　　）。
    A. 电池工作时唯一的副产品是水，环保无污染
    B. 氢气和氧气可以无限供应，因此理论上能量供应不受限制
    C. 电池的能量转换效率远高于传统的热机
    D. 由于氢气储存和运输困难，因此不适用于移动应用

二、填空题

1. 动力电池的工作原理是通过_____和_____之间的化学反应来产生电能。

新能源汽车制造技术

2. 动力电池的主要组成部分包括正极、负极、电解质和_____。
3. 动力电池的能量密度是指单位体积或质量所储存的电能，通常用_____表示。
4. 动力电池的_____中，锂离子从正极迁移到负极，而_____则相反。
5. 动力电池的充放电效率是指电池实际释放的电能与理论最大释放电能之比，通常用_____表示。
6. 动力电池的循环寿命是指电池能够进行充放电循环的次数，通常用_____表示。
7. 动力电池的安全性主要包括短路保护、过充电保护、过放电保护和_____。
8. 动力电池的容量是指电池在一定的充放电条件下所能提供的电能，通常用_____表示。
9. 动力电池的工作温度范围是指电池能够正常工作的温度区间，通常用_____表示。
10. 氢燃料电池中，阳极的电极反应式为_____，阴极的电极反应式为_____。

三、简答题

1. 请简述动力电池的工作原理。
2. 请简述动力电池的优点和缺点。
3. 请简述动力电池在电动汽车中的应用。
4. 请简述如何提高动力电池的能量密度。
5. 请简述氢燃料电池的工作原理，并介绍电堆的构成与各组件的功能。

拓展阅读

广东正在从传统汽车制造迈向电动汽车之路

在深圳，每两位新车主就有一人选择新能源汽车。在之前，这是难以想象的事。续驶里程短、电池损耗快、充电速度慢、一桩难求……这些都是曾经摆在新能源汽车普及推广面前的棘手难题。短短十年里，这些难题逐渐得到解决。现如今，1000km续驶里程、480kW超充等技术日益成熟，广东35.6万台公共充电桩落地……随着使用体验的不断提升，新能源汽车驶进了千家万户。

2023年，比亚迪销量超300万辆，同比增长61.9%，纯电动汽车销量达到157.4万辆。而回首2013年时，比亚迪对2014年纯电动汽车销售的预期目标仅仅是8000辆。从8000辆到157.4万辆，比亚迪的跨越式发展，源于企业从电池产业向汽车产业的"主动出击"，也得益于核心技术的长久积累。

电池是电动汽车制造的瓶颈。而比亚迪最早正是从充电电池领域"发家"。在"大哥大"电话风靡一时的年代，比亚迪就深耕充电电池业务。从镍镉电池到锂电池，短短数年间，比亚迪通过半自动化生产技术极大降低了电池的生产成本，用质优价廉的产品打破了日本品牌的垄断，进入当时的手机龙头企业供应链，把充电电池做到了全球领先。进入汽车制造行业十年后，2013年，比亚迪创始人王传福决定将发力重点从传统燃油汽车转向新能源汽车。在充电电池生产制造方面积累的充足经验，让比亚迪在突破电池这一"瓶颈"时游刃有余。从最初的模仿、创新，到如今深耕新能源汽车产业的技术研发和推广应用，王传福表示："电池、电机、电控技术，是比亚迪引以为豪的立身根本。"

比亚迪的发展历程，正是广东新能源汽车产业从无到有、从有到优的一个注脚。作为制造业"皇冠上的明珠"，汽车制造产业向来是资金密集、技术密集、人才密集型产业，也是重要的支柱产业。过去十年，在传统燃油汽车领域，广东是当之无愧的"汽车第一大省"。近年来，智能网联与新能源技术迅速发展，汽车制造这个有着一百多年发展历史的产业面临激烈变革。过去十年，也恰是新能源汽车产业突飞猛进的十年。作为我国汽车制造业大省和创新排头兵，广东毫不犹豫地抓住新机遇。

2012年3月印发的《广东省战略性新兴产业发展"十二五"规划》，将新能源汽车产业列为八大产业发展重点之一。2018年6月，广东出台《关于加快新能源汽车产业创新发展的意见》，促进汽车产业向电动化、智能化方向战略转型，持续增强新能源汽车产业核心竞争力。乘着系列利好政策的东风，广东的新能源汽车产业发展引擎动力十足。小鹏汽车的腾飞便是一个典型案例。2017年5月，小鹏汽车与肇庆市政府合作建设的生产基地投产，这是广东首个互联网汽车投产项目。在肇庆四会小鹏汽车智能科技产业园，小鹏汽车董事长何小鹏表示，他们只用了不到160天，就完成了"造车新势力"全球最快的单车型1万辆下线。这也让何小鹏更加坚定了最初的判断："未来汽车的发展方向，必定是智能新能源汽车。"

随着一个个新能源汽车制造项目的落地、投产，粤港澳大湾区已成为全国新能源汽车产业的发展重地，包括比亚迪、埃安、小鹏汽车等在内的自主整车企业茁壮成长，在全国乃至全球范围发挥"龙头"效应，为产业跃升注入了蓬勃动力。放眼广东，新能源汽车产业已涵盖整车生产、"三电"、其他零部件及关键材料等环节，初步建立了完整的产业体系。广东新能源车企也顺势而上，加速整合产业链上下游优势资源，深度参与全球竞争。

中国汽车走出国门、逐鹿全球，这是所有造车人共同的情怀与梦想。埃安新能源汽车股份有限公司副总经理肖勇对此充满了豪情壮志："燃油车时代，中国汽车一直在追赶别人，新能源车时代，我们有机会成为引领者。"

想一想1：动力电池的挑战与机遇

随着全球对环保和可持续性的关注度日益提高，动力电池的发展势头强劲。但同时，电池的能量密度与生产精度也面临着诸多挑战，如电量、安全问题等。你认为在动力电池的设计制造过程中，哪些环节是技术难点？又该如何克服？

想一想2：生产技术与效率的平衡

在电池制造中，提高生产效率是每个制造商追求的目标。但与此同时，如何确保电池的质量与精度不受影响？在追求速度与确保品质之间，你认为制造商应该如何取舍？有没有可能实现两者的双赢？

想一想3：电池技术的未来发展

随着技术的不断进步，如富锂电池、固态电池等技术不断发展，你预测这些先进技术将如何影响汽车的未来发展？它们能否解决当前汽车使用过程中的一些瓶颈问题？为什么？

第 8 章 汽车电驱制造技术

☞ 本章导学

电驱是新能源汽车的重要组成件，主要由电机、电机控制器、减速器等构成。目前新能源汽车主流采用的是永磁同步电机，本章主要围绕永磁同步电机及其控制器等相关制造工艺展开。通过本章的学习，你将了解到电驱总成及永磁同步电机及其控制器等工艺制造流程、设备、工艺约束等方面的知识，能够比较全面地了解电驱总成制造工艺要点，了解电驱新的制造技术及发展趋势。

☞ 学习目标

序号	学习目标	知识点	学习要求
1	掌握电驱生产流程	1. 电驱总成的生产工艺流程 2. 永磁同步电机的生产流程 3. 电机控制器的生产流程	掌握
2	了解电驱主要制造工艺	1. 定转子合装工艺要点 2. 绕线、插磁钢等工艺要点 3. 波峰焊、回流焊工艺要点	了解
3	了解电驱前沿制造技术	1. 电机前沿技术 2. 电机控制器前沿技术	了解

☞ 课前小讨论

电机的出现可以追溯至 1837 年法拉第发现电磁感应开始，随着时代的发展，电机已经成为我们生活中不可或缺的一部分。从电风扇、洗衣机、电梯到水泵、工业机器人等各个领域，电机的应用无处不在。而随着混合动力汽车、纯电动汽车等新能源汽车的发展，电机开始逐步替代传统的内燃机成为新能源汽车的主要动力来源。由于电机需要在汽车的不同工况下运行，往往需要更高的可靠性、更高的安全性、更好的性能以及更高的工况效率。

那么新能源汽车电机的制造工艺流程是怎样的，与传统的普通电机有什么不同？

8.1 汽车电驱总成制造概述

8.1.1 新能源电驱总成简介

电驱总成属于新能源三电系统关键部件，是新能源车辆行驶中主要的执行机构。其具备两种功能：一种是将动力电池储存的电能转换为机械能驱动车辆行驶，另一种是将制动时的机械能回收转化为电能给动力电池充电。电驱总成的性能影响车辆的动力性、经济性、舒适性。目前主流的新能源电驱总成主要为三合一集成,如图 8-1 所示,包含电机、电机控制器、减速器三大部分。部分混合动力车型电驱总成主要为五合一集成,包含双电机(驱动电机+发电机)、双电机控制器(驱动电机控制器、发电机控制器)、减速器,如图 8-2 所示。两者主要部件组成相同,制造工艺相似,三合一在车辆的应用更为广泛。下文主要以三合一电驱总成为例进行介绍。

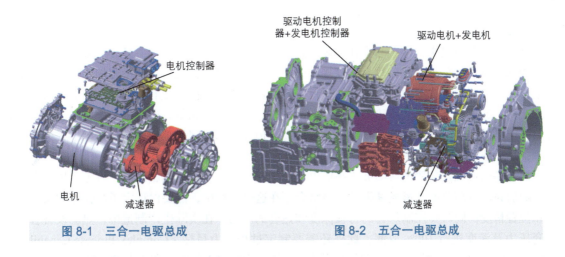

图 8-1 三合一电驱总成　　　　　图 8-2 五合一电驱总成

8.1.2 电驱总成生产工艺流程

三合一电驱总成由电机、电机控制器、减速器组成。为减小电驱总成的体积和重量,同时降低成本,目前行业主流采用电机、电机控制器、减速器共用一个压铸壳体的一体壳方案。一体壳方案的电驱总成中,电机在分装线完成电机定子、电机转子加工,电机控制器在分装线完成电路板加工,减速器在分装线完成齿轮、轴等加工,最后在总成生产线合装入一体壳内部。电驱总成生产线工艺如图 8-3 所示,主

视频8-1
电驱总成生产线

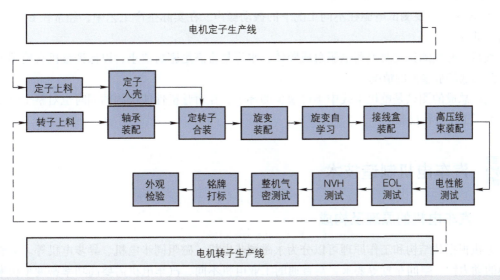

图 8-3 电驱总成生产线工艺流程图

要包括定转子上料、定子入壳、轴承装配、定转子合装、旋转变压器（旋变）装配、旋变自学习、接线盒装配、高压线束装配等安装，以及电性能测试、EOL（End of Line）测试、NVH（Noise、Vibration、Harshness）测试、整机气密测试等，最后完成铭牌打标、外观检验。每个生产工厂对工艺的布局不尽相同，但电驱总成的生产线与电机定转子生产线往往为并行生产。

8.1.3 电驱总成关键工序工艺

1. 定子入壳

在汽车电驱总成中，定子与壳体的固定是确保电机可靠运行的关键一环。一般电机定子与壳体的固定方式可分为压装、热套、胶接、螺栓固定、焊接等方式。选择适合的固定方法取决于电机的设计要求、成本预算、预期的运行条件以及制造和维护的便利性。在高性能的汽车电驱总成中，经常会见到压装或热套工艺，这两种方法固定方式相似，通过过盈配合将电机定子与壳体牢牢固定在一起，具备良好的机械强度及热传导效率。现代工业化生产过程中，为提升效率，热套是定子入壳工序最广泛使用的一种工艺。

热套是通过加热装置的线圈通入高频电流产生热量，当壳体受热膨胀后，将定子压入壳体中，随后壳体冷却收缩，形成紧密的机械结合。在这个过程中，需要保证定子与壳体的尺寸精度和位置精度，同时要控制热套的行程深度和热套的压力。在实际生产制造中，热套设备会对热套压力及深度进行100%监测，此外还需要制定过程能力目标（Complex Process Capability Index，CPK）进行一致性管控。定子与壳体的位置精度则由工装定位和光电检测保证。

2. 总成测试

电驱总成在装配完成后，会进行一系列测试以确保电驱达到性能要求。测试包括电性能测试、EOL测试、NVH测试、整机气密性测试等。

电性能测试主要对三相绕组阻值、三相绕组电感、绕组对壳体间绝缘耐压、匝间绝缘耐压等电气相关项目进行检测。

EOL测试主要测试电驱在不同工况下的转速、转矩、功率、反电动势等性能参数，同时对油泵等低压回路导通等功能进行测试。

NVH测试主要测试电驱在不同工况下的振动噪声。在实际生产工艺中，经常在EOL测试时同步进行。

整机气密性测试主要检测电驱总成腔体、水道是否满足密封要求，以保证整机在使用过程中不会出现渗水渗油的情况。

电驱总成的测试是整机下线中不可缺少的环节，在对整机性能检测的同时也对整个电驱总成的加工工序进行检验。

8.2 汽车电机制造技术

8.2.1 汽车电机的原理及构成

电机根据其结构和工作原理可以分为永磁同步电机、磁阻同步电机、异步电机等。为满足车辆的动力性、空间布置等要求，与普通的工业电机不同，汽车电机需要高功率密度（功率与质量或体积的比值）、高效率、宽调速范围、高瞬时功率、强过载能力等特性。目前汽车驱动电机最常用的为永磁同步电机。

永磁同步电机是交流供电的励磁磁场与永磁体的磁场相互作用而产生转矩，以同步转速旋转的交流电机。永磁同步电机工作原理：定子接通交流电→定子产生旋转磁场→转子自身磁场与定子磁场相互作用→带动转子旋转→带动轴等旋转驱动车辆行驶，如图8-4所示。

电机主要由定子和转子构成，如图8-5所示。定子是电机做功过程中静止不动的部分，主要由定子铁心与定子绕组组成，用来产生旋转的磁场。转子是电机做功过程中旋转的部分，主要由转子铁心与磁钢组成，用来产生机械能。

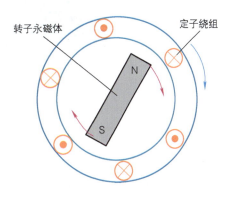

图8-4 永磁同步电机工作原理

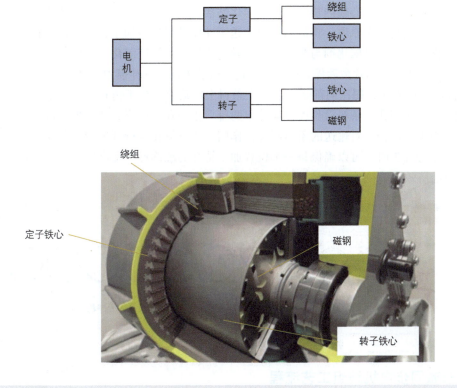

图8-5 电机的主要构成

8.2.2 永磁同步电机铁心工艺流程

电机定子与转子铁心的主要原料都为硅钢片，硅钢片是一种特殊的钢板，主要由铁和硅组成，具有低磁性、低铁损、高导磁性等特点。永磁同步电机中的定子铁心和转子铁心两者生产工艺大致相同，主要由硅钢片经过冲片后固化粘接而成，如图8-6所示。为了满足低铁损要求，材料厚度一般在0.3mm以下。

图 8-6　电机定转子的铁心

冲片的技术要求如下：孔和槽的冲压毛刺方向向下，毛刺的大小需要在合理的范围内，冲片的平面度需满足定转子铁心安装与使用要求。冲片的结构特点对冲模提出了较高的要求。

粘接的技术要求如下：保持硅钢片粘接表面清洁，将混合好的黏结剂均匀喷涂在硅钢片的表面，然后将两片硅钢片粘接在一起。在粘接时，需保持一定的压力，以便让黏结剂均匀地附着在硅钢片表面，同时不能过压或过热，以免影响硅钢片的磁导率等性能。

为实现电机定转子铁心模内快速冲裁、固化粘接，模具采用冲裁叠压一体式设计，冲裁与叠压同时进行。模具工作原理：将硅钢条料输送至冲模进行冲裁加工，接着在条料表面喷涂黏结剂及粘接催化剂，通过催化剂与黏结剂的接触，使黏结剂快速固化，形成定转子铁心。最后定转子铁心在达到预设的片数后停止喷胶，通过运输装置逐一从冲模中运输出来。

从图 8-7 可以看出，每次向前送料后，在条料上冲裁第一导正销孔，并以第一导正销孔为参照冲裁第二导正销孔，条料沿长度方向冲出两排导正销孔。在模具冲裁加工过程中，导正销孔与冲模的导正销配合，对输送的条料起导正作用，使条料在运行到连续冲裁模的每个工位对铁心各特征进行加工时，可以确保每一个位置加工特征的准确性，提高铁心成形质量，提高成品率，提升经济效益。

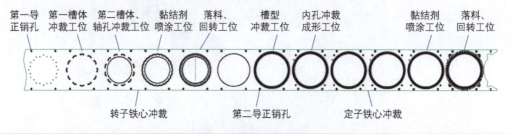

图 8-7　铁心的制造工艺

8.2.3　永磁同步电机绕组工艺流程

1. 绕组的分类与特点

电机绕组为电机的核心部件之一，其由漆包线在铁心中通过缠绕、焊接的形式构成，如图 8-8 所示。电机运行时，电流在绕组线圈中流动，产生磁场实现电机的转动。

漆包线是指由导体和绝缘层（漆）两部分组成的导线，是电机绕组的主要原材料。根据漆包线线材的不同可分为铜线绕组、铝线绕组、合金绕组、纳米技术绕组。每种材质都

图 8-8　电机绕组

有其特点，可以根据不同的应用场景和实际需求选择最适合的绕组材质，以达到最好的电机性能。目前电机最常用的绕组材料是铜线绕组，根据铜线截面的不同，又可分为圆线绕组和扁线绕组两类，如图8-9所示。

圆线绕组是电机绕组导线横截面形状为圆形的绕组，为传统的电机绕组，加工工艺简单，方案成熟，应用广泛，早期新能源汽车电机基本采用圆线绕组。

扁线绕组是电机绕组导线横截面形状为长边形。在扁线电机的绕组制造过程中，需要把绕组

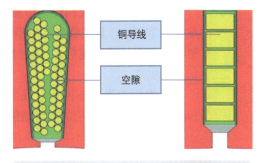

图8-9 圆线绕组及扁线绕组截面

做成发卡形状，通过插入方式装入定子铁心，故扁线电机又被称为发卡电机。扁线绕组电机相对铜线绕组电机具有体积小、效率高、噪声低、散热性能好等优势。目前主流的新能源汽车电机基本采用扁线电机。

2. 圆线绕组的工艺流程

传统的圆线绕组生产工艺较为简单，如图8-10所示，主要分为插绝缘纸、绕线、嵌线、整线、焊线。

插绝缘纸

绕线

嵌线

整线

焊线

图8-10 圆线绕组工艺流程图

电机的定子槽和导体之间都设有绝缘纸，主要作用为保障导体与定子铁心以及异相导体之间的绝缘性。插绝缘纸工序如下，首先将定子铁心安装至定位工装上，使其可以跟随工装轴向旋转，通过成形模将绝缘纸折弯成形至与定子铁心槽口匹配，通过插纸设备将绝缘纸依次插入各个槽口。插纸工序后需定期检查纸张有无错位、翻转的情况。

绕线工序主要是将成卷的线材缠绕成一定形状与匝数的线匝。在产线批量生产制造中，该工序主要通过高速绕线机自动完成，需要在绕线机中预先设置好匝数、绕线速度、绕线张力等参数，绕线过程中通过设备防错控制并绕根数及匝数。

嵌线工序是将绕线工序完成的线匝放置在导向工装上，通过嵌线设备将绕好的线匝压入已经插好绝缘纸的定子铁心内。

整线工序是将嵌线完成的线包通过压合、整形等达到需求的尺寸。在生产过程中，主要通过工装将绕组两端进行调整，最后用检具进行检测，保证整体尺寸符合要求。

焊线是将圆线绕组端部的引出线或引出线与端子焊接在一起，形成X/Y/Z三相回路。一般采用热熔焊接工艺：把引出线或引出线与端子放置于热熔焊接机的两个电极中间，电极产生的电阻热首先将引出线的漆皮汽化，再进一步施加压力，将铜线之间、铜线与端子之间熔接在一起。为保证焊接满足技术指标要求，需要对焊接电流、焊接压力、焊接时间等参数进行监控，同时定期对焊接后的导通率、电阻率、拉拔力、熔接程度进行确认。

3. 扁线绕组的工艺流程

视频8-2
电机产线

扁线绕组与传统圆线绕组相比，其槽中放置的是截面为长方形的铜线，在槽内配合间隙更小。扁线绕组具有槽满率高、散热性能强、功率密度高、结构稳定性好、更适合批量生产等优势。扁线绕组的制造需要专用的设备，其对绝缘、焊接一致性的要求更高。

根据绕组形状不同，扁线绕组可以分为 Hair-Pin、I-Pin、X-Pin 等，其中 Hair-Pin、I-Pin 为目前常用的绕组结构。扁线绕组主要的加工工艺流程如图 8-11 所示。

插绝缘纸 → PIN成形 → 插线 → 扩口

扭头 → 焊接 → 滴漆/涂敷 → 测试

图 8-11 扁线绕组加工工艺流程

Hair-Pin 与 I-Pin 工艺主要区别在于多一步发卡成形步骤，Hair-Pin 需要通过劈拉、折弯等方式将漆包线折成 U 形，成形端为皇冠端，另一端为焊接端。I-Pin 不需要经过发卡成形，在插线时为一根笔直的漆包线，两端均为焊接端。两者相较而言，Hair-Pin 对发卡成形的工艺要求更高，I-Pin 插线更为容易，但对端部焊接的要求更高，如图 8-12 所示。

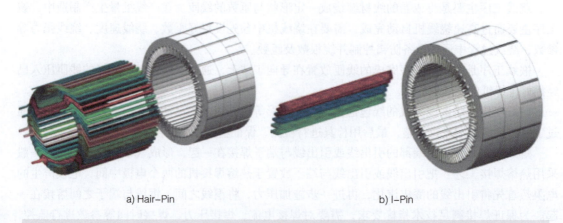

a) Hair-Pin   b) I-Pin

图 8-12 Hair-Pin 与 I-Pin

与圆线电机一样，扁线电机的定子槽和导体之间也设有绝缘纸，生产工艺也与圆线电机插绝缘纸相同。

与圆线电机的绕线工艺不同的是，漆包线在插入定子铁心之前，需要经过 Pin 成形工艺。该工艺主要步骤有校直、去漆皮、裁剪、成形等系列工艺。

去漆皮是绕组制造的关键步骤，它用于去除扁线表面的绝缘漆皮，以确保导线在绕组过程中的良好导电性能。一般采用机械方式（冲切、刮漆）、热剥法、激光去漆皮等。机械方式使用机械力量来剥离扁线表面的漆皮。通常采用刮刀、砂轮、喷砂或刷子等工具来去除漆皮。机械去漆法适用于一些较为坚硬的绝缘漆皮，但可能会造成一定程度的表面损伤，需要根据具体情况进行调整。热剥法利用高温来软化或热溶解绝缘漆皮，然后通过机械手段或气流将其除去。通常使用加热烘箱或火焰加热来实现热剥。热剥法能够较快速地去除漆皮，但需要控制好温度，避免对扁线造成热损伤。激光法利用激光束直接照射在扁线表面，使绝缘漆皮受热蒸发或分解，从而实现去漆的目的。激光去漆法具有精准、高效、非接触等优点，但设备成本较高，需要专业操作和维护。

成形一般采用冲压成形、弹簧机成形、发卡成形机成形等加工工艺，如图 8-13 所示。冲压成形工艺成形速度快、工艺成本低，但存在模具通用性差、成形过程中容易对铜线造成损伤的劣势。弹簧机成形具有更好的通用性、对铜线的损伤更小，但成形速度较慢，成本相对较高。发卡成形机是专门设计用于发卡形状的加工，通常具有高度的自动化功能，能够高效、高质量地生产，但设备较为专业化，购置和调试维护成本较高。成形工序为扁线绕组的重要工序之一，需重点关注折弯位置漆皮的损伤，避免影响绕组绝缘性能。

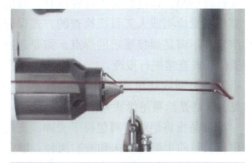

图 8-13 扁线成形工艺

插线是指将预处理好的扁线逐一插入定子槽中。通常情况下，插线工艺分为手工插线和自动插线两种方式。

1）手工插线：操作人员手持扁线，逐一插入定子槽中。这种方法适用于小批量生产或对绕组要求较高的情况，操作灵活，但速度相对较慢，且一致性保证能力低、漆膜容易破坏。

2）自动插线：使用自动化插线机械设备，通过预设的程序和机械手臂等自动将扁线插入定子槽中。这种方法适用于大规模生产，速度快、效率高，但需要一定的投资成本。

完成插线工艺后，需要对绕组进行检验和测试，确保绕组的质量和性能符合设计要求。其中包括对绝缘电阻、匝间电阻、相间电阻等参数进行测量。

扩口工艺主要是将端部之间的间隙扩大，为后续工序留出空间。主要是将扁线放置在扩口工具中，进行扩口操作，如图 8-14 所示。扩口工具通常是一种具有特定形状的模具或夹具，用于将扁线端部打开或扩展成所需形状。操作人员可以使用手动或电动工具进行扩口操作。在进行扩口操作时，需要控制扩口的深度和尺寸，完成扩口工艺后，对扩口部分进行质检和测试，确保扩口质量符合要求。这包括对扩口尺寸、形状、平整度等进行检查。

扭头指将插好 PIN 的定子端部的 PIN 脚按照先外层后内层的顺序进行交错扭转变形，使处于相同相位的 PIN 脚挨到一起，为后续同相焊接做准备。扭头工艺的难点在于需要根据材料特性分析数据建立扭转模型仿真，输出形变过程的离散位置和角度点，耦合成同步曲线。

图 8-14 扩口

绕组端部的焊接主要有氩弧焊和激光焊接两种方式，如图 8-15 所示。氩弧焊成本低，但焊接速度慢、焊接过程对漆膜损伤大、可靠性相对较差。激光焊接焊接速度快、可靠性高，但成本较高，为目前主流的加工工艺。无论采用何种焊接工艺，都需要在焊接完成后对焊接的稳定性以及焊接后的质量进行检测，该过程称为过程检查。目前行业内主要通过计算机视觉检测或人工目视检查的方式保证焊接质量。对于检测发现不满足焊接要求的焊点，需要通过人工补焊工序进行返修，或直接进行报废。

图 8-15 焊接

不管是圆线绕组还是扁线绕组，线型之间需保证绝缘。常见的方法是涂覆绝缘漆和填充绝缘漆。

涂覆是指将绝缘材料包覆于去除漆皮的裸铜表面，起到电气绝缘的作用，如图 8-16 所示。涂覆材料目前主要有粉末和液态两种。填充绝缘漆是指用绝缘漆充分填充绕组和绝缘结构内部的空隙，使整个绕组的绝缘结构中各组分黏结成为一个整体，常见分为浸漆和滴漆两种，其中浸漆又有传统浸漆、真空浸漆、真空压力浸漆等。

图 8-16 涂覆与滴漆

8.2.4 永磁同步电机转子工艺流程

转子的工艺流程主要分为转子铁心生产、插磁钢、点胶、铁心叠放、铁心压装、圆螺母锁紧、圆螺母豁牙、磁钢固化、动平衡测试、充磁、清洁及涂防锈油。

根据磁钢的填装方式不同，可分为表贴式磁钢转子和内嵌式磁钢转子。为提升转子的强度及性能，新能源汽车电机主要采用内嵌式磁钢，转子铁心中留有间隙，磁钢分布在铁心中，通过工装设备将磁钢插入铁心的间隙中，如图8-17所示。

图8-17 插磁钢

在磁钢插入铁心后，需要固定磁钢的位置，目前行业大部分采用注塑材料填充铁心与磁钢间隙以保证磁钢的固定。填充的固定材料一般需要强度较高以保证具备良好的抗振能力，同时具备良好的抗腐蚀能力与黏结力。注塑压力、注塑温度根据不同材料选择不同的方案。

转子一般由几个单叠铁心压装而成，通常采用液压设备将铁心套入电机轴中，铁心与电机轴之间采用过盈配合固定。

转子铁心与电机轴压装完成后，需测试转子动平衡量。使用去重平衡法，对转子进行动平衡测试。打孔深度的大小对转子性能存在影响，打孔深度过深将影响端面强度，打孔深度不足影响动平衡。因此打孔去重后，需检查打孔的深度及外径是否满足规格要求，并重测动平衡，如图8-18所示。

根据电机工艺技术方案的不同，目前行业内大部分填充的为已充磁磁钢，小部分采用未充磁磁钢，这种工艺在转子下线前需要对磁钢进行充磁。整体充磁过程为，先将转子固定不转，随后充磁线圈下落包住转子，外接充磁电源通电，充磁线圈瞬间放电，放电脉冲电流的峰值可达上万安培，此电流脉冲在线圈内产生一个强大的磁场，该磁场使置于线圈中的转子磁钢磁化。充磁是转子生产的关键工序，充磁过程决定转子的磁极以及磁饱和度。充磁后可以通过对转子进行磁场波扫描，检测磁场强度和均匀性、磁化方向和极性等，以保证充磁工序的充磁效果。充磁完成的转子会在转子生产线正式下线，送往电机装配生产线与定子共同组装，如图8-19所示。

图8-18 动平衡测试　　　　　　图8-19 充磁

8.3 汽车电机控制器制造技术

8.3.1 汽车电机控制器构成

电机控制器的主要功能为实现交直流转化，即将电池包中的高压直流电通过逆变转换为三相高压交流电，输出至电机对应绕组中，或将电机产生的三相高压交流电整流为高压直流电，输入动力电池中。同时电机控制器还具备接收整车的转矩/转速等信号指令，通过调整三相交流电的频率和电流大小控制电机的转速/转矩等功能。

电机控制器的构成如图 8-20 所示，主要由母线电容、IGBT、驱动板、控制板、铜排、壳体等组成。

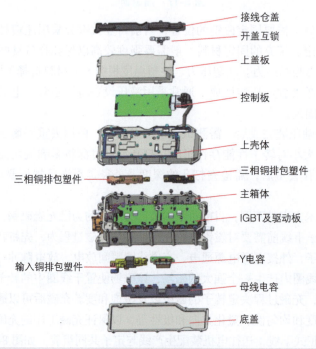

图 8-20　电机控制器构成

8.3.2 汽车电机控制器总成工艺流程

汽车电机控制器总成的生产是将各组件，如电路板、电容等安装入壳体并进行相关检测的过程。如图 8-21 所示，主要工艺流程分为壳体上料、器件装配、涂胶合盖密封、气密检测、EOL 测试、老化等。

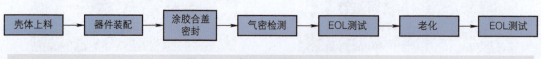

图 8-21　电机控制器工艺流程图

8.3.3 汽车电机控制器关键工序工艺

1. PCBA 制造

PCBA 是英文 Printed Circuit Board Assembly 的简称，是指由 PCB 空板和电子元件经过表面贴装技术（Surface Mounted Technology，SMT）加工组装而成一个完整的电子电路系统。PCBA 制造主要工艺流程如图 8-22 所示。

视频8-3
电控产线

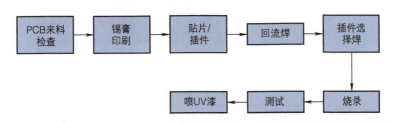

图 8-22 PCBA 制造主要工艺流程图

SMT 是一种将无引脚或短引线表面组装元器件（SMC/SMD，又称片状元器件）安装在 PCB 表面或其他基板的表面上，通过回流焊方法加以焊接组装的电路装连技术。SMT 是电子组装行业里最流行的一种技术和工艺，其主要工艺流程为钢网印刷、贴片、回流焊和检测。

钢网印刷是 SMT 的第一步，主要目的是将焊膏均匀地涂在 PCB 的焊盘上，以保证贴片的精度和质量。锡膏是由助焊剂和锡粉混合而成的，其典型成分和功效见表 8-1。锡粉通常为微米级别的粒子。助焊剂由黏结剂（树脂）、溶剂、活性剂、触变剂及其他添加剂组成，它对锡膏从钢网印刷到焊接整个过程起着至关重要的作用。

表 8-1 锡膏典型成分和功效

原材料		重量（%）	功效
金属合金		85~92	组件与电路板间电气性和机械性的结合
助焊剂	松香	2~8	给以黏性、黏着力，金属氧化物的去除
	黏结剂	1~2	防止滴下，防止焊料表面氧化
	活性剂	0~1	金属氧化物的去除
	溶剂	1~7	黏性、印刷性的调整

钢网印刷的关键在于钢网的设计和制造，以及印刷的过程控制，其中包括印刷压力、印刷速度、刮刀角度等参数的控制。印刷不良会导致电子元件虚焊、漏焊等不良发生，最终导致功能异常。印刷过程的控制主要通过相机进行检测，同时在印刷后增加光学 3D 检测作为过程检查，确保锡膏的厚度、形状、位置偏移等符合要求，以保证焊接质量与产品的可靠性。

贴片是将 SMT 元器件按照一定的规则和顺序贴放在 PCB 的焊盘上，是 SMT 工艺的核心环节。由于贴片是整个 PCBA 加工过程中最重要的一个环节，因此 PCBA 加工厂都称为贴片厂。贴片过程中要注意精度和稳定性，以避免贴放出错和漏贴的情况。

贴片过程中使用的设备称为贴片机，如图 8-23 所示。按照功能可分为两种类型：一种是高速机，适用于贴装小型大量的组件，如电容、电阻等；另一种是泛用机，适用于贴装异型的或精度要求高的组件，如 QFP、BGA、SOT、SOP、PLCC 等。

图 8-23 贴片机

回流焊是将 PCB 放入回流焊机中，通过高温加热将焊料熔化并润湿焊盘及元器件端头和引脚，形成焊接点的过程。回流焊的关键在于加热和冷却过程的控制，以及焊料的选择和管理。

回流焊作为 SMT 生产中的关键工序，合理的温度曲线设置是保证回流焊质量的关键，不恰当的温度曲线会使 PCB 出现焊接不全、虚焊、元件翘立、焊锡球过多等焊接缺陷，影响产品质量。整个焊接温度曲线分为预热阶段、恒温阶段、回焊阶段和冷却阶段 4 个过程，如图 8-24 所示。

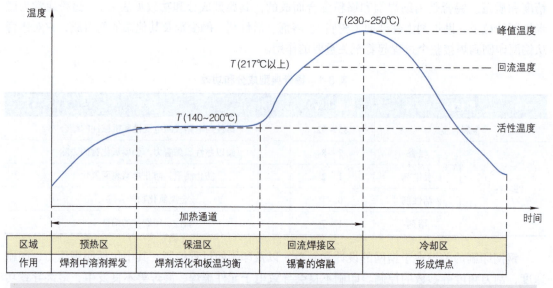

图 8-24　SMT 回流焊炉曲线确定

检测是 SMT 贴片的最后一步，主要是对贴片的精度、焊接质量、位置、缺陷等进行检测和判断，以保证产品的质量和稳定性。常用的检测方法包括视觉检测、X 光检测和 AOI 检测等，检测的过程主要包括 PCB 定位、图像采集、图像处理、检测分析和缺陷分类等步骤。其中，图像处理是整个过程中最关键的环节，需要对图像信号进行复杂的处理和分析，以达到自动检测和分析的目的。

2. 器件装配

器件装配一般由多个工位组成，在该工序主要使用紧固设备对电机控制器中的功率模块、控制板、驱动板、母线电容、铜排等零件进行紧固连接。在实际批量化生产过程中，均由自动设备或半自动设备完成。需要注意的是，需要提前识别工序内是否有产生金属碎屑的风险，对存在碎屑风险的岗位，需要在紧固作业的同时增加真空吸附设备对碎屑进行吸附，以免碎屑掉落对电路板产生影响。

3. 测试

电机控制器的测试主要包括基本要求检测、电性能检测、功能检测等，用于保证产品的基本性能。基本要求检测项目包括外观、水道气密性、整机气密性检测等；电性能检测项目包括绝缘电阻、接地电阻、开路、短路、耐电压检测等；功能检测项目包括霍尔标定、转子位置检测功能、转速检测功能、功率变化、过电压保护、主动放电、高压互锁等，见表8-2。

表8-2 电机控制器测试主要项目

分类	主要项目	作用
基本要求检测	外观	零件有无破损、铭牌是否遗漏等
	水道气密性	冷却水道密封性
	整机气密性	冷却整体密封性
电性能检测	绝缘电阻	零件绝缘情况
	接地电阻	零件接地情况
	开路	电器回路导通性
	短路	电路回路短路情况
	耐电压	电器耐高压情况
功能检测	霍尔标定	电池传感器精度标定
	转子位置检测功能	电机转子位置检测功能是否正常
	转速检测功能	电机转速检测功能是否正常
	功率变化	零件输出功率变化功能是否正常
	过电压保护	零件耐非正常供电电压抵受能力
	主动放电	支撑电容主动放电功能是否正常
	高压互锁	高压互锁回路导通性

为了确保电机控制器的可靠性，确保电路板能够经受长时间的使用，控制器在下线后会在一定温度、湿度的环境中进行带载老化。通过老化测试可以提早发现电路板内部的潜在问题，预防电机控制器在装车使用后发生故障或损坏。在老化完成后，电机控制器会再次进行测试，以确认老化后的各项功能状态。

8.4 电驱前沿技术

8.4.1 电驱集成化

随着新能源汽车技术的发展，三电集成度越来越高。目前主流为三合一集成（单驱动电机+单驱动电机控制器+减速器），部分为五合一集成（驱动电机+发电机+驱动电机控制器+发电机控制器+减速器）。部分企业已经推出七合一、八合一甚至十合一集成，一般与充电机、DC/DC变换器、高压配电盒，甚至水加热器、压缩机等集成，如图8-25所示。

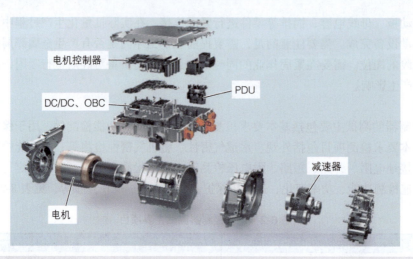

图 8-25　多合一集成化

电驱集成化主要通过共用壳体、共用冷却回路、共用电路等方式集成，可以进一步降低成本、减小体积、提高功率密度、降低能耗，同时集成后通过优化布置，使重心降低，有利于整车操控，提升驾驶体验。

8.4.2　高速电机

汽车的空间有限，一直以来都追求体积更小、功率密度更高的电驱。在技术发展和客户需求的驱动下，电机的转速一路攀升，从早期的每分钟两三千转，一直攀升到每分钟几万转，更高的转速也使得功率密度和原材料利用率提高。因此高转速是大趋势，以新能源汽车电驱为例，丰田普锐斯推出的第一代产品最高转速为 6000r/min，而第四代产品转速达到 17000r/min。

8.4.3　X-Pin 绕组

X-Pin 绕组作为近年行业兴起的新技术，具备多种优势特点，同时也对制造技术带来更大的挑战。X-Pin 绕组首先可改善 I-Pin 绕组端部过高、Hair-Pin 绕组成形工艺复杂等技术痛点，其次在相同的电磁方案下，X-Pin 绕组相比 I-Pin 绕组可缩短 43%，相比 Hair-Pin 绕组可缩短 25%，如图 8-26 所示。X-Pin 绕组完美地继承了 I-Pin 绕组高槽满率的优点，其相比 Hair-Pin 绕组可提高 5%。因此，X-Pin 使电驱具备极大的技术优势与成本优势。

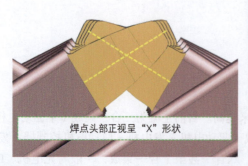
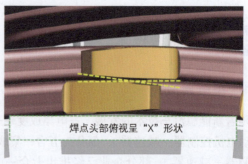

图 8-26　X-Pin 结构

由于 X-Pin 的结构特征取消了端部的直线段部分，所以在插线完成后无法与 Hair-Pin 或 I-Pin 绕组一样通过入桶扭转，如图 8-27 所示。因此，在 X-Pin 的制造过程中，扭转方式及扭转精度的控制一直是需要攻克的技术难点。

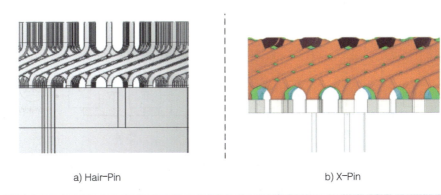

a) Hair-Pin　　　　　　　　　　b) X-Pin

图 8-27　Hair-Pin 与 X-Pin 端部对比

随着国内众多厂商开始研究 X-Pin 绕组技术，当前电驱市场上已经衍生出不同的 X-Pin 技术流派，其绕组成形工艺、焊点头部形状、焊点焊接工艺也各有不同，但究其最终目的均是为了缩短绕组端部高度，因此 X-Pin 绕组已经逐渐演变为该类技术的统一命名。

8.4.4　汽车用异步电机

目前应用在新能源汽车上的电机基本为永磁同步电机、异步电机。如果只有一个驱动电机，基本为永磁同步电机，双驱动电机时，部分汽车会采用一个永磁同步电机加一个异步电机，异步电机作为辅驱。

异步电机与永磁同步电机的差异主要为转子，如图 8-28 所示。永磁同步电机的转子带永磁体（磁钢），异步电机转子为励磁绕组。异步电机虽然在效率上比不上永磁同步电机，体积也更大，但可以用电流控制磁场大小，没有空转损耗。

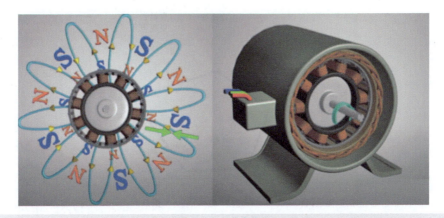

图 8-28　异步电机

异步电机的定子和永磁同步电机的定子是一样的，目前都采用扁线结构设计，冷却也基本都采用油冷方式。

8.4.5 升压电机控制器

电压越高，电驱损耗越低。为了提高电压，部分汽车制造厂商会将电池的电压提高，但电池成本会增加，部分通过升压模块，提高输入电驱的电压，以提升电机效率、降低成本、减小体积、实现更低油耗，如图 8-29 所示。

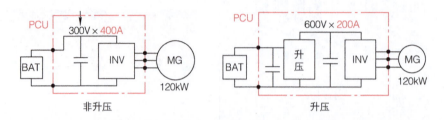

图 8-29 升压

1）成本低：同等功率下，电压越高，电流越小，电流减小，电池容量可以降低，电芯数量减少，成本降低。

2）体积小：同等功率下，电压越高，电流越小，电机线损减少，效率提升，可减少铜线等用量。

3）油耗低：同等功率下，电压越高，电流越小，线损减少，效率提升，油耗更低。

8.4.6 SiC 功率半导体应用

传统电机控制器的 IGBT 为硅基（Si）半导体。随着技术发展，碳化硅（SiC）功率半导体逐步应用。SiC 与 Si 相比，在耐高压、耐高温、高频等方面具备碾压优势，是材料端革命性的突破，如图 8-30 所示。

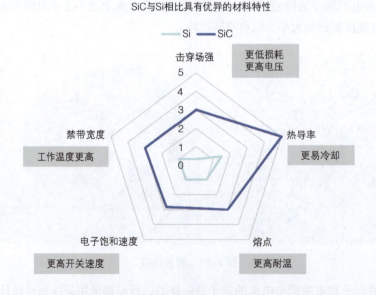

图 8-30 SiC 的优点

1）耐高压：SiC 击穿场强是 Si 的 10 倍，这意味着同样电压等级的 SiC MOS 晶圆的外延层厚度只需要 Si 的十分之一，对应的漂移区阻抗大大降低，而且禁带宽度是 Si 的 3 倍，导电能力更强。

2）耐高温：SiC 热导率及熔点非常高，是 Si 的 2~3 倍。

3）高频：SiC 电子饱和速度是 Si 的 2~3 倍，能够实现 10 倍的工作频率。

本章小结

电驱制造技术是新能源汽车制造中的核心技术之一，涉及多个复杂工艺流程。本章主要介绍了永磁同步电机的制造工艺，包括电机、电机控制器等关键构成件的制造技术，以及电驱总成的装配技术。

在电机方面，主要介绍了电机定转子铁心、定子绕组、转子磁钢的加工工艺。铁心方面，介绍了成形、冲裁、粘接固化、回转叠压工艺；绕组方面，介绍了圆线绕组、扁线绕组不同制造工艺的区别。这些工艺确保了定转子加工的质量，对电机的性能有着重要影响。

电机控制器是电驱的"大脑"，主要由母线电容、功率器件、铜排、壳体等组成。工艺方面主要介绍了功率器件 SMT、PCBA 的加工方法，以及电机控制器总成的制造工艺。

此外，本章还简要介绍了电驱前沿技术，如高速电机、X-Pin 绕组、异步电机、集成、升压、SiC 等，展示了电驱技术的不断发展和创新。

总体而言，电驱制造技术是新能源汽车制造中的重要环节，因此提高电驱的性能、效率和安全性具有重要意义。通过本章的学习，可以深入了解电驱制造的工艺流程和技术要求，为进一步研究和应用打下基础。

值得注意的是，随着技术的不断进步，电驱的结构和制造工艺也在持续改进。未来，电驱制造技术的发展方向将更加注重高效、环保和轻量化。同时，随着新能源汽车市场的不断扩大，对于高性能电驱需求也将持续增长。因此，电驱制造技术的不断创新和完善对于推动新能源汽车产业的发展至关重要。

练习题

一、选择题

1. 新能源汽车最常用的电机为（　　）。
   A. 永磁同步电机　　B. 直流电机　　C. 异步电机　　D. 磁阻电机
2. 定子的构成不包括（　　）。
   A. 铁心　　B. 绕组　　C. 绝缘纸　　D. 旋变
3. 定子生产工艺与管控不包括（　　）。
   A. 绕线　　B. 充磁　　C. 嵌线　　D. 滴漆
4. 转子生产工艺及管控不包括（　　）。
   A. 充磁　　B. 插磁钢　　C. 铁心冲压　　D. 捆扎
5. 以下哪个不是扁线绕组的优点。（　　）

A. 效率高　　　　　　B. 散热好　　　　　　C. 工艺简单　　　　　D. 功率密度高
6. 绕组端部焊接主要采用的生产工艺是（　　）。
A. 氩弧焊　　　　　　B. 波峰焊　　　　　　C. 激光焊　　　　　　D. 回流焊
7. SMT 最常用的焊接方式是（　　）。
A. 波峰焊　　　　　　B. 氩弧焊　　　　　　C. 回流焊　　　　　　D. 激光焊
8. SMT 常见的检测方式不包括（　　）。
A. 视觉检测　　　　　B. X 光检测　　　　　C. AOI 检测　　　　　D. 红外线检测
9. IGBT 的优点不包括（　　）。
A. 制造容易、成本低　B. 开关速度快　　　　C. 集通态压降低　　　D. 大电流热稳定好
10. IGBT 模块的优势不包括（　　）。
A. 结构简单　　　　　B. 生产工艺简单　　　C. 可靠性高　　　　　D. 结构体积小

二、填空题

1. 电机中的铁心一般由_____堆叠而成。
2. 驱动电机主要将_____能转换为_____能。
3. 根据绕组定子的制造工艺不同，可以分为_____、_____、_____等。
4. 硅钢片具有_____、_____、_____的特点。
5. 绕组焊接质量是电机生产制造的重要工序，目前行业内主要通过_____检测方式来保证焊接质量。
6. 异步电机转子是依据_____原理实现的。
7. 电动汽车电机控制器可以实现动力电池_____电与电机_____电的转换。
8. IGBT 兼有 MOSFET 的_____和 GTR 的_____两方面的优点。
9. 铜排表面一般采用_____或者_____工艺，以提高铜排的耐蚀性。
10. PCBA 主要制造工艺流程：_____、_____、_____、_____。

三、问答题

1. 简述扁线绕组的主要生产工艺流程及作用。
2. 简述转子的主要生产工艺流程及作用。
3. 你所了解的 X-Pin 的优势有哪些，请简要介绍。
4. 你所了解的 IGBT 封装有哪些，请简要介绍。
5. 简述选择性波峰焊的优缺点。

拓展阅读

2024 碳化硅行业发展现状分析及产业趋势

碳化硅作为第三代半导体材料，是制造高温、高频、大功率半导体器件的理想材料，已广泛应用于新能源汽车、光伏、风电、轨交、5G 等领域。其中在新能源汽车领域，碳化硅主要用于主驱逆变器、OBC、DC/DC 变换器和充电桩，可简化供电网络、减少逆变体积、降低损耗并提高汽车续驶里程。

近年来，国内碳化硅产业发展神速，首先是碳化硅 6in 衬底的量产以及 8in 衬底的研发进度大幅拉近了与海外领先玩家的差距，另一方面是产能扩张上的投入越来越大。这使得国内在全球碳化硅产业中，无论是市场需求，还是产业链上游的产能、技术都处于重要地位。

中研普华研究院撰写的《2024—2029 年中国碳化硅行业发展现状分析及投资前景预测研究报告》显示：

1. 2024 年碳化硅行业发展现状分析及产业趋势

碳化硅产业链中，碳化硅衬底在终端器件的成本占比近 50%，是全产业链的关键环节，也是实现碳化硅器件系统性降本的主要途径。与硅不同，碳化硅长晶难度非常高，控制难度极大，从 1978 年 PVT 长晶方法被提出到目前 40 余年，业界碳化硅衬底的综合良率最高也不足 70%，因此仍然需要不断的技术创新和迭代来推动行业发展。

碳化硅在电力电子应用中表现出色，可用于高压和高温环境下的功率电子器件。随着可再生能源的普及和电力转型的推进，碳化硅晶圆在电力电子市场中的需求不断增加。

2023 年，宝马、极氪等与安森美达成碳化硅长期供货协议，Wolfspeed 与梅赛德斯也达成碳化硅器件供应合作；4 月小鹏正式推出了新一代技术平台 SEPA 2.0 扶摇全域智能进化架构，采取全域 800V 高压碳化硅平台，综合效率达 92%；哪吒 GT 搭载 800V 碳化硅电驱；东风汽车发布马赫 E 品牌，将搭载自主开发的碳化硅控制器，还将于年底量产碳化硅模块。

从技术上看，碳化硅晶圆面积的扩大之路并不好走。全球碳化硅（SiC）晶圆主要制造商包括 Wolfspeed、ROHM Group（SiCrystal）、SK Siltron、Resonac、Coherent、北京天科合达、STMicroelectronics、SICC、河北同光、CETC、三安光电等。全球碳化硅（SiC）晶圆市场非常集中，其中全球 Top5 制造商超过 78% 市场份额。

麦肯锡的报告中显示，中国碳化硅市场上，80% 的衬底/晶圆以及 95% 以上的器件来自海外供应商。但考虑到地缘政治以及供应稳定，中国汽车 OEM 正在加速寻求本土供应商，预计到 2030 年，中国汽车 OEM 厂商将广泛转向本地供应商采购，从目前的约 15% 提高到约 60%。

11 月，国内碳化硅产业迎来了多个产能扩张项目以及衬底突破新进展，首先是在碳化硅衬底方面。正如硅基芯片所用到的硅晶圆，尺寸从 6in、8in 发展至 12in 一样，对于碳化硅功率器件所用的衬底，同样在往大尺寸发展。8in 衬底的有效利用率高，推动产业链降本增效的效果明显，尤其是衬底在碳化硅产业链中所占价值高达 50% 的情况下。衬底尺寸越大，单位衬底可以制造的芯片数量越多，单位芯片成本就越低。因此推动 8in 衬底的量产，就是在加速降低碳化硅器件的成本。

近期，碳化硅衬底供应商超芯星完成数亿元 C 轮融资，本轮融资由知名国际投资机构领投，商络电子、老股东溇策资本跟投。

2. 碳化硅产业趋势

SiC 作为新兴产业，短期内供不应求，国内外玩家积极扩产，规划产能迅速攀升。但整体良率偏低，规划产能并不等于实际交付能力；此外，目前主流商用的 SiC 生产方法为物理气相传输法（PVT），但长晶速度慢、缺陷控制难度大，导致了 SiC 衬底的成本居高不下。产业界积极推进液相法（LPE）等方法的研发，以减少缺陷密度，提升良率、降低成本。当前短期内无需过度忧虑 SiC 产能过剩的问题，改善良率是衬底企业的当务之急，长期存在产能出清的可能。

碳化硅在高温、高频和高功率电子器件中表现出色，因此受到这些应用领域的广泛关注，如电力电子、电动汽车、无线通信和军事领域。需求的增长推动了碳化硅晶圆市场的扩张。

新能源汽车制造技术

在激烈的市场竞争中,企业及投资者能否做出适时有效的市场决策是制胜的关键。中研网撰写的碳化硅行业报告对中国碳化硅行业的发展现状、竞争格局及市场供需形势进行了具体分析,并从行业的政策环境、经济环境、社会环境及技术环境等方面分析行业面临的机遇及挑战。同时揭示了市场潜在需求与潜在机会,为战略投资者选择恰当的投资时机和公司领导层做战略规划提供准确的市场情报信息及科学的决策依据,同时对政府部门也具有极大的参考价值。

想一想 1:碳化硅的优缺点
碳化硅作为第三代半导体材料,其具备哪些优缺点?
想一想 2:碳化硅的未来发展趋势
随着技术的不断进步,你认为未来碳化硅是否会取代硅基材料?
想一想 3:碳化硅在 IGBT 的应用趋势
碳化硅具有耐高压、效率高等优点,你认为碳化硅在 IGBT 的应用趋势如何?

256

第9章 尺寸工程

☞ 本章导学

尺寸工程是一种质量管理方法,旨在控制和优化产品的尺寸精度,确保其符合设计要求和客户期望;是面向产品几何质量功能实现和过程控制的系统工程;涉及规范制定、尺寸测量、定位误差控制、加工精度控制和整体质量管理等方面。尺寸工程在汽车制造中具有关键的地位,它直接影响汽车的质量、外观、安全性能和功能性,可提高生产效率,并推动质量管理和持续改进。

在竞争激烈的汽车市场中,尺寸工程对于企业提升品牌形象、满足客户需求以及保持竞争力至关重要。

☞ 学习目标

序号	学习目标	知识点	学习要求
1	掌握尺寸工程的定义、工程内容及工作流程	1. 尺寸工程的定义 2. 尺寸工程的作用 3. 尺寸工程的工作流程 4. 尺寸同步工程的内容	掌握
2	认识尺寸 DTS 的内容及其设计过程	1. DTS 的定义 2. DTS 的设计过程 3. 感知质量的概念	掌握
3	理解尺寸定位策略及其相关应用	1. 尺寸定位原则 2. RPS 系统 3. 常用几何公差的应用	掌握
4	理解汽车装配尺寸链	1. 尺寸链的定义 2. 尺寸链的计算 3. 尺寸链的实际应用	掌握
5	理解尺寸制造过程的相关质量控制及手段	1. 尺寸偏差的来源 2. 零部件精度管理的内容 3. 工装夹具精度管理的内容 4. 尺寸匹配的工作内容 5. 尺寸测量文件的制定及测量手段	了解
6	了解尺寸的前沿技术	尺寸相关前沿技术应用	了解

☞ 课前小讨论

对于一辆家用轿车而言,其外观主要由车身、车门、前机舱盖、行李舱盖、保险杠等零件构成,其中车门、前机舱盖、行李舱盖还需要打开和关闭以满足使用需求。这些不同零件之间的配合情况,对车辆美观性、功能性产生直接影响。如车门与车身的配合,间隙过大或者间隙

新能源汽车制造技术

不均匀会使车辆外观不够美观；间隙过小则影响车门的开闭，如发生干涉问题。

大家想一想，汽车外观配合间隙大小是如何设计的？在制造环节又是如何实现的？

9.1 尺寸工程概述

随着现代汽车工业的迅猛发展，市场竞争越来越激烈，提高汽车质量和缩短开发周期成为汽车生产企业赢得市场竞争的关键。汽车制造是一个复杂的过程，汽车车身由 300～500 个薄板冲压零件，在近 100 个装配工位的生产线上大批量、快节奏地焊接和装配而成。汽车整车结构复杂、组件多（图9-1），使得尺寸控制和管理变得困难。根据 J.D.Power 对全球汽车质量问题的调查发现，41% 左右的汽车质量问题与车身尺寸质量相关。这些都对尺寸工程在汽车设计和制造中的应用提出了更高要求。

图 9-1 汽车构造零部件爆炸图

尺寸工程源于汽车车身质量提升的工程实践需求。20 世纪中后期，随着汽车消费的日益大众化，人们对汽车质量的要求越来越高，各汽车制造商更加重视对汽车质量的全面提升。欧美车企认识到几何质量既有复杂性，也有系统性，认为有必要将车身尺寸特性从车身设计和制造工艺设计中抽取出来进行独立和系统的研究。20 世纪 90 年代初，由美国密歇根大学吴贤铭先进制造技术中心倡导、美国政府支持、三大汽车公司（通用、福特、克莱斯勒）实施的"2mm"工程 [2mm 工程指的是所有白车身的关键测点的波动值（6σ）< 2mm，将白车身制造综合误差指数控制在 2mm 以内]，在短短三年内使美国主要品牌车身的制造偏差从 4～5mm 减少到 2mm，迅速达到世界领先水平，如图 9-2 所示。

a) 1998版别克REGAL   b) 2010版别克REGAL

图 9-2 2mm 工程实施对比

作为汽车制造领域的一项关键技术，尺寸工程受到越来越多的关注。随着计算机技术、检测技术和信息技术的飞速发展，尺寸工程也不断由传统尺寸制造向智能化尺寸技术转型，包括尺寸虚拟仿真装配技术、在线测量技术及尺寸智能大数据管理平台等。例如，通过智能大数据管理在尺寸工程的应用，能自动实施闭环、反馈和控制，实现整个生产过程的智能化控制，更好地为"智能制造"服务。

9.1.1 尺寸工程定义及作用

经过多年的研究和工程应用,车身尺寸设计与控制逐渐成长为一门独立的工程技术,并被称为尺寸工程(Dimensional Engineering,DE)。尺寸工程是面向产品几何质量功能实现和过程控制的系统工程;它是一个以几何质量交付为目标,以尺寸设计理论和质量过程控制理论为基础,以产品质量、成本、周期的有效平衡为目的,面向研发、工业化生产准备、量产等阶段,对产品方案设计、结构设计、公差设计、工艺设计、精度检测、调试与固化、质量改进等工程活动进行有效控制的系统工程。

尺寸工程是一项系统工程,从始至终贯穿于产品的研发和生产过程。从产品设计阶段到产品制造阶段,都会应用尺寸工程对产品质量进行控制。尺寸工程的主要作用表现在以下几个方面。

1)保证可制造性:从研发到生产全过程开展尺寸工程,基于产品功能要求进行尺寸集成设计,寻找最优的尺寸解决方案,保证设计与制造的有效衔接。

2)提高感知质量及产品质量:基于顾客感知质量进行尺寸目标设定,使尺寸设计目标最大程度满足顾客需求。应用尺寸工程方法及最新的尺寸仿真技术,将制造过程的尺寸问题在设计阶段进行规避,保证了设计的合理性。

3)降低零件成本,缩短项目研发周期:如图 9-3 所示,尺寸工程的提前开展使得大量的尺寸问题在设计阶段得到了规避,后期投产过程的尺寸问题则大大减少,从而降低了设计变更和问题整改的成本,也能够缩短整个项目研发周期,加速投产。

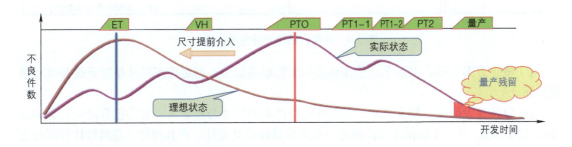

图 9-3　尺寸工程对设计变更的影响

9.1.2 尺寸工程内容及应用范围

1. 尺寸工程的主要内容

尺寸工程涵盖了以下几个方面内容。

1)尺寸特征定义:尺寸工程需要对产品的尺寸特征进行明确定义,包括基本尺寸、尺寸公差、几何公差等。这些定义直接影响产品的功能和可制造性。

2)测量技术:尺寸工程依靠多种测量技术来获取产品的实际尺寸数据。这些技术包括传统的测量仪器(如千分尺、游标卡尺)以及先进的三坐标测量机、光学测量仪器、激光扫描仪等。

3)公差分析和控制:尺寸工程使用统计方法和分析工具进行公差分析和控制。通过确定关键尺寸特征和尺寸链的敏感性,可以优化公差设计并减少制造过程中的尺寸偏差。

4)数据管理和分析:尺寸工程需要管理和分析大量的尺寸数据。计算机辅助的数据管理系统和数据分析工具可以帮助工程师更好地处理和利用尺寸数据，使偏差分析和改进更加准确、高效。

5）设计优化和改进：通过尺寸工程的方法，可以识别产品设计中的尺寸相关问题，并优化设计以满足功能要求。此外，尺寸工程还可以指导制造过程的改进，减少尺寸波动和偏差，提高产品质量。

2. 尺寸工程在汽车行业的应用

尺寸工程在汽车行业具有十分广泛的应用，覆盖产品设计、工装设计、零部件制造和装配全过程，如图9-4所示。

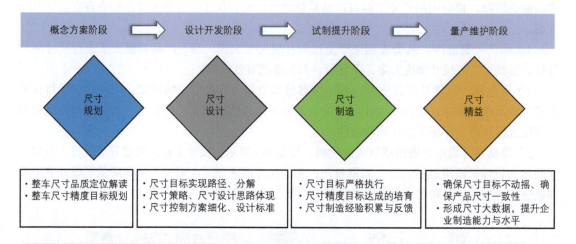

图9-4 汽车产品尺寸开发流程图

1）概念方案阶段：根据车型总体概念和工艺制造能力，制定整车尺寸品质定位和尺寸精度目标。

2）设计开发阶段：建立整车、零部件定位体系和尺寸公差定义，制作包含定位信息和公差信息的工程图样，并根据工程图样进一步延伸管控模具设计、夹具设计、检具设计和测量方案等。

3）试制提升阶段：验证设计的可制造性，提升零部件精度、工装精度、过程控制能力，达成整车尺寸精度目标。

4）量产维护阶段：确保量产整车尺寸的一致性，以及量产数据的一致性管理及量产数据的监控等。

尺寸工程在汽车整车的应用范围非常广泛，如图9-5所示；如车身及其零部件尺寸、内外饰件尺寸、装备件与车身配合尺寸等。

9.1.3 尺寸工程的工作流程

尺寸工程的开展贯穿于整个产品设计和制造过程中，各大企业也逐渐建立了一套完整的尺寸工作流程来满足产品开发的需求。行业内根据汽车开发阶段的不同，建立了尺寸十步法工作流程，其中前五步多在设计阶段开展，后五步则在制造阶段开展。图9-6所示是某企业尺寸工程工作流程示例。

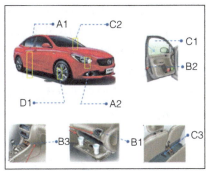

图 9-5 尺寸工程应用

尺寸前五步包括：①造型对标；②匹配目标；③基准结构设定；④虚拟分析；⑤零件标准设定。
尺寸后五步包括：⑥测点布置；⑦检测设备设定；⑧匹配拼装；⑨数据分析处理；⑩经验总结。

图 9-6 尺寸十步法工作流程示例

9.2 尺寸技术规范

9.2.1 DTS 概述

DTS 即尺寸技术规范（Dimensional Technical Specifications），是指整车车门、翼子板等外观件及仪表、中控等内饰件之间配合的设计要求，它直接影响客户对整车外观质量的感官评价。

新能源汽车制造技术

DTS 的设计需要考虑多种因素，包括市场定位、主观评价、感知质量等主观因素，以及制造能力、成本控制等客观因素。DTS 文件定义了整车外观、内饰配合的尺寸要求，如图 9-7 所示。在整车开发的前期阶段，汽车企业通过对市场竞品车 DTS 调研，进行测量分析和用户评审。例如在进行侧围与加油口盖间隙设计时，通过对标发现竞品车 A 的间隙设计为 3.0mm，竞品车 B 间隙设计为 2.5mm，对竞品车 A 和 B 外观评价，B 外观视觉效果更优；再结合零件的制造能力能满足要求，因此将 DTS 尺寸目标设定为 2.5mm。

视频9-1 DTS

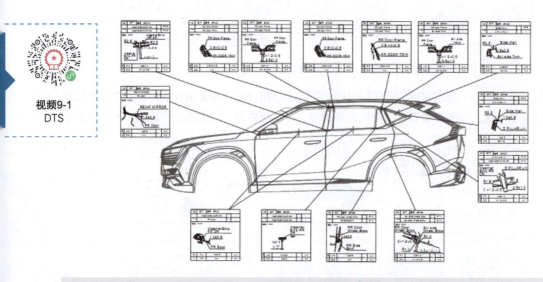

图 9-7　DTS 示意图

9.2.2　DTS 基础知识

DTS 规定了外观可见区域的间隙（Gap）、面差（Flush）的理论值和公差值，以及平行差（Parallelism）、对称差（Symmetry）、R 角控制标准，具体控制要求以配合断面的形式体现在 DTS 图样中，如图 9-8 所示。DTS 是开发阶段整车外观配合的设计要求，也是制造阶段整车外观尺寸的出厂标准。

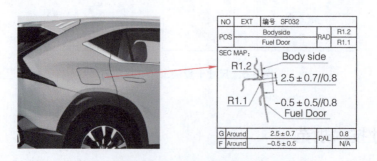

图 9-8　DTS 图样示例（侧围与加油口盖）

1. 间隙

间隙是两个具有装配关系的零件之间形成的缝隙宽度的尺寸，使用符号"G"表示。如图 9-9 所示，侧围与加油口盖定义间隙为 2.5mm。

2. 面差

面差是两个具有装配关系的零件之间形成的阶梯的高度差，使用符号"F"表示。如图 9-9 所示，侧围与加油口盖定义面差为 -0.5mm。

3. 平行差

平行差是指相互配合的零件之间在某一区域形成的间隙或面差的最大值与最小值之差，使用符号"P"表示。平行差分为间隙平行差和面差平行差，反映了零件之间配合的均匀程度。如图 9-9 所示，侧围与加油口盖间隙和面差的平行差要求均为 0.8mm。

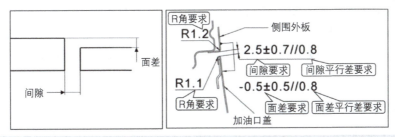

图 9-9　DTS 图样示例

4. 对称差

对称差是指相互配合且左右对称的零件之间，在某一区域内形成的间隙或面差的左右两侧的差值，使用符号"S"表示。对称差反映了零件配合缝隙左右两侧的差异，对称差越小，外观视觉效果越好。如图 9-10 所示，加油口盖前端与后端的对称差为 1.0mm。

5. R 角

R 角是零件边缘的圆弧特征，其大小影响外观视觉间隙效果，使用符号"R"表示。DTS 包含零件 R 角的设计要求，但是应在制造工艺能实现的基础上制定该要求。

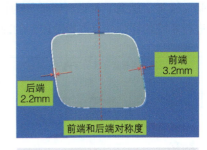

图 9-10　对称差

9.2.3　DTS 设计校核及公差分配

1. DTS 设计校核

DTS 完成初版设计后，还要随着车身结构设计的完善、工艺方案的提升而调整和优化，并通过尺寸链校核的方法，确保 DTS 公差设计的合理性。DTS 设计校核流程如图 9-11 所示。

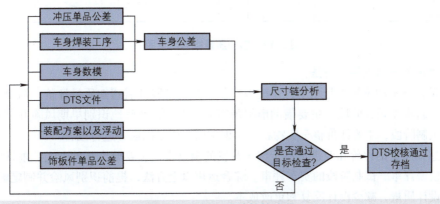

图 9-11　DTS 设计校核流程

2. DTS 公差分配

公差分配是指在确定了 DTS 公差、定位设计和装配方案以后，进行零件公差的设计。公差分配的原则是优先采用该产品的通用公差，通用公差代表了行业内该产品的工艺水平，通用公差的应用能够节约制造成本；其次，在满足功能前提下，公差要求越小越好，公差类型越简单越好，测量越容易越好；再有，公差的分配使用统计法，通常按照 $\pm 3\sigma$ 来进行，可以在满足 DTS 要求的前提下降低零件的公差要求，同时避免零件的制造成本过高。

3. DTS 设计的注意事项

1）充分评估零件在开启和关闭过程中的极限状态，避免出现因干涉导致的异响问题，确保 DTS 设计间隙满足要求。

2）需要考虑温度、湿度对塑性材料形态和尺寸的影响，如塑料前翼子板在涂装车间烘烤过程中的变形。

9.2.4 整车尺寸感知质量及评价方法

DTS 规定了零件之间的配合设计要求，对汽车产品的外观感知质量产生直接影响。如何在汽车设计开发阶段提升尺寸感知质量呢？

1. 感知质量

感知质量（Perceptual Quality，PQ）包含动态感知和静态感知，尺寸工程主要与静态感知相关。静态感知是指通过市场调研和对 benchmark 的系统研究获取相关信息，以人体的感官体验（视觉、触觉、嗅觉、听觉）为评价维度，并站在顾客的角度对产品的设计品质和制造品质进行系统的评价并且进行阶段性的改善，从而提升整车的感知质量水平，如图 9-12 所示。

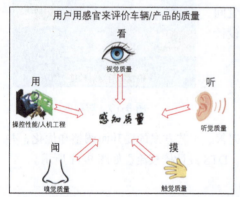
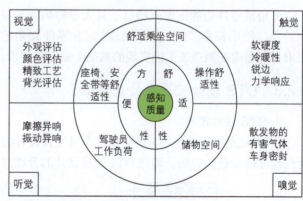

图 9-12 感知质量概念示意图

2. 尺寸感知质量的评价方法

为了量化整车的感知质量水平，系统地在整车开发阶段开展感知质量评价，需要分析尺寸感知质量。新车型设计阶段，主要借助虚拟现实分析工具，准确地识别早期风险并制定解决方案。整车试制阶段，主要评价整车实物状态，识别感知质量问题并进行改善。

尺寸感知质量的评价和改进贯穿于整车开发的全过程，主要分为几种方式：前期实物虚拟评审、体模型评审，试制阶段的实车评审。综合运用以上方法，提前识别风险并制定解决方案，全面提高设计质量，减少设计反复和更改成本。

9.3 尺寸定位策略

汽车的制造过程是将大量零件加工并按一定顺序装配的过程。在每一过程中，使零件保持合理的位置，是保证加工或装配合格的关键。零件的定位设计，就是综合考虑零件结构、工序内容、重力影响等因素，制定零件在加工和装配过程中的定位方案，从而确保零件具有合理的位置。定位设计是尺寸工程的主要工作内容之一。

9.3.1 尺寸定位系统

尺寸定位系统是一套用于确保零部件尺寸和位置符合设计要求的方法和工具，涉及关键尺寸特征、基准面和基准点、测量和检验方法。尺寸定位系统的作用是保证汽车整体尺寸一致性、生产可靠性、零件互换性和产品质量，最终满足汽车生产过程中的尺寸控制和质量管理要求。尺寸定位系统有以下规则。

1. 车身坐标系

为了表达车身各零部件的位置和方向，汽车行业定义了车身坐标系，包括坐标系的原点（一般以车辆前轴中心位置作为坐标系原点）、坐标轴的方向，如图9-13所示。车身坐标系规定了车身结构的空间位置关系，这也是建立尺寸定位系统的前提条件。

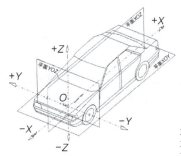

车身前后为X向，向后为$+X$方向，向前为$-X$方向
车身左右为Y向，向右为$+Y$方向，向左为$-Y$方向
车身上下为Z向，向上为$+Z$方向，向下为$-Z$方向

图 9-13 车身坐标系

2. 六点定位原则

一个零件有6个自由度，3个移动自由度（沿$X/Y/Z$方向）和3个旋转自由度（绕$X/Y/Z$轴），如图9-14所示。按照六点定位原则，零件全部自由度被限制至少需要6个定位点。例如，将3个定位点设置在Z方向，限制Z向移动和绕X/Y轴旋转自由度；2个定位点设置在Y方向，限制Y向移动和绕Z轴旋转自由度；1个定位点在X方向，限制X向移动自由度，如图9-15所示。

在实际应用中，由于零件的大小、形状等差异，需要增加定位点数量来保证定位稳定性，形成过约束，如N-2-1等。

3. 坐标平行原则

定位面应尽量选择在与车身坐标系平行或垂直的平面上。遵循坐标平行原则的目的在于：零件在定位面发生的偏差只会引起零件在车身坐标方向上的平移，而不会引起零件的旋转，从而避免在焊接与检测过程中出现其他方向的偏差，使零件的焊接与检测得以正确进行。

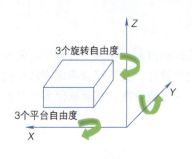

图 9-14 零件的自由度

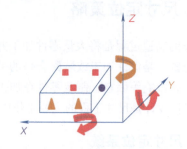

图 9-15 六点定位原则

4. 统一性原则

为了减少误差传递，零件的设计基准、冲压过程中的基准、零件检具基准、工装基准及装配基准要保证一致。

9.3.2 RPS 介绍

1. RPS 的定义和作用

RPS 是指定位点系统（Reference Point System）。RPS 规定了从开发到制造、检测、批量装车各环节共同遵循的定位点，确定定位点时应遵循 RPS 的规则：六点定位原则、坐标平行原则、统一性原则。

RPS 是夹具、检具定位设计的依据，RPS 定位信息也是制作 GD&T 图样的前提条件。

2. RPS 的应用案例

根据整车外观 DTS 需求，结合产品结构、制造工艺流程，制定合理的定位方案，并与四大工艺专业（冲压、焊装、涂装、总装）、产品研发、供应商等进行交流探讨，保证定位方案的可行性和合理性。

以加油口盖和侧围间隙为例：

1）明确加油口盖与侧围间隙 DTS 需求：进行对标车调研，了解行业现状，结合工艺制造能力，制定加油口盖与侧围间隙的设计值。

2）侧围总成焊接工艺过程如图 9-16 所示。

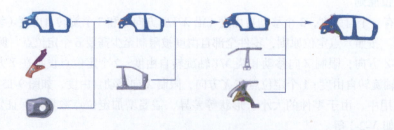

图 9-16 侧围总成焊接工艺过程

3）零件的定位方案。

① 油箱盒定位：根据定位系统规则，制定图 9-17 所示定位方案，其中 3 个定位面限制了 Y 方向移动和绕 X/Z 轴的转动；主定位孔限制了 X/Z 方向移动；副定位孔限制了绕 Y 轴的转动。

② 侧围外板定位：侧围外板为非刚性件，刚度较弱，需要在 3-2-1 原则上拓展为 N-2-1，即在局部增加定位点，以避免定位不稳定。如图 9-18 所示，需要在加油口盖周边区域增加 4 个定位面。

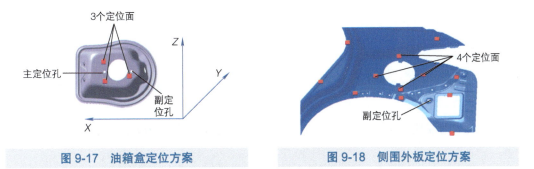

图 9-17　油箱盒定位方案　　　　　图 9-18　侧围外板定位方案

4）加油口盖安装到侧围上，形成加油口盖与侧围的配合间隙，如图 9-19 所示。

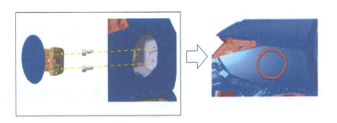

图 9-19　加油口盖装配

5）通过尺寸链校核，确认现有零件精度、工装精度及过程变量等条件下的尺寸保证能力。

通过如上的定位方案策划，保证了尺寸目标设定的可行性和合理性，以指导产品的设计、工装的开发和零件匹配调试等工作。

9.3.3　几何公差应用——GD&T 图样

几何尺寸与公差（Geometric Dimensioning and Tolerancing，GD&T）图样是行业普遍使用的图样规范，是表达零件几何尺寸与公差的符号和语言，用于指导零件的设计开发、工装的设计制造、检具的设计开发。GD&T 作为一种面向产品功能的设计语言，最终目标是保证产品的功能。

1. GD&T 图样简介

GD&T 图样包含封面页、更改记录页、装配树页、技术要求页、基准页、特征控制页等，下面主要介绍基准页和特征控制页。

1）基准页：体现零件的定位基准信息。以图 9-20 为例，零件采用 3 个定位面和 2 个定位孔实现定位，同时标注了定位点的位置、定位孔的孔位公差信息；其中 A1~A3 定位 Y 方向，限制了 Y 方向移动和绕 X 轴和 Z 轴的旋转；主基准孔 B 定位 X/Z 方向，限制了 X 方向和 Z 方向的移动；副基准孔 C 定位 Z 方向，限制了绕 Y 轴的旋转。

2）特征控制页：体现零件的控制要素孔、面、线等几何尺寸信息和公差信息，如图 9-21 所示。

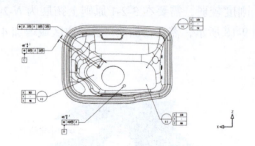

图 9-20　油箱盒 GD&T 基准页

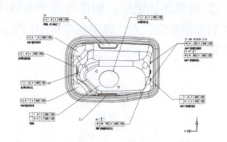

图 9-21　油箱盒 GD&T 特征控制页

3）标注符号说明如图 9-22 所示。GD&T 图样中常见的几何公差要求如图 9-23 所示。

图 9-22　标注符号说明

特征项目	线轮廓度	面轮廓度	位置度	最大实体要求
符号	⌒	⌓	⌖	Ⓜ

图 9-23　常见的几何公差要求

4）公差标注信息详解如图 9-24 所示。

标注图	公差	含义
⌖ φ0Ⓜ A ▼ B	0	定义了以A面为基准的主基准孔B，且B孔满足最大实际条件
⌖ φ0Ⓜ A BⓂ ▼ C	0	定义了以A面、B孔为基准的副基准孔C，且C孔满足最大实际条件
⌖ φ1.0Ⓜ A BⓂ CⓂ	±0.5	表示孔的位置公差为±0.5
⌒ 1.0 A BⓂ CⓂ	±0.5	线的位置公差为±0.5
⌓ 1 A BⓂ CⓂ	±0.5	面的位置公差为±0.5
⌓ 1.0 A BⓂ CⓂ / 0.5 A BⓂ CⓂ	±0.5//0.5	面的位置公差为±0.5，公差最大波动范围不能超过0.5

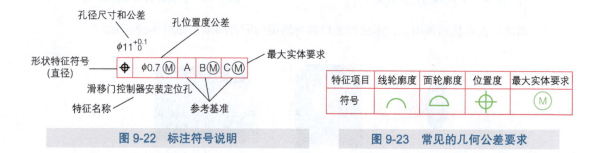

图 9-24　公差标注信息详解

2. GD&T 图样制作流程

1）分析功能：分析产品的装配需求，区分定位与配合面，区分产品的关键功能面等。

2）选定基准：基准一般选择在产品的装配配合定位面，根据产品装配定位的先后次序定出第一、第二和第三基准。

3）制定公差：首先确定公差类型，如孔推荐使用位置度，面推荐使用轮廓度。另外公差值的大小需要通过尺寸链计算来确定。最后加上相应的公差修正因子，从而在满足产品功能的前提下，放大制造公差并方便检测。

9.4 汽车装配尺寸链

汽车制造包含大量的零件装配过程，在装配过程中涉及零件精度、工装设备、人员操作等因素。这些因素会造成误差的累积，使零件装配后的精度进一步发生偏差。为了分析各因素对装配过程的影响，最终保证零件装配后的精度满足设计要求，我们引入了尺寸链计算这一分析方法。

9.4.1 尺寸链基础

1. 尺寸链的定义

在零件加工或机器装配过程中，由互相联系的尺寸按一定顺序首尾相接排列而成的封闭尺寸组叫尺寸链。通过尺寸链分析可以优化零件公差分配，指导工艺、产品设计，在满足顾客需求的前提下简化加工工艺、降低制造成本。

2. 尺寸链的构成

尺寸链是由互相联系的尺寸环构成，可分为封闭环 A_0 和组成环 A_i，组成环又分为增环和减环。

封闭环 A_0：在零件加工或机器装配过程中，最后自然形成（即间接获得或间接保证）的尺寸。

组成环 A_i：一个尺寸链中，除封闭环以外的其他各环，都是"组成环"。在其余组成环不变的情况下，将某一组成环增大，封闭环也随之增大，该组成环即称为"增环"。反之则称为"减环"。

如图 9-25 所示，螺栓实际加工过程中，我们首先会车削出螺栓整体长度 A_1，其次是螺母宽度 A_2，最后攻出螺纹 A_3 的长度，形成螺栓根部非螺纹段宽度 A_0；当车削螺栓整体长度 A_1 偏长时，保持 A_2/A_3 加工尺寸环不变，会发现封闭环 A_0 尺寸也变长，则称 A_1 为增环；当螺纹段 A_3 加工尺寸变长，保持 A_1/A_2 尺寸环不变，发现封闭环 A_0 尺寸变短，则称 A_3 为减环；同理确认 A_2 也为减环。

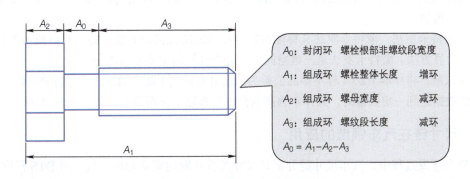

图 9-25 螺栓尺寸链示意图

3. 尺寸链常用计算方法

（1）极值法　极值法也称完全互换法，是从尺寸链各环的极值出发来进行计算的，具备完全互换性，不用考虑实际尺寸的分布情况，装配时对各组成环不挑选、不改变其大小或位置，装入后即能达到封闭环公差要求的尺寸链计算方法。通常应用在影响安全、法规及重要产品性能的尺寸链计算中。

极限尺寸之间的关系（m 为组成环数，n 为增环数）：

$$A_{0\max} = \sum_{i=1}^{n} \vec{A}_{i\max} - \sum_{i=n+1}^{m} \vec{A}_{i\min}$$

$$A_{0\min} = \sum_{i=1}^{n} \vec{A}_{i\min} - \sum_{i=n+1}^{m} \vec{A}_{i\max}$$

即封闭环的上极限尺寸等于所有增环的上极限尺寸之和，减去所有减环的下极限尺寸之和。封闭环的下极限尺寸等于所有增环的下极限尺寸之和，减去所有减环的上极限尺寸之和。

（2）概率法　概率法是以一定置信概率为依据，假设各组成环的实际尺寸的获取彼此无关，即它们都为独立随机变量，各按一定规律分布，因此它们所形成的封闭环也是随机变量，按某一规律分布。按照独立随机变量合成规律，各组成环（各独立随机变量）的标准偏差 σ_i 与封闭环（这些独立随机变量之和）的标准差 σ_0 之间的关系如下：

$$\sigma_0 = \sqrt{\sum_{i=1}^{m} \sigma_i^2}$$

如果各组成环实际尺寸的分布都服从正态分布，则封闭环实际尺寸的分布也服从正态分布。设各组成环尺寸分布中心重合，取置信概率 $P = 99.73\%$，分布范围与公差范围相同，则各组成环公差 A_i 和封闭环公差 A_0 各自与它们的标准差的关系为 $A_i = 6\sigma_i$，$A_0 = 6\sigma_0$，代入上式得

$$A_0 = \sqrt{\sum_{i=1}^{m} A_i^2}$$

即封闭环公差等于各组成环公差的平方之和开根号，该公式是一个统计公差公式，是统计公差公式中的一个特例，是基于各组成环为正态分布的假设前提得出的，这也符合大多数产品对精度管控的实际情况，当然也符合汽车主要零部件管控的实际情况，在产品精度管控中有着广泛的使用价值。

（3）蒙特卡罗法　蒙特卡罗法又称随机抽样技巧或统计试验方法，是一种以概率统计理论为基础的计算方法。蒙特卡罗法是三维空间公差分析计算的主要方法之一。

样本试验：将样本 1/2/3（样本单品公差为正态分布形式）随机抽取一个进行叠高统计计算，当统计的数据达到一定数量时，其样本叠高的公差分布趋于正态分布，如图 9-26 所示。

9.4.2　尺寸链在汽车领域的应用

在整车开发过程中，汽车尺寸链分析是尺寸工程开发的重要分析工具，对 DTS 标准制定、GD&T 图样的基准/公差设计等都起到重要的指导意义，也是串联 DTS 与 GD&T 的重要载体，本节我们主要介绍尺寸链分析在汽车领域的基本应用。

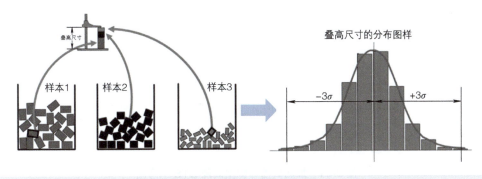

图 9-26　蒙特卡罗法样本试验

1. 应用场景

1）DTS 与 GD&T 关联设计：应用于分析 DTS 标准设定是否合理，现有的 GD&T 公差标准是否支撑整车标准的执行，如图 9-27 和图 9-28 所示。

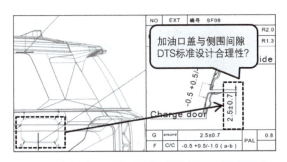

图 9-27　加油口盖与侧围间隙 DTS 说明图

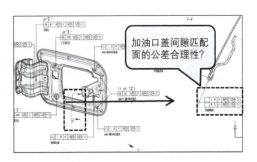

图 9-28　加油口盖与侧围间隙 GD&T 说明图

2）通过性/相邻性分析：孔位的过孔量是否满足安装要求，相邻的零件匹配是否干涉，包边的零件是否漏边，这些都需要尺寸校核进行判断，给出合理的设计匹配值，如图 9-29 和图 9-30 所示。

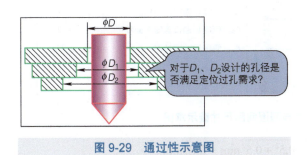

图 9-29　通过性示意图　　　图 9-30　相邻性示意图

3）其他应用场景：用于分析整车设计中关联的安装环境的功能尺寸设计，例如底盘合车的孔位配合、悬架的倾角设计、前端模块定位系统设计等。

2. 案例分析

1）分析实例：加油口盖与侧围 X 向间隙尺寸校核，如图 9-31 所示。

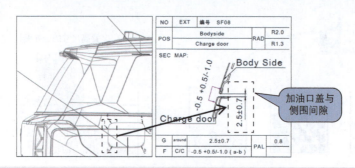

图 9-31 加油口盖与侧围间隙 DTS 示意图

2）分析目的：校核加油口盖与侧围间隙 DTS 标准设计是否能达成。

3）绘制尺寸链分析图：确认各个零件的装配定位关系，绘制尺寸链分析图。

根据 GD&T 图样，确认侧围、加油口盖等装配定位基准点、公差信息，如图 9-32 和图 9-33 所示。

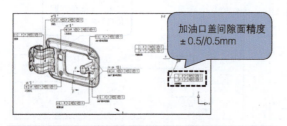

图 9-32 加油口盖 GD&T 示意图

图 9-33 侧围 GD&T 示意图

根据加油口盖装配定位关系，绘制尺寸链分析，如图 9-34 所示。

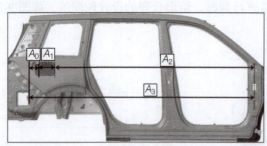

图 9-34 加油口盖与侧围间隙尺寸链示意图

4）应用概率法计算尺寸链：$A_0 = \sqrt{0.5^2 + 0.5^2 + 0.5^2}\,\text{mm} = 0.87\,\text{mm}$。

5）校核结果：尺寸校核结果为 ±0.87mm，DTS 设计为 ±0.7mm，校核判定不通过，需进一步优化定位结构或者重新分配公差。

3. 复杂案例

汽车尺寸链实际应用中，大多数均为尺寸链较长且配合复杂的尺寸结构，需要一定的尺寸专业基础才能准确、有效地绘制出相应的尺寸链环。

例如前门与后门防擦条间隙尺寸链分析,如图9-35所示。

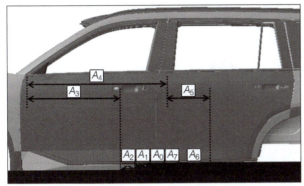

图 9-35 前门与后门防擦条间隙尺寸链示意

应用概率法计算尺寸链:$A_0 = \sqrt{0.35^2 + 0.5^2 + 0.6^2 + 0.2^2 + 0.6^2 + 0.5^2 + 0.35^2}$ mm $= 1.23$ mm。

校核结果:尺寸校核结果为 ±1.23mm,DTS 设计为 ±1.3mm,校核判定通过。

9.4.3 三维公差仿真分析技术

传统的二维尺寸链校核无法对空间分布较立体的装配体进行有效的计算,也无法针对各个尺寸环影响的权重进行敏感度分析,具有较大的局限性。尺寸三维仿真分析是基于蒙特卡罗原理的一种计算机分析技术,可以将尺寸链环中各个零部件的尺寸偏差贡献量、敏感度因子、公差正态分布图等尺寸需求关键信息可视化地展现出来,大大提高了尺寸链分析的效率与准确度,目前在汽车整车厂应用相当广泛,主流的分析软件有 3DCS/VSA 等。

视频9-3
三维公差
仿真分析

1)三维仿真分析尺寸信息的导入:以前后车门面差的分析为例,将 3D 数据导入软件,建立装配结构树,并将相关零件的 GD&T 公差信息输入,建立前后门的分析测量要素,如图 9-36 所示。

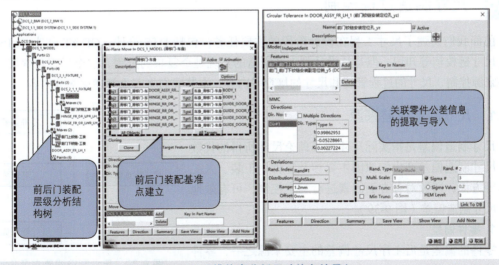

图 9-36 三维仿真分析尺寸信息的导入

2)分析结果:包含公差带、超差率、6σ 等关键信息,以及排名靠前的几何贡献因子、敏感度因子,如图 9-37 和图 9-38 所示。

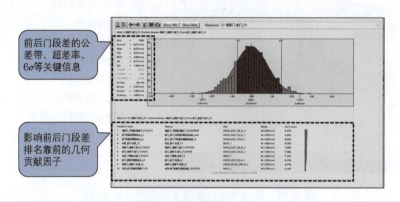

图 9-37　分析结果输出(一)

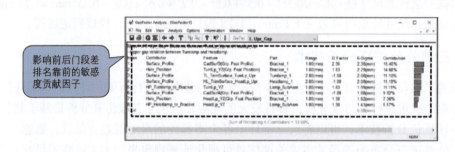

图 9-38　分析结果输出(二)

3)展望:三维尺寸分析软件还将结合数字化管理系统平台,导入实测数据进行分析,给出改善建议,并更直观地提供动态图、关键精度要素等立体化信息,指导整车课题的优化。

9.5　尺寸制造过程控制

前面我们简述了尺寸工程在设计阶段的主要任务,包括 DTS 设计、GD&T 设计、RPS 设计及尺寸链校核等知识,但是从设计到工艺制造的实现是个复杂的过程,这个过程包含尺寸的偏差来源控制、尺寸的过程管控和尺寸的培育等内容,本节我们将着重简述这部分内容。

9.5.1　尺寸制造偏差来源

尺寸制造偏差是指实际尺寸减其理论尺寸所得的代数差。尺寸制造偏差产生的原因主要涉及零件、工装、人工操作等方面,通过对各方面因素进行综合控制,可有效地减小尺寸制造偏差(图 9-39)。

1. 零件偏差

零件的偏差是后工序尺寸偏差的主要来源之一,零件加工的精度偏差不可避免,但也需要控制在合理的公差范

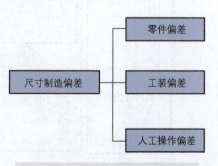

图 9-39　尺寸制造偏差来源分析

围内,减小对后工序的影响。

2. 工装偏差

工装主要包含模具和夹具。

模具直接影响冲压单品零件的尺寸精度。模具的结构设计是否合理、冲压工序排布是否能满足零件尺寸精度要求对零件尺寸偏差控制至关重要。零件的装配孔、装配面和工艺孔的尺寸精度需要严格控制。

夹具直接影响后工序零件组装的精度。夹具的作用是保证零件之间的相对位置,减少组装过程中的尺寸偏差。

3. 人工操作偏差

零件的组装需要经过多个工序。从上一工序完成组装后取出,再放入下一工序夹具,在一系列零件搬运、夹具装夹过程中,不可避免地产生零件变形,造成偏差。

汽车制造过程中的尺寸制造偏差有其内在的规律,要保证良好的精度水平,在整个制造过程都必须对尺寸制造偏差来源进行综合控制。采用先进的设备测量监控和制定完善的尺寸制造偏差控制计划,能提高汽车制造的尺寸精度水平。

9.5.2 尺寸精度管理

尺寸精度管理是一项涉及多个专业领域联动的复杂工作,尺寸工程师需要联合冲压工艺、焊装工艺、涂装工艺、总装工艺以及产品设计部门、质量部门等相关人员开展验证和匹配工作。这个过程主要包含以下三方面工作:①零部件精度管理;②工装精度管理;③尺寸匹配。

1. 零部件精度管理

合格的零部件是生产合格的整车的基础,在尺寸领域也同样如此。判断零部件是否合格,除了基础的合格率以外,过程能力指数 $C_P(C_{PK})$ 和 $P_P(P_{PK})$ 也是重要判断依据之一。零部件尺寸精度管理的具体流程如图 9-40 所示。

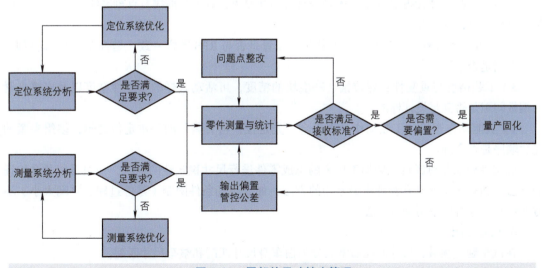

图 9-40 零部件尺寸精度管理

零部件定位系统分析和测量系统分析是对零部件的尺寸精度进行有效测量和统计的前提,主要是为了保证零部件检具的定位、功能以及精度满足实际的使用需求。

确认定位及测量系统满足设计需求后，就可以开始进行零部件样品的测量与统计了。将准备好的样品零部件放在专用的检具上（图9-41），通过定位销和夹持压头定位并固定好以后，利用检具自带的检测销、模块和间隙尺等辅助工具测量得到零件样品各位置的尺寸数据，并记录在专用的检查表格上。对于在测量中发现偏差超出图纸公差要求的并且对整车尺寸达成、功能实现有影响的位置，应当要求零部件供应商做出相应的整改对策。必要时，也会根据整车尺寸需求对零部件部分尺寸公差进行偏置调整。

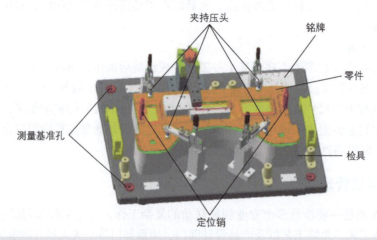

图 9-41 零部件检具

2. 工装精度管理

工装精度管理包括符合性确认和稳定性确认。

符合性确认是指是针对供应商开发的工装或夹具是否满足图样和技术开发要求进行确认，并对不符合项提出整改需求，直至满足图样及标准要求。主要项目有：

1）测量基准：BASE 整体平面度是否符合图样要求，有无基准槽及百刻度线，有无基准孔，位置合理性及铭牌情况。

2）RPS 一致性检查：定位式样的数量、位置是否与 RPS 图样一致，是否 $X/Y/Z$ 三向可调，调整空间是否足够。

3）工装精度与重复性：定位销、基准块的精度，可活动式样的重复性精度以及支撑夹紧的钢板间隙是否满足设计标准。

4）机能动作逻辑：工装动作是否符合"先定位，再夹紧"的基本定位逻辑，多组夹紧的先后顺序是否合理。

稳定性确认是对经过工装加工出来的总成零件进行尺寸稳定性的确认，一般采用共孔验证的方法。钻孔确认是共孔验证中最常用的方法，如受现场条件限制（零件过硬、空间太小）不方便钻孔，也可以采用画线方法。

3. 尺寸匹配

在汽车制造领域，尺寸匹配通常又分为白车身尺寸匹配和整车尺寸匹配。

白车身尺寸匹配的主要目的是提高白车身尺寸精度的整体合格率及稳定性，是整车尺寸达成、功能实现的基础。白车身尺寸精度目标的实现并非一蹴而就，需要在前期设计时根据最终要达成的目标，分解为各阶段分步达成的指标。白车身尺寸匹配的主要流程如图9-42所示。

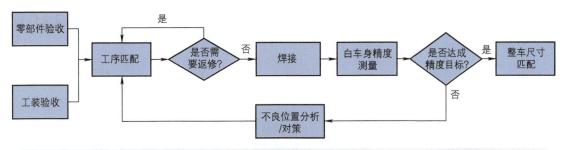

图 9-42　白车身尺寸匹配流程

制造的白车身阶段性地达成了尺寸精度目标并不代表能够一直稳定地生产。在进行白车身尺寸匹配的过程中还应建立完善的过程监控体系，以保证量产部门能够及时地发现生产过程中影响白车身尺寸精度的变化点并加以改善，才能保证生产的每一台白车身都是合格的产品。

白车身尺寸匹配主要针对焊装车间生产的白车身进行，其中大部分尺寸偏差在此阶段已经固化，但是仍有部分区域的尺寸精度会在经过涂装和总装加工后发生变化（主要集中在开闭件区域）。找出这些精度变化的来源并加以分析和应对，是整车尺寸匹配的重要内容。内外饰零件的尺寸匹配和整车 DTS 目标的达成，也是整车尺寸匹配的主要工作。整车尺寸匹配的两种常用方法是综合检具（CUBING）匹配和白车身仪装匹配。

综合检具（CUBING）又可以称为功能主模型，是用铝或树脂材料，依据产品模型 1:1 制作的检具，主要用于内外饰件和外覆盖件的匹配和评价（图 9-43）。根据零件在综合检具上的匹配效果，不仅可以发现其尺寸精度不良，更可以发现产品设计的缺陷和不足并提供更改的依据。由于综合检具有助于缩短产品开发周期、保证产品质量，目前已在许多企业中得到应用。

白车身仪装匹配则是将内外饰零件和白

图 9-43　综合检具

车身进行试装，尝试提前发现实车装配可能出现的问题，并制定对策以提前应对，减少返修时间和返修成本。

下面以加油口盖的尺寸匹配流程为例：

1）利用零件检具以及综合检具检测加油口盖精度，并确认白车身上加油口盖的安装点及配合面精度。

2）在焊装出车之前进行白车身仪装，初步确认加油口盖配合情况。

3）在车辆经过涂装加工后，总装安装锁舌等零件之前再次确认加油口盖配合情况，验证涂装工序变量。

4）整车下线后测量记录加油口盖配合间隙/面差，确认是否满足 DTS 要求，对于不良位置分析原因并制定对策。

9.5.3　尺寸测量文件

尺寸测量文件用于规范整车、白车身总成及相关零部件质量控制过程中的测量点等要素，是生产管理过程中质量监控的重要文件。测量文件主要依据装配层级来制定。主要测量文件如图 9-44 所示。

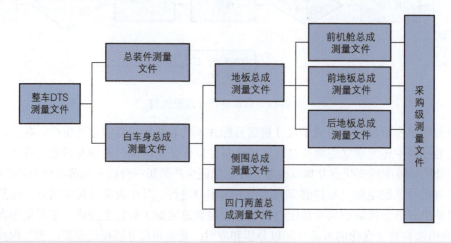

图 9-44　尺寸测量文件分类

下面以白车身总成测量文件为例，它是根据 GD&T 相关要求而制定的文件，用于测量和评价白车身精度。白车身总成测量文件包含测量基准定义、工序孔测量、功能孔测量、断面点测量。

1. 测量基准定义

测量基准定义用于明确白车身测量时基准建立的要求，坐标建立的准确性直接影响要素测量准确性（图 9-45）。

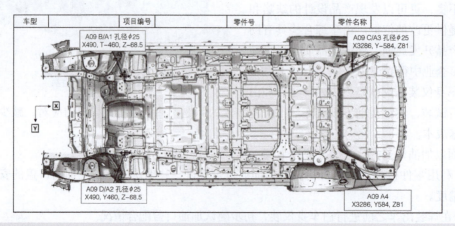

图 9-45　白车身测量基准定义

2. 工序孔测量

工序孔是指在零件各工序焊接过程中用于定位的孔，分内作工序孔和外作工序孔。测量工序孔精度能直接反映车身焊接过程的精度变化趋势（图 9-46）。

3. 功能孔测量

功能孔是指后工序用于内外饰安装装配等的孔，对功能孔的精度进行监控与提升，可确保满足后工序的使用需求（图 9-47）。

第9章 尺寸工程

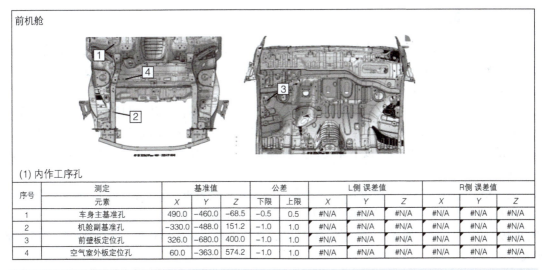

(1) 内作工序孔

序号	测定元素	基准值 X	基准值 Y	基准值 Z	公差 下限	公差 上限	L侧 误差值 X	L侧 误差值 Y	L侧 误差值 Z	R侧 误差值 X	R侧 误差值 Y	R侧 误差值 Z
1	车身主基准孔	490.0	-460.0	-68.5	-0.5	0.5	#N/A	#N/A	#N/A	#N/A	#N/A	#N/A
2	机舱副基准孔	-330.0	-488.0	151.2	-1.0	1.0	#N/A	#N/A	#N/A	#N/A	#N/A	#N/A
3	前壁板定位孔	326.0	-680.0	400.0	-1.0	1.0	#N/A	#N/A	#N/A	#N/A	#N/A	#N/A
4	空气室外板定位孔	60.0	-363.0	574.2	-1.0	1.0	#N/A	#N/A	#N/A	#N/A	#N/A	#N/A

图 9-46 工序孔测量

一、前围环境

(1) 前减振器和副车架

序号	测定元素	基准值 X	基准值 Y	基准值 Z	公差 下限	公差 上限	L侧 误差值 X	L侧 误差值 Y	L侧 误差值 Z	R侧 误差值 X	R侧 误差值 Y	R侧 误差值 Z
1	减振器安装孔1	17.85	-582.43	606.28	-1.0	1.0						
2	减振器安装孔2	75.71	-680.96	609.81	-1.0	1.0						
3	减振器安装孔3	131.18	-582.73	591.31	-1.0	1.0						
4	前副车架安装孔1	-495	-563	-15.2	-1.0	1.0						
5	前副车架安装孔2	51	-462	102	-1.0	1.0						
6	前副车架安装孔3	301.5	-444	-39.5	-1.0	1.0						
7	前副车架安装孔4	425	-314	-62.5	-1.0	1.0						
8	前副车架安装孔5	555	-439	-68	-1.0	1.0						

图 9-47 功能孔测量

4. 断面点测量

断面点是指后工序有配合需求的面,包含面差点和间隙点(图 9-48)。

示意图	序号	测定元素	基准值 X	基准值 Y	基准值 Z	公差 下限	公差 上限	L侧 误差值 X	L侧 误差值 Y	L侧 误差值 Z	R侧 误差值 X	R侧 误差值 Y	R侧 误差值 Z
(1) 前风窗、A柱饰板匹配面	1	前风窗配合面_S1	911.67	-123.88	1268.7	-1.2	1.2	#N/A	#N/A	#N/A	#N/A	#N/A	#N/A
	2	前风窗配合面_S2	928.23	-370.63	1262.6	-1.2	1.2	#N/A	#N/A	#N/A	#N/A	#N/A	#N/A
	3	前风窗配合面_S3	959.01	-586.66	1249.7	-1.2	1.2	#N/A	#N/A	#N/A	#N/A	#N/A	#N/A
	4	前风窗配合面_S4	935.07	-659.9	1228.2	-1.2	1.2	#N/A	#N/A	#N/A	#N/A	#N/A	#N/A
	5	前风窗配合面_S5	844.41	-675.78	1188.7	-1.2	1.2	#N/A	#N/A	#N/A	#N/A	#N/A	#N/A
	6	前风窗配合面_S6	504.03	-719.17	1020.9	-1.2	1.2	#N/A	#N/A	#N/A	#N/A	#N/A	#N/A
	7	前风窗配合面_S7	247.62	-744.37	882.57	-1.2	1.2	#N/A	#N/A	#N/A	#N/A	#N/A	#N/A
	8	前风窗配合面_S8	49.702	-622.99	800.6	-1.2	1.2	#N/A	#N/A	#N/A	#N/A	#N/A	#N/A
	9	前风窗配合面_S9	-23.043	-351.37	799.13	-1.2	1.2	#N/A	#N/A	#N/A	#N/A	#N/A	#N/A
	10	前风窗配合面_S10	-56.703	-78.644	797.03	-1.0	1.0	#N/A	#N/A	#N/A	#N/A	#N/A	#N/A
	1	前风窗间隙配合面_G1	922.84	-123.74	1278.9	-1.0	1.0	#N/A	#N/A	#N/A	#N/A	#N/A	#N/A
	2	前风窗间隙配合面_G2	939.32	-369.69	1272.8	-1.0	1.0	#N/A	#N/A	#N/A	#N/A	#N/A	#N/A
	3	前风窗间隙配合面_G3	970.2	-584.58	1260.2	-1.0	1.0	#N/A	#N/A	#N/A	#N/A	#N/A	#N/A
	4	前风窗间隙配合面_G4	945.06	-676.01	1237	-1.0	1.0	#N/A	#N/A	#N/A	#N/A	#N/A	#N/A
	5	前风窗间隙配合面_G5	843.56	-692.66	1193.2	-1.0	1.0	#N/A	#N/A	#N/A	#N/A	#N/A	#N/A
	6	前风窗间隙配合面_G6	505.76	-736.08	1026.9	-1.0	1.0	#N/A	#N/A	#N/A	#N/A	#N/A	#N/A
	7	前风窗间隙配合面_G7	247.41	-763.58	891.08	-1.0	1.0	#N/A	#N/A	#N/A	#N/A	#N/A	#N/A

图 9-48 断面点测量

9.5.4 尺寸测量方法

尺寸测量是质量监控体系中的重要环节，没有测量监控手段就无法输出相关测量数据，也无法判断整个制造过程中的质量情况。汽车行业尺寸测量主要分为离线测量和在线测量。

1. 离线测量

所谓离线测量是指测量仪器测量过程与生产线生产节拍不相关联，测量设备主要安装在实验室或者可移动台车上，主要用于常规定期精度监控测量或者临时的紧急测量，测量项目较全面，测量点较多。最常用的有以下4类，分别为检具测量、双悬臂测量、关节臂测量、激光跟踪仪测量。

（1）检具测量　检具是根据产品的特点、形状和检测要求而设计制造的一种专用检测工具，常与间隙尺、面差尺等量具配合使用，为目前汽车行业使用最多也是最传统的测量方式（图9-49）。检具一般放置于生产线旁，对环境的要求较低，温度、湿度、振动对检具使用影响不大。

视频9-4
测量方法

图9-49　检具测量

（2）双悬臂测量　双悬臂测量机（图9-50）应用广泛，涉及从车身研发、夹具检测、冲压件测量、焊装及白车身测量，直至商品车测量的整个车身生产工艺的各个测量环节，同时也适用于车身内外饰零件、工装检具、模具等各类型工件的测量，是一种通用高精度测量设备。测量设备对温度、湿度、振动都有明确的要求，需放置在恒温恒湿和进行振动隔离的专用实验室。

图9-50　双悬臂测量

（3）关节臂测量　关节臂测量仪（图9-51）是一种新型的通用测量设备，可以对工件进行三维检测，有接触式和光扫描两种测量方式。它的优势是携带方便、对温度及工作环境要求低、移动性强、检测速度快、测量精度高,常用于车间现场测量,测量设备在常温常湿环境下就可以使用,劣势是测量范围相对有限。

图 9-51　关节臂测量仪

(4)激光跟踪仪测量　激光跟踪仪(图 9-52)是一种通用大尺寸空间几何精密测量仪器,具有测量功能多(三维坐标、尺寸、形状、位置、姿态、动态运动参数等)、测量精度高、测量速度快、量程大、可现场测量等特点。测量设备在常温常湿环境下可正常使用。

图 9-52　激光跟踪仪

2. 在线测量

在线测量(图 9-53)技术是一种新兴的先进测量技术,测量仪器安装在生产线线体中,测量节拍与生产线节拍关联,主要用于影响机能类重要管控点的测量,由于需与生产线节拍关联,测量点相对较少。测量方式多采用激光类非接触式扫描测量,受测量环境温度湿度影响较小,对振动有要求,所以安装在生产线边时会进行振动隔离。

图 9-53　在线测量

总之，尺寸测量主要用于监控汽车全生产过程中的尺寸精度水平，生产全过程各环节需进行全面的尺寸测量规划用于监控精度品质，保证不良品不流出。

9.5.5 尺寸数据管理

尺寸数据管理是一个全过程闭环流程，主要任务是对冲压单品零件、总成零件、白车身、整车等尺寸精度数据进行管理和监控，实现趋势预警，智能识别异常隐患，提前应对解决，减少不良风险和市场投诉。

尺寸数据管理分为 4 个步骤：数据采集、数据储存、数据分析、数据交付，如图 9-54 所示。

图 9-54 尺寸数据管理系统

1）数据采集：主要采用检具、手持式三坐标、激光跟踪仪、双悬臂等测量方式。根据尺寸开发前期测量控制计划，收集冲压单品、分总成、总成的测量数据。

2）数据储存：对多样化测量设备输出的多种测量数据格式进行自动收集分类，并储存于统一平台。

3）数据分析：对测点及测量数据与数据平台进行集成管理，实现上下游数据的互联互通，对数据进行合并、计算、拆分、关联，实现数据的深度关联分析，及时解决生产中质量问题。

4）数据交付：通过平台设计数据获取角色权限，实时输出数据分析结果并输送给相关人员，对现场质量问题及时警告通知，为问题解决提供决策依据。

目前，尺寸数据的采集多采用人工测量和自动化测量相结合的方式，数据的储存还未能完全实现同一平台管理，数据的分析也处于人工分析与虚拟分析相结合阶段，数据的交付还处于研究与实践验证阶段。随着计算机水平、人工智能水平的不断发展，未来的尺寸数据管理将更完善、更高效、更智能，数据采集的全自动化、大数据中心建设、数据智能分析与交付将是未来趋势。

9.6 尺寸同步工程

9.6.1 尺寸同步工程内容

在汽车制造阶段开展尺寸工程相关工作，可以控制零件和车身的制造偏差，保证汽车产品的制造精度，使其质量水平、外观精致性、安全性和功能性满足要求。但是，仅在制造阶段开展尺寸工程工作，无法规避尺寸设计类问题、减少设计不合理对制造的影响，所以在汽车设计开发阶段需引入尺寸同步工程，以保证尺寸前期设计的合理性。

尺寸同步工程是在汽车设计开发阶段，系统考虑造型设计、功能需求、产品结构、工艺流程等因素，对制造阶段可能存在的尺寸风险提前分析的一种方法。通过优化造型分缝、零件结构、工艺路线等，确保在工艺设计和制造阶段整车尺寸风险可控，将风险消除在早期设计阶段，从而缩短车型开发周期、提高产品开发质量、降低开发成本。

尺寸同步工程具有并行性、系统性及协调性三个特点。并行性是指从造型设计阶段开始就需要尺寸专业进行同步工程分析，提前预测工业化阶段的尺寸保证能力，降低开发风险；系统性是指综合各方面因素，包括尺寸技术规范（DTS）的达成、关键零件的供应商制造能力、装配工装的定位方案、工艺流程的影响等因素，系统地考虑设计方案；协调性是指各专业人员在开发阶段需要经常交流，相互协调，保持信息共享，以便获得最佳的设计方案。

尺寸同步工程在汽车设计开发过程中的工作内容如图 9-55 所示。

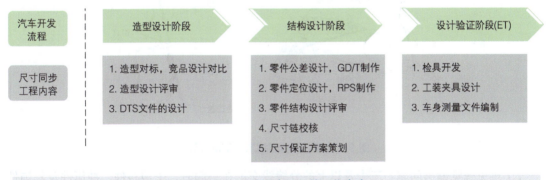

图 9-55 尺寸同步工程的工作内容

9.6.2 同步工程实施

尺寸同步工程应用在汽车设计开发全过程，从造型设计阶段到结构设计阶段，最后到设计验证（ET）阶段。尺寸同步工程主要应用在造型设计、结构设计、工艺设计三个方面。

1. 造型设计中尺寸同步工程的应用

在汽车造型设计阶段开展尺寸同步工程工作，主要以造型分缝和外观缺陷为研究对象，评估造型分缝的工程实现能力、外观特征的实物表现，从而在早期造型阶段就充分识别可能因工艺能力、制造能力造成的感知质量问题。

（1）造型分缝的优化　造型分缝是指构成同一种外观表面处理效果的造型面的各个零件因性能属性、工艺属性、材料属性以及运动关系等因素影响必须进行分割成独立个体而产生的分割线。尺寸同步工程对造型分缝的研究，主要基于感知质量和制造能力的要求，论证造型分缝的视觉效果，评估分缝设计的工艺实现性，从而规避实车可能发生的感知缺陷。

例如某车型的加油口盖分缝，应选择在外观较为平整的区域，避开车身上的造型线，从而降低实车的制造难度，零件之间的匹配要求也更容易保证（图9-56）。

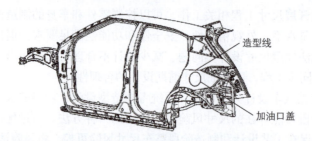

图9-56　加油口盖分缝避开车身造型线

（2）造型缺陷的改善　造型缺陷是指站在顾客角度所识别到的由造型分缝设计、DTS设计、制造工艺等因素表现出的感知质量问题。

1）避免视觉间隙过大。如某车型侧围与加油口盖视觉间隙较大，存在明显的沟壑感，感知质量差。侧围R角设计为2.2mm，加油口盖R角为2.0mm（图9-57）。根据零件成形能力，侧围和加油口盖R角均减小到1.5mm，可以使视觉间隙明显减小。

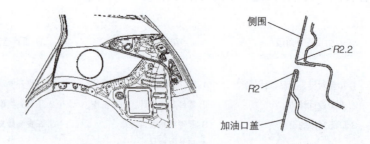

图9-57　侧围与加油口盖R角设计

2）避免视觉漏洞问题。三个及以上的分缝线交汇在一起时，受塑料件、冲压件及外饰件的圆角工艺限制及彼此配合间隙等影响，很容易出现视觉漏洞问题。视觉漏洞导致内部结构可视，影响视觉精致性。如某车型侧围、后保险杠、尾灯零件交汇处受零件成形工艺影响，存在漏洞问题（图9-58）。

 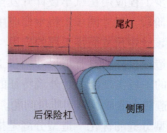

图9-58　视觉漏洞问题

当出现视觉漏洞问题时,可以通过减小 DTS 间隙值、调整零件夹角、减小零件圆角、增加胶条遮挡等方法来优化。

2. 车身结构设计中尺寸同步工程的应用

在车身结构设计阶段开展尺寸同步工程,主要在于减少由结构设计造成的误差累积。车身结构设计的优化主要从尺寸链、零件匹配面、零件间的避让关系等几个方面开展。

(1)尺寸链的优化 车身结构设计时需要尽量减少尺寸链,尺寸链过长会引起过多的误差累积。钣金件之间的连接方式有对接、搭接两种(图 9-59)。其中对接方式会使零件误差完全累积,应当尽量避免;搭接结构可以吸收零件误差,是推荐的连接方式。

图 9-59　钣金件之间的连接方式

(2)零件匹配面的优化 零件之间的匹配是尺寸偏差传递的过程,在零件结构设计过程中,通过优化匹配面的形式减少偏差的产生。

1)匹配面尽量是平面。匹配面如果是曲面,易发生干涉,匹配难度增加;如果是平面,则可以减少匹配过程中的干涉,同时平面的成形也优于曲面。

2)减少匹配面的面积。在满足产品性能的前提下,可以通过减小匹配面的面积,减少因零件偏差引起的匹配问题。同时,减小匹配面也使零件易于制造,降低成本(图 9-60)。

图 9-60　零件之间的匹配面面积减小

(3)零件间的避让关系优化 产品设计过程中的过孔量、零件间的避让量等直接影响车身的尺寸控制。合理的避让量可以避免制造过程中的零件干涉、错孔等问题,降低制造难度,减少不必要的后期整改。

1)相邻零件切边的距离应大于 3mm,如图 9-61a 所示。

2)切边与相邻面、凸台 R 角的距离应大于 3mm,如图 9-61b 所示。

3)切边与相邻孔的距离应大于 3mm,如图 9-61c 所示。

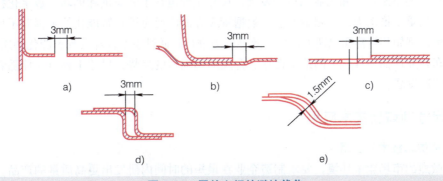

图 9-61　零件之间的避让优化

4）两零件为同一焊接层次，零件面的距离应大于 3mm，如图 9-61d 所示。

5）零件在 R 角配合处距离应大于 1.5mm，如图 9-61e 所示。

3. 工艺设计中尺寸同步工程的应用

汽车设计开发阶段，冲压、焊装、涂装、总装四大工艺均需开展同步工程。尺寸同步工程主要从工艺流程、夹具定位等方面分析尺寸控制优化的方法。

（1）工艺流程优化　车身精度控制不仅与零件结构相关，同时也受工艺流程设计的影响。工艺流程设计直接影响尺寸链，使得误差的累积存在差异。从车身精度控制的角度考虑，焊接工艺路线优化的一般要求是先焊对接，再焊搭接，让误差累积在搭接焊接的时候消除掉。

（2）夹具定位优化　车身的焊接精度主要由夹具保证，夹具定位基准的选择影响零件的误差累积，进而影响整个白车身的精度，夹具定位基准的选择要遵循以下原则。

1）优先选择平面作为定位孔所在基准面，尽量避免在曲面上设置定位。

2）在零件刚性较高的区域设置定位，确保定位的可靠性。

3）设计零件的定位孔时，一般情况下需开设两个定位孔，而且定位孔间距在整个零件长度的 2/3 以上（图 9-62）。

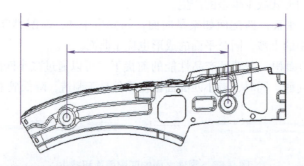

图 9-62　零件定位孔间距要求

9.7 尺寸工程未来发展趋势

9.7.1 尺寸工程的发展趋势

随着科技的不断进步和工业制造的发展，尺寸工程也在不断演进和创新。数字化技术已成为尺寸工程的重要推动力，在测量方法、数据管理方面广泛应用；智能化技术提升了尺寸工程的工作效率，例如几何特征识别可以更高效准确地进行，通过模型计算实现智能化的质量控制。为适应汽车行业产品多样化、制造柔性化、开发周期缩短的趋势，尺寸工程也在伴随着新技术的应用而快速发展。

9.7.2 尺寸领域新技术应用

1. 虚拟仿真技术的应用

当今激烈的市场竞争环境，要求制造企业在最短的时间内研发出更高质量的产品。数字化虚拟仿真技术是一种高效、准确和可靠的分析工具，能有效地提升研发效率，缩短研发时间，提升研发质量。

在汽车开发前期,通过虚拟仿真技术的应用,发现尺寸质量问题,从而降低产品上市的尺寸质量风险,如外观间隙达不到 DTS 设计要求、附件装配困难等。主要应用的虚拟仿真技术为三维公差仿真分析技术,主流的公差仿真分析工具是 3DCS(DCSCompany 的三维公差仿真分析软件)及 VisVSA(西门子的三维公差仿真分析软件)。两种软件均利用蒙特卡罗原理对虚拟的 CAD 零件进行模拟装配,再对它们装配后的总成进行模拟测量,得出多组结果,利用统计学原理对这组数据进行处理,并最终输出模拟结果。

在制造阶段可以通过虚拟匹配技术解决工艺或者设计相关的尺寸问题。例如利用 3DCS 或者 VisVSA 等软件,按照零件定位系统及装配工艺,建立虚拟整车模型。通过在线测量获取零件、白车身等实际偏差数据或者 3D 扫描点云数据,代入虚拟的整车模型中。预测实车装配的效果、合格率等,并给出贡献因子报告,分析偏差产生的原因,制定问题对策方案。对策方案迭代到虚拟匹配模型中,进行实验,最终获取最优的装配结果和调整参数。前后门虚拟匹配流程如图 9-63 所示。

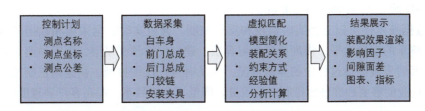

图 9-63 前后门虚拟匹配流程

针对实车匹配难题,可以结合 CAE 技术进行分析。例如门盖的装配受自身重力和密封胶条、限位块等辅件的影响,匹配难度大。利用 CAE 软件(如 ABAQUS、ANSYS),定义零件材质、装配、接触等,按照 RPS 和装配环境定义约束关系,计算出更准确的匹配结果。

2. 先进测量技术的应用

汽车制造过程中,对汽车零部件及整车的关键工艺特征进行尺寸监控,是整车质量的重要保证。如何快速、准确地获取制造尺寸数据,离不开测量技术的发展。

先进的测量技术主要包括光学投影测量技术、激光扫描测量技术和视觉测量技术等。

1)光学投影测量技术利用光学投影仪投射光栅或图案到被测物体上,通过相机系统捕获投影图案的形变,从而测量零件的尺寸和形状。光学投影测量技术可以应用于汽车车门的尺寸检测,通过将光学投影仪投射的图案与车门进行比较,可以检查车门的平直度、曲率,以确保其外观质量和装配性能。

2)三维激光扫描测量技术使用激光扫描仪对汽车零部件进行非接触式的三维测量。它能够快速获取零件的形状和尺寸数据,并生成点云或三维模型,与设计数据进行几何分析和比对,以确保车身尺寸和曲率的精确度。

3)视觉测量技术利用相机系统和图像处理算法对汽车零部件进行测量。通过图像分析和特征提取,可以测量零件的尺寸、角度和位置。

这些先进的测量技术与工业机器人、控制系统、自动校准系统、数据处理和分析系统集成,实现自动测量和在线测量等应用。针对汽车行业零部件生产、车身组装等环节的质量需求,具有实时监控功能的在线机器视觉检测技术逐渐在主流汽车生产厂家得到应用,并取得了良好的效果，从而实现高效、精准、实时的生产质量监控，满足汽车制造智能化、柔性化的需求。

3. 大数据平台技术的应用

随着数字化时代的到来，大数据已经成为各行各业中不可或缺的一部分。大数据分析主要是对大数据进行彻底评估并从中提取有效信息的过程。大数据分析提供了关键的数据，能够揭示潜在的问题和改进机会，从而促进创新和持续改进。大数据在尺寸工程领域中的运用正日益受到广泛关注，为尺寸工程提供了新的机会和挑战。

1）大数据技术可以用于收集和存储大量的尺寸数据。在制造过程中，通过传感器、测量设备等工具，可以实时获取产品的尺寸信息。这些数据可以以结构化或非结构化的形式存储在数据库中，并进行长期存备。大数据技术的高效存储和处理能力使得尺寸工程师能够对历史数据进行分析，以了解制造过程中的变化和趋势。有助于制定更有效的质量控制策略。

2）大数据分析和机器学习算法可以应用于尺寸数据的挖掘和模式识别。通过分析大规模的尺寸数据集，可以发现隐藏在数据中的规律和关联。这些关联和规律可能是人难以察觉的，但对于产品尺寸的控制和优化至关重要。这有助于尺寸工程师理解产品尺寸与各种因素（如工艺参数、材料特性等）之间的相互关系。

3）大数据技术还可以支持实时监控和反馈控制。通过实时数据采集和数据分析，监控当前零部件、整车的质量水平；借助机器学习算法，建立尺寸预测模型，用于预测和控制产品尺寸的变化；及时发现制造过程中的异常情况，并及时进行反馈控制，快速纠正制造过程中的问题，使制造企业能够更加准确地控制产品质量，降低不合格品率，提高客户满意度。

本章小结

本章系统介绍了尺寸工程在汽车行业的应用，阐述了从汽车设计开发阶段到制造环节尺寸工程的工作内容，包含 DTS 设计、定位设计、尺寸链计算、同步工程、制造偏差分析、尺寸测量方法等，这些内容是汽车尺寸工程从业人员必备的知识和技能。在当下国内汽车行业的发展进程中，全面完整地实施尺寸工程各项工作内容，可以有效降低整车开发成本，缩短开发周期，提升产品质量。

尺寸工程已广泛应用在汽车造型设计、产品设计、工艺设计、偏差管理中。随着数字化和智能化技术的发展，尺寸工程也将与这些新技术深度融合，工作效率和数据管理能力等也将得以提升。

练习题

一、选择题

1. 什么是 GD&T？（　　）

A. GD&T 是在图样上精确描述零件的国际语言

B. GD&T 就是尺寸大小公差

C. GD&T 是精确的数学语言，用于描述零件尺寸、性质、方向和位置

D. GD&T 是关于设计和标注零件的设计思路（基于功能的尺寸标注）

2. 下图是全周符号的是（　　）。

A. Ⓜ　　　　　　B. ⊕　　　　　　C. ⌒　　　　　　D. ⌒

3. 本体件与加强件焊接，ABC 的打点顺序怎样才算合理？（　　）

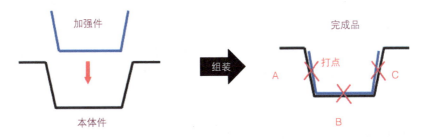

A. A→B→C　　　B. B→A→C　　　C. C→B→A　　　D. 无顺序、都可以

4. 下列关于尺寸链说法错误的是（　　）。

A. 尺寸链由封闭环和组成环构成
B. 尺寸链分为三维尺寸链和二维尺寸链
C. 封闭环是在零件加工或机器装配过程中，最后自然形成的尺寸
D. 尺寸链中可以有多个封闭环

5. 关于基准下列说法错误的是（　　）。

A. 主基准是能够控制零件六个自由度所需的最少的基准
B. 圆销是主销也是主基准，菱形销是副销也是副基准
C. 在基准精度不合格的情况下，可以随意追加副基准
D. 基准设置位置的选取一定要能够使零件绝对稳定且绝对平衡地放置

6. 图示哪种定位孔的位置布置使 A 灯与侧围尖角的匹配更稳定。（　　）

A. A 灯前端定位孔定位在流水槽上

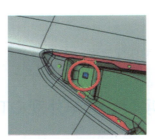

B. A 灯定位孔定位在侧围外板上

7. 车身结构设计时，以下哪种连接方式，可以减少零件偏差的累积？（　　）

  A. ────────　　B. ─┬──┬─

8. 下列几何公差符号表示位置度的是（　　）。

  A. ⊕　　　　B. ⌒　　　　C. ⌢　　　　D. ⌓

9. 几何公差标注 |⊕|1.0|A|B|M|C|M|
                  |0.5|A|B|M|C|M|，其中 0.5 表示的是（　　）。

  A. 上公差　　　B. 下公差　　　C. 极差　　　D. 中值

10. 尺寸同步工程应用在汽车设计开发全过程，主要应用在以下哪几个方面？（　　）

  A. 造型设计　　　B. 结构设计　　　C. 工艺设计

二、填空题

1. 汽车行业建立的尺寸十步法工作流程，其前五步是_____、_____、_____、_____、_____，后五步是_____、_____、_____、_____、_____。
2. 尺寸链的特性有_____、_____。
3. 二维尺寸链的计算方法主要包括_____、_____。
4. 通常所说的产品空间自由度有_____个。
5. 附加符号 Ⓛ 的含义是_____，附加符号 ⌒ 的含义是_____。
6. GD&T 图样中，零件几何公差的要求一般包括_____、_____、_____。
7. 设计零件的定位孔时，一般要求主、副定位孔间距为整个零件长度的_____以上。
8. 零件定位设计需遵循的原则有_____、_____、_____。
9. 尺寸测量方法中，离线测量包括_____、_____、_____。
10. 尺寸精度管理主要包含三方面内容：_____、_____、_____。

三、简答题

1. 什么是尺寸工程？
2. 什么是尺寸链？
3. 简述什么是六点定位原则。
4. 简述尺寸偏差的来源有哪些。
5. 以加油口盖为例，说明其尺寸匹配流程。

综合实践实验项目：实车外观 DTS 测量与评价

目的： 通过测量实车外观 DTS，使学生理解间隙、面差、R 角等概念，同时掌握测量工具的使用方法。测量完成后，制作实车的 DTS 文件，进一步加深对 DTS 内容和要求的理解。

背景说明： DTS 是尺寸工程的核心文件之一，是指导前期造型设计和后期质量控制要求的主要依据。全面理解 DTS 的内容、掌握 DTS 的测量方法是尺寸工程的基本技能。

要求： 学生需完成实车测量、数据记录和整理、DTS 制作和评价三个方面的内容。

1）测量时，需要掌握间隙尺、面差表等工具的使用方法。

2）数据记录和整理：整车外观分前脸、侧脸、后脸三个区域，学生使用 CATIA 等软件制作断面示意图。

3）DTS 文件制作完成后，结合实车进行评价，提出 DTS 可以提升的方面，使学生加深对整车精致性的理解。

拓展阅读

"2mm 工程"的发展及应用

20 世纪 90 年代，美国汽车行业推出了"2mm 工程"来应对日系汽车在美国市场份额的增长。在 20 世纪 70 年代之前，美国三大汽车公司（福特、通用、克莱斯勒）一直占据着美国汽车销售市场份额的 80% 以上。然而，在两次石油危机之后，日系汽车迅速抢占了美国市场，本田、丰田、日产等日系汽车共占据了 18.03% 的市场份额。日系汽车之所以在美国市场上畅销，主要是因为它们具有较小的车身尺寸误差、高质量以及较低的返修率。

为了提高美国汽车的质量，美国汽车行业开展了"2mm 工程"，这个工程已经成为一个系统性工程，并延续至今。该工程的主要目标是将白车身的综合误差指数提高到日系汽车的水平，从而提高整车的质量，重新夺回失去的市场份额。

在"2mm 工程"中，尺寸偏差涉及多个工艺和操作领域。尺寸偏差的累积来自于空间工序、设备磨损和误操作，以及设计水平和装备水平等多个方面。美国汽车行业提出的"2mm 工程"主要关注冲压件尺寸偏差、焊接变形和人工操作等因素。

通过实施"2mm 工程"，美国汽车的质量水平和市场竞争力得以明显提升，追回了失去的市场份额。中国汽车行业也开展了类似于美国的"2mm 工程"，旨在提高汽车质量、减少尺寸误差，从而提升市场竞争力。以下是中国汽车"2mm 工程"的发展及应用情况。

1）发展历程：中国汽车行业在 20 世纪 90 年代开始关注尺寸精度和质量改进，借鉴了美国汽车行业的经验和做法。随着中国汽车市场的快速发展和竞争加剧，对车身质量的要求日益提高，汽车制造商和相关研究机构逐渐开始重视尺寸控制和精度管理。

2）2mm 工程的应用范围：中国的 2mm 工程主要应用于汽车研发和生产各环节，包括设计、工艺规划、制造、装配等。其中，重点关注的领域包括冲压件制造、焊接、涂装、装配等过程。通过优化工艺流程、改进设备、提高操作技术和质量管理措施，以实现更好的尺寸精度和整体质量。

3）精度控制与技术提升：为了实现 2mm 工程的目标，中国汽车行业采取了多项措施来提高精度控制和技术水平，包括引入先进的生产设备和技术、改进工艺流程、提升员工技能，以及建立完善的质量管理体系等。

4）成果与效益：通过实施 2mm 工程，中国汽车行业取得了显著的成果，汽车尺寸精度得以提高，产品质量和外观精致性明显改善，大幅提高了中国汽车产品在市场上的竞争力，满足消费者对高品质汽车的需求。

总而言之，尺寸精度对于汽车品牌形象和产品竞争力具有十分重要的影响，这已在中国汽车行业形成广泛共识。通过实施 2mm 工程，中国汽车制造商在尺寸控制、工艺优化和质量管理方面取得了明显的发展和进步，为提高中国汽车的整体质量和市场影响力做出了贡献。

新能源汽车制造技术

想一想 1：国内汽车产业发展和变革中对尺寸工程的挑战

国内汽车产业快速发展，汽车企业的成本压力随之加大，整车开发周期明显压缩，市场对产品质量提出了更高要求。面对行业的快速发展和变革，尺寸工程面临哪些挑战？尺寸工程哪些工作内容可以降低整车制造成本，提高生产效率，提升产品质量？

想一想 2：除了汽车行业，尺寸工程在其他工业领域还有哪些应用

近年来，随着制造强国战略的实施，国内工业产品质量取得了很大进步。汽车产品作为现代工业的集大成者，整车尺寸质量在尺寸工程的广泛应用中明显提升。尺寸工程作为提升产品几何尺寸质量的主要方法，除了应用在汽车工业以外，还可以应用在其他哪些工业领域，从而提升产品质量？

想一想 3：尺寸工程的未来发展

大数据、数字化、智能化、自动化等新技术在汽车行业的应用越来越广泛，这些技术的应用将对尺寸工程产生哪些影响？如何借助这些新技术，更高效地开展公差设计、数据管理、精度测量等工作？

附录

缩略语

序号	缩写词	中文名称	英文名称
1	BEV	纯电动汽车	Battery Electric Vehicle
2	PHEV	插电式混合动力汽车	Plug-in Hybrid Electric Vehicle
3	REEV	增程式电动汽车	Range Extend Electric Vehicle
4	FCEV	燃料电池汽车	Fuel Cell Electric Vehicle
5	DC	直流电源	Direct Current
6	BMS	电池管理系统	Battery Management System
7	PCB	印制电路板	Printed Circuit Board
8	SMT	表面贴装技术	Surface Mount Technology
9	OEE	设备接口综合效率	Overall Equipment Effectiveness
10	JIT	及时生产	Just In Time
11	TQM	全面质量管理	Total Quality Management
12	HR	热轧酸洗	Hot Rolled
13	CR	冷轧	Cold Rolled
14	GA	热浸镀合金化镀锌	Hot Dip Alloying Zinc Plating
15	GI	热浸镀纯锌	Hot Dip Galvanized Pure Zinc
16	EG	电镀锌	Electroplated zinc
17	IF	无间隙原子	Interstitial Free
18	BH	烘烤硬化	Bake Hardening
19	HSLA	高强度低合金	High-Strength Low-Alloy
20	DR	拉延	Drawing
21	FL（CFL）	翻边（侧翻边）	Flange（Counter Flange）
22	RST（CRST）	整形（侧整形）	Restricting（Counter Restricting）
23	BUR	翻孔	Burring
24	BL	落料	Restricting
25	PI（CPI）	冲孔（侧冲孔）	Piercing（Counter Piercing）
26	SEP	切断	Separate
27	TR（CTR）	修边（侧修边）	Trim（Counter Trim）
28	CAE	计算机辅助工程	Computer-Aided Engineering
29	FDS	流钻自攻螺接	Flow Drill Screw
30	SPR	自穿铆接	Self Piercing Riveting
31	UIR	动态电阻控制系统	Voltage/Current regulator
32	JPH	每小时的产量	Jobs Per Hour
33	SE	同步工程	Simultaneous Engineering

(续)

序号	缩写词	中文名称	英文名称
34	ECR	工程变更申请	Engineering Change Request
35	SPR	自穿铆接工艺	Self-Piercing Riveting
36	FDS	流钻自攻螺接	Flow Drill Screw
37	UF	超滤	Ultrafiltration
38	NV	固体分（非挥发性）	Non Volatile
39	MIBK	甲基异丁基酮	Methyl Isobutyl Ketone
40	PVC	聚氯乙烯	Polyvinyl Chloride
41	LASD	可喷涂阻尼垫	Liquid Applied Sound Deadener
42	VOC	挥发性有机化合物	Volatile Organic Compound
43	ISS	内部接缝密封	Interior Seam Sealing
44	UBS	车底焊缝密封	Under Body Sealing
45	FAD	细密封	Feinabdichtung
46	UBC	车底涂层	Under Body Coating
47	RP	裙边胶	Rocker Panel
48	ESTA	静电旋杯	Electrostatic Spraying Technology with Rotary Atomizer
49	COD	化学需氧量	Chemical Oxygen Demand
50	CIE	国际照明委员会	International Commission on Illumination
51	ASTM	美国材料实验协会	American Society for Testing and Materials
52	DIN	德国工业标准	Deutsches Institut für Normung e.V.（德语）
53	DOI	鲜映性指标	Distinctness of Image
54	SST	耐中性盐雾试验	Neutral Salt Spray Test
55	CCT	循环腐蚀试验	Cyclic Corrosion Test
56	SDT	耐盐水腐蚀试验	Salt Dent Test
57	BOD	生化需氧量	Biochemical Oxygen Demand
58	SS	固体悬浮物	Suspended Solids
59	EDRO	电泳反渗透装置	Electrodeposition Reverse Osmosis
60	RTO	蓄热式热力燃烧系统	Regenerative Thermal Oxidizer
61	TNV	回收式热力燃烧系统	Thermische Nachverbrennung
62	KD	散件组装	Knocked Down
63	CKD	全散件组装	Complete Knocked Down
64	SKD	半散件组装	Semi Knocked Down
65	SUV	运动型多功能汽车	Sport Utility Vehicle
66	MPV	多用途汽车	Multi-Purpose Vehicle
67	SPS	成套件供应	Set Parts Supply
68	AGV	自动引导车	Automated Guided Vehicle
69	PTS	预定时间系统	Predetermined Time System
70	MTM	方法时间衡量	Methods Time Measurement
71	MOST	梅纳德操作系列技术	Maynard Operations Sequence Technique

（续）

序号	缩写词	中文名称	英文名称
72	TMU	方法时间衡量	Time Measure Unit
73	RULA	快速评估上肢工作姿势法	Rapid Upper Limb Assessment
74	EV	电动汽车	Electric Vehicle
75	MCU	微控制器单元	Microcontroller Unit
76	VCU	整车控制器	Vehicle Control Unit
77	CTC	电芯到底盘	Cell to Chassis
78	VR	虚拟现实	Virtual Reality
79	AR	增强现实	Augmented Reality
80	SEI	固态电解质界面膜	Solid Electrolyte Interface
81	SEM	扫描电镜	Scanning electron microscope
82	TEM	透射电子显微镜	Transmission Electron Microscope
83	AFM	原子力显微镜	Atomic Force Microscope
84	XRD	X 射线衍射	X-ray Diffraction
85	OSD	翻转片	Overcharge Safety Device
86	CID	电流切断结构	Current interrupt device
87	ARC	加速量热法	Accelerating Rate Calorimeter
88	DSC	差示扫描量热法	Differential Scanning Calorimetry
89	PP	聚丙烯	Polypropylene
90	PU	聚氨酯	polyurethane
91	CR	氯丁橡胶	Chloroprene Rubber
92	FPC	柔性印制电路板	Flexible Printed Circuit
93	NTC	负温度系数热敏电阻	Negative Temperature Coefficient
94	PC	聚碳酸脂	Polycarbonate
95	PET	聚苯二甲酸乙二醇酯	polyethyleneterephthalate
96	ACR	交流内阻	Alternating Current Resistance
97	EOL	综合功能检测	End of Line
98	OCV	开路电压	Open circuit voltage
99	CCD	外观与视觉检测	Charge coupled Device
100	BMS	电池管理系统	Battery Management System
101	SOC	电池电荷状态	State Of Charging
102	SOH	电池健康状态	State of Health
103	PACK	动力电池包	Power Battery Pack
104	CMU	电池监控单元	Cell Monitor Unit
105	BMU	电池管理单元	Battery Management Unit
106	CCS	集成母排	Cells Contact System
107	BDU	电池配电单元	Battery Distribution Unit
108	MES	生产信息化管理系统	Manufacturing Execution System
109	OCV/ACR	开路电压 / 交流内阻	Open circuit voltage/Alternating Current Resistance

（续）

序号	缩写词	中文名称	英文名称
110	CCD	电荷耦合器件图像传感器	Charge coupled device
111	PCM	保护电路模块	Protection Circuit Module
112	CTP	电池无模组	Cell To PACK
113	CTB	电池车身一体化	Cell To Body
114	MEA	膜电极	Membrane Electrode Assembly
115	PEM	质子交换膜	Proton Exchange Membrane
116	NVH	噪声、振动、声振粗造度	Noise Vibration Harshness
117	CPK	过程能力指数	Process Capability Index
118	IGBT	绝缘栅双极型晶体管	Insulated Gate Bipolar Transistor
119	PCBA	印制电路板组装	Printed Circuit Board Assembly
120	DE	尺寸工程	Dimensional Engineering
121	DTS	尺寸技术规范	Dimensional Technical Specifications
122	PQ	感知质量	Perceptual Quality
123	RPS	定位点系统	Reference Point System
124	GD&T	几何尺寸与公差	Geometric Dimensioning and Tolerancing
125	ET	设计验证	Engineering Trial

参 考 文 献

[1] 陈心赤，李慧．汽车制造工艺设计：配任务工单 [M]．北京：机械工业出版社，2020．
[2] 何洪文，熊瑞，等．电动汽车原理与构造 [M]．2 版．北京：机械工业出版社，2018．
[3] 何耀华．汽车制造工艺 [M]．北京：机械工业出版社，2012．
[4] 中国汽车工程学会．节能与新能源汽车技术路线图 2.0[M]．北京：机械工业出版社，2020．
[5] 王锡春．涂装车间设计手册 [M]．北京：化学工业出版社，2008．
[6] 冯立明，张殿平，王建绪，等．涂装工艺与设备 [M]．北京：机械工业出版社，2013．
[7] 斯特奈特贝格，德佐赛尔．汽车涂料与涂装 [M]．张亮，徐红璘，等译．北京：化学工业出版社，2019．
[8] 钟诗清．汽车车身制造工艺学 [M]．北京：人民交通出版社．2012．
[9] 汤和．汽车总装工艺及生产管理 [M]．侯亮，王少杰，潘勇军，译．北京：机械工业出版社，2020．
[10] 郑德权．汽车总装工艺 [M]．北京：机械工业出版社，2017．
[11] 王震坡，黎小慧，孙逢春．产业融合背景下的新能源汽车技术发展趋势 [J]．北京理工大学学报，2020，40（1）：1-10．
[12] 李文俊，徐航宇，杨琪，等．高能量密度锂电池开发策略 [J]．储能科学与技术，2020，9（2）：448-478．
[13] 王兆翔，陈立泉，黄学杰．锂离子电池正极材料的结构设计与改性 [J]．化学进展，2011，23（2/3）：284-301．
[14] 唐致远，阮艳莉．锂离子电池容量衰减机理的研究进展 [J]．化学进展，2005，17（1）：1-7．
[15] 刘晋，徐俊毅，林月，等．全固态锂离子电池的研究及产业化前景 [J]．化学学报，2013（6）：869-878．
[16] 杨续来，张峥，曹勇，等．高能量密度锂离子电池结构工程化技术探讨 [J]．储能科学与技术，2020，9（4）：1127-1136．
[17] 沈炎宾，陈立桅．高能量密度动力电池材料电化学 [J]．科学通报，2020，65（2-3）：117-126．
[18] 宋玉洁，史瑞祥，谢鑫，等．纯电动汽车用锂离子电池的制造工艺与管控点 [J]．汽车零部件，2019，3：87-89．
[19] 罗雨．动力锂离子电池制备工艺对一致性影响研究 [D]．长沙：湖南大学，2012．
[20] 王芳，夏军．电动汽车动力电池系统设计与制造技术 [M]．北京：科学出版社，2017．
[21] 张铁，李旻．互换性与测量技术 [M]．北京：清华大学出版社，2010．
[22] 曹渡，刘永清．汽车尺寸工程技术 [M]．北京：机械工业出版社，2017．
[23] 丁筹兵．基于顾客购买心理学的感知质量体系：整车评价 [M]．西安：陕西科学技术出版社，2022．
[24] 邓北川，申良．SMT 回流焊工艺分析及其温控技术实现 [J]．电子工艺技术，2008，29（1）：29-31．
[25] 鲜飞．选择性波峰焊应对线路板组装新挑战 [J]．印制电路信息，2012（7）：64-70．
[26] 鲜飞．贴片机现状及发展趋势 [J]．印制电路信息，2008（2）：65-69．
[27] 王文理，牛江虹，刘志强．稀土永磁材料定量充磁系统 [J]．微特电机，2010，38（6）：74-75．
[28] 姜福生．真空压力浸漆烘干系统的研究与设计 [D]．沈阳：东北大学，2007．
[29] 熊煜．电机硅钢片冲压自动上下料机械手的研发 [D]．深圳：深圳大学，2017．
[30] 李全，王斯博，于长虹，等．新能源车用扁线电机去漆焊接工艺研究 [J]．汽车工艺与材料，2023（12）：1-7．
[31] 霍从崇．扁线电机的发展和市场应用 [J]．智能网联汽车，2019（1）：69．
[32] 王晓东，刁庆梅，王嘉旭，等．一种扁线电机定子槽绝缘插入纸加热定型装置：202223319488.3[P]．2022-12-12．
[33] 李远远，唐峰，柯凯．新能源扁线电机 hairpin 激光焊接头组织与性能分析 [J]：焊接，2024（4）：74-80．
[34] 马科，韩常青，张志敏，等．电动汽车用扁线绕组电机发展研究 [J]．汽车实用技术，2022，47（4）：144-148．